Rainer Zoll (Hrsg.)

Ein neues kulturelles Modell

Rainer Zoll (Hrsg.)

Ein neues kulturelles Modell

Zum soziokulturellen Wandel in Gesellschaften Westeuropas und Nordamerikas

Westdeutscher Verlag

Die Deutsche Bibliothek – CIP-Einheitsaufnahme

Ein neues kulturelles Modell: zum soziokulturellen Wandel in Gesellschaften Westeuropas und Nordamerikas / Rainer Zoll (Hrsg.). – Opladen: Westdt. Verl., 1992
ISBN 3-531-12419-6
NE: Zoll, Rainer [Hrsg.]

Der Westdeutsche Verlag ist ein Unternehmen der Verlagsgruppe Bertelsmann International.

Umschlaggestaltung: Horst Dieter Bürkle, Darmstadt
Druck und buchbinderische Verarbeitung: Lengericher Handelsdruckerei, Lengerich
Gedruckt auf säurefreiem Papier
Printed in Germany

ISBN 3-531-12419-6

Inhalt

Vorwort

Das von der Stiftung Volkswagenwerk geförderte Projekt "Arbeitsorientierungen von Jugendlichen" endete mit der empirisch begründeten Hypothese eines neuen kulturellen Modells, das in seinen Konturen bei den untersuchten Jugendlichen sichtbar ist[1]. Diese vorsichtige Hypothese fand eine überraschende Bestätigung durch internationale Vergleiche mit sozialwissenschaftlichen Forschungsprojekten in westeuropäischen und nordamerikanischen Ländern. Da lag es nahe, diesen Vergleich in einem internationalen Symposium, das wiederum von der Stiftung Volkswagenwerk wesentlich gefördert, aber auch von der Universität Bremen unterstützt wurde, zu vertiefen.
Ausgangspunkt des Symposiums war die Hypothese eines neuen kulturellen Modells, wie sie von der Bremer Forschergruppe aus dem Projekt "Arbeitsorientierungen von Jugendlichen" heraus formuliert wurde und wie sie als These einer "kulturellen Revolution" von Daniel Yankelovich für die U.S.A. aufgestellt wurde.[2] Die Bremer Forschergruppe hatte erst nach Abschluß der Interview- und Interpretationsarbeit und nach weitgehender Fertigstellung des Abschlußberichts Kenntnis der Studie von Yankelovich erlangt, so daß eine Beeinflussung nicht mehr möglich war. Um so frappierender sind die strukturellen Ähnlichkeiten der jeweiligen Forschungsergebnisse. Es muß auch hervorgehoben werden, daß beide Studien mit verschiedenen theoretischen und methodischen Ansätzen gearbeitet haben. Während Yankelovichs Studie sich auf die gesamte Bevölkerung der USA bezieht und die unterschiedlichsten sozialwissenschaftlichen Methoden benutzt - er verwendet eine Vielzahl quantitativer repräsentativer Umfrageergebnisse seines eigenen Forschungsinstituts sowic anderer amerikanischer Institute, setzt aber zur Illustrierung seiner Ergebnisse auch Soziobiographien ein, die eigens für diese Studie erhoben wurden - arbeitete die Forschergruppe des Projekts "Arbeitsorientierungen von Jugendlichen" ausschließlich mit soziobiographischen freien Interviews und der Interpretationsmethode der objektiven Hermeneutik, die durch eine qualitative Inhaltsanalyse des nicht kollektiv hermeneutisch interpretierten Materials ergänzt wurde. Yankelovich benutzt nicht den Ausdruck "kulturelles Modell", aber er spricht von "neuen Regeln", mit denen er sozio-kulturelle Normen meint, und von einer "kulturellen Revolution", so daß die Hypothese eines neuen kulturellen Modells als geradezu zaghaft und vorsichtig erscheint.
Für Yankelovich steht die Suche nach Selbstverwirklichung im Kern einer "echten kulturellen Revolution". Das Neue ist nicht die Suche nach Selbstverwirklichung als solche, sondern daß Selbstverwirklichung nun nicht mehr in Pioniertaten, in geschäftlichen Erfolgen oder ähnlichem gesucht werde, daß die

---

1 s. Rainer Zoll/Henri Bents/Heinz Brauer/Jutta Flieger/Enno Neumann/Mechtild Oechsle: Nicht so wie unsere Eltern! - Ein neues kulturelles Modell? Opladen 1989.

2 s. Daniel Yankelovich: New Rules - Searching for Self-fulfillment in a World Turned Upside Down. New York 1981.

Suche nach Selbstverwirklichung im wesentlichen in einer Wende nach innen bestehe.

Das Neue bestehe auch in der "Demokratisierung" der Suche, das heißt ihrer massenhaften Verbreitung. Bei dem Versuch, die Strukturmerkmale des neuen kulturellen Modells im Gegensatz zum alten herauszuarbeiten, nennt Yankelovich als erstes die geringere Bewertung der instrumentellen und die höhere Bewertung der expressiven, ja heiligen Werte des Lebens.

Als nächstes Strukturmerkmal nennt Yankelovich die Veränderungen in den Regeln des Gebens und Nehmens in der Alltagspraxis der Menschen. Die alten Regeln des Gebens und Nehmens beschreibt er als "harte Arbeit, Loyalität, Beständigkeit, Selbstverleugnung, Opferbereitschaft, Altruismus, wachsenden Lebensstandard, beruflichen Erfolg, intakte Familie", kurz er beschreibt das, was er selbst im weiteren als im wesentlichen übereinstimmend mit der protestantischen Ethik - wie sie Max Weber analysiert hatte - kennzeichnet. Dieses Ethos sei entscheidend dafür gewesen, daß die Mehrheit der amerikanischen Gesellschaft in der Nachkriegsperiode die Ziele unterstützt hätte, die der "amerikanische Traum" genannt wurden. Nun aber seien Millionen Amerikaner des Ethos der Selbstverleugnung, des Ethos der Opferbereitschaft müde; sie wünschen die Regeln des Gebens und Nehmens neu zu definieren. Die neuen Werte seien Kreativität, Freizeitautonomie, Lebensfreude, Partizipation. Gemeinschaft, Abenteuer, Vitalität, zärtliche und liebende Fürsorge; Körper und Geist sollten zufriedengestellt werden.

Für Yankelovich ist Selbstverleugnung der Kern des alten Musters des Gebens und Nehmens in der Alltagspraxis. Selbstverleugnung ist Yankelovichs Übertragung von Webers Begriff der innerweltlichen Askese, wie der Autor sich überhaupt mehrfach ausdrücklich auf Max Webers Analyse der protestantischen Ethik beruft. In Amerika hätten die Jugendlichen in der Studentenrevolte angefangen, die moralische Berechtigung der Selbstverleugnung in Frage zu stellen. Allerdings sei das kein wirklicher Generationssprung gewesen, sie hätten nur offen die Fragen aufgeworfen, die ihre Eltern sich heimlich gestellt hatten. In der Studentenrevolte hätten sie angefangen, Phantasien und Träume als unterdrückte Elemente aus dem Leben ihrer Eltern zu leben. Wenn die Selbstverleugnung keine moralische Legitimität mehr besitze, breche das ganze Muster, in unseren Worten: das alte kulturelle Modell zusammen.

Zielsetzung des Symposiums war also vor allem der internationale Vergleich von Untersuchungsergebnissen, die in Material zur hier kurz anhand der Untersuchung von Daniel Yankelovich umrissenen These des soziokulturellen Wandels beisteuern. Zugleich sollte diese These aber auch in einzelnen Aspekten, vor allem denen der Identität, der neuen Moralität und der neuen Sozialität vertieft, auf Geschlechterdifferenzierung hin diskutiert und um historische Perspektiven des soziokulturellen Wandels ergänzt werden.

Der erste Tag des Symposiums war Länderberichten gewidmet. Leider fehlt in der Veröffentlichung der interessante, den soziokulturellen Wandel auch für Skandinavien bestätigende Beitrag von Lars DENCIK, Roskilde. Dafür kann

hier der Beitrag von Paul GRELL von der Universität Moncton in Kanada veröffentlicht werden, den er selbst während des Symposiums nicht vortragen konnte.
Der zweite Tag begann mit Beiträgen von Heiner KEUPP und Thomas ZIEHE zu Veränderungen von Identität und Moralität. Den dritten Vortrag hielt Burkart STRÜMPEL. Er, der wohl als einer der ersten die These des soziokulturellen Wandels für die Bundesrepublik aufgestellt hatte und dem die Bremer Forschergruppe viele Anregungen verdankt, behandelte in einem seiner letzten Vorträge das Verhältnis von wirtschaftlicher Entwicklung und gesellschaftlichem Bewußtsein in zeitgeschichtlicher Perspektive. Leider hatte Burkart Strümpel nicht mehr die Zeit, vor seinem Tode eine schriftliche Fassung seines Beitrags zu redigieren, aber der hier veröffentlichte Artikel enthält wesentliche Passagen seines Bremer Vortrags. Wir widmen diese Veröffentlichung seinem Andenken.
Am Nachmittag vertieften Arbeitsgruppen zu den Themen Arbeitsorientierungen, Selbstentwürfe und Identitätsprobleme junger Frauen, neue Ethik und neuer Individualismus den internationalen Vergleich. Diese interessanten und anregenden Diskussionen können wir hier nur in der Form von Berichten aus den Arbeitsgruppen dokumentieren, die den dritten Tag einleiteten. In drei abschließenden Vorträgen behandelte Jean-Marie VINCENT die Krise der Arbeit und die Frage einer neuen Sozialität, Christian LALIVE d'EPINAY gab einen historischen Überblick über den soziokulturellen Wandel im 20. Jahrhundert, und ich versuchte, aus den Diskussionen des Symposiums und der es vorbereitenden Gespräche Perspektiven des soziokulturellen Wandels zu skizzieren.
Im Namen der Bremer Forschergruppe und im Namen der Teilnehmer des Symposiums danke ich der Stiftung Volkswagenwerk für die Finanzierung des Symposiums, dem Rektor der Universität Bremen, Prof. Jürgen TIMM, für seine Unterstützung und dem Konrektor der Universität, Prof. Christian MARZAHN, für seine Begrüßungsworte zum Symposium. Moderatoren der vier Arbeitsgruppen waren Walter R. HEINZ, Carmen LECCARDI, Klaus KÖRBER und Birgit GEISSLER, die Berichterstattung hatten Heinz BRAUER, Mechtild OECHSLE, Rainer VOLZ und Birgit GEISSLER übernommen. Die Beiträge von Paul GRELL, Michel MOLITOR und Daniel YANKELOVICH wurden von Rainer VOLZ für die Veröffentlichung übersetzt.
Wesentlichen Anteil an der Vorbereitung des Symposiums hatte Heinz Brauer, die Durchführung unterstützten Barbara MÜLLER, Christa RUTHKE und Cordula STENGER. Ihnen allen sei hier für ihren Beitrag zum Gelingen des Symposiums herzlich gedankt.

Bremen, Dezember 1991 Rainer Zoll

Der soziokulturelle Wandel in der Bundesrepublik. Die These eines neuen kulturellen Modells - eine kurze Darstellung der Ergebnisse der sozialwissenschaftlichen Untersuchung "Arbeitsorientierungen von Jugendlichen"

Rainer Zoll

Zu Beginn der 80er Jahre hielten wahrscheinlich nur wenige einen tiefgehenden kulturellen Wandel in der Bundesrepublik für möglich. Selbst wir als Sozialwissenschaftler sind zumeist so sehr dem vorherrschenden alten kulturellen Modell, seinen alltäglichen Deutungsmustern und Habitusformationen verhaftet, daß uns ihre Geschichtlichkeit nicht bewußt ist. Wenn wir aber die Veränderungen in bestimmten gesellschaftlichen Bereichen wie der Technik und der Wirtschaft betrachten, dann ist die Feststellung unumgänglich, daß ein kultureller Wandel überfällig ist. Aber wer hält schon das geschichtlich eigentlich zu Erwartende für wahrscheinlich? Weder meine Mitarbeiter noch ich dachten zu Beginn des Projekts "Arbeitsorientierungen von Jugendlichen"[1], er könne sich jetzt ereignen: der Wandel des alten kulturellen Modells, dessen, was so landläufig und thematisch eingeschränkt als Arbeitsethik bezeichnet wird. Und doch

---

1 Den Kern des empirischen Materials bilden 53 Interviews mit männlichen und weiblichen Jugendlichen in den Jahren 1984 bis 1986. Unsere Zufallsstichprobe umfaßt: männliche und weibliche Jugendliche, die als Angestellte im öffentlichen Dienst arbeiten, die an Arbeitsplätzen mit neuer Technologie tätig sind, die in sogenannten alternativen Betrieben arbeiten und die in der Metallindustrie als angelernte Arbeiterinnen und Arbeiter tätig sind. Facharbeiterinnen sind in der Metallindustrie noch so selten, daß wir uns auf eine Gruppe von Facharbeitern beschränkt haben. Drei weitere kleine Gruppen bestehen aus "Prekären", d.h. im Prinzip arbeitslosen Jugendlichen, die sich aber zum Teil in Ausbildungsmaßnahmen des Arbeitsamtes befinden. Es handelt sich um männliche Jugendliche mit abgeschlossener Berufsausbildung und um männliche und weibliche Jugendliche ohne Berufsausbildung. - Die Interviews waren freie Gespräche mit den folgenden Themenschwerpunkten: Arbeit, Freizeit, schulischer und beruflicher Werdegang, kurz: im wesentlichen soziobiographische Interviews. Im Zentrum der Auswertung stand die kollektive tiefenhermeneutische Interpretation von knapp 20 Interviews. Dieses Interpretationsverfahren orientierte sich an der von Ulrich Oevermann entwickelten objektiven Hermeneutik (Ullrich Oevermann u.a.: Die Methodologie einer objektiven Hermeneutik und ihre allgemeine forschungslogische Bedeutung in den Sozialwissenschaften, in: H.G. Soeffner (Hg.): Interpretative Verfahren in den Sozial- und Technikwissenschaften. Stuttgart 1979). - Die Forschergruppe hatte sich dieses Verfahren während der Arbeit an dem Projekt "Arbeiterbewußtsein in der Wirtschaftskrise" angeeignet (Rainer Zoll (Hg.): Arbeiterbewußtsein in der Wirtschaftskrise. Erster Bericht: Krisenbetroffene und Krisenwahrnehmung. Köln 1981; ders. (Hg.): "Die Arbeitslosen, die könnt' ich alle erschießen." Arbeiterbewußtsein in der Wirtschaftskrise II. Köln 1984) und in einen eigenen Bezugsrahmen gestellt. In der Arbeit an dem Projekt "Arbeitsorientierungen von Jugendlichen" haben sich die theoretischen und methodologischen Reflexionen, die im Rahmen des Projekts "Arbeiterbewußtsein in der Wirtschaftskrise" angestellt wurden, als überaus fruchtbar erwiesen (vgl. Rainer Zoll: "Hauptsache, ich habe meine Arbeit." Krisenangst und Identität von Arbeitern. Frankfurt 1984). - Die Forschergruppe bestand aus Henri Bents, Heinz Brauer, Hans-Hermann Braune, Jutta Flieger, Enno Neumann, Mechtild Oechsle und Rainer Zoll. Der Untersuchungsbericht "Nicht so wie unsere Eltern - Ein neues kulturelles Modell?" ist 1989 im Westdeutschen Verlag Opladen erschienen.

ist es genau das , was sich im Verlauf der Interpretation des empirischen Materials immer unabweisbarer herausstellte.
Vor unseren Augen vollzieht sich ein grundlegender soziokultureller Wandel, der beginnt, das alte kulturelle Modell in den Ländern seiner Entstehung und ersten Verbreitung genau in dem Augenblick abzulösen, in dem es sich weltweit überhaupt erst richtig ausbreitet und in vielen Ländern am Anfang seiner Durchsetzung steht.
In der Bundesrepublik ist der Wandel spätestens seit Mitte der 80er Jahre bei den Jugendlichen festzustellen. Sie selbst drücken ihn oft mit dem Satz aus: "Wir wollen nicht leben wie unsere Eltern:" Nun könnte gemeint werden, dieser Satz bezeichne nur den traditionellen Gegensatz zwischen den Generationen, die Jugendlichen benötigten ihre Eltern als Widerstand, an dem sie sich reiben, sich abarbeiten könnten auf ihrem Weg zur eigenen Identität. Eine genauere Interpretation dieses Satzes zeigt aber, daß es den Jugendlichen nicht um ihre sozialen und affektiven Beziehungen zu ihren Eltern geht; die können gut oder schlecht sein, sie spielen aber für das hier Gemeinte gar keine Rolle; es geht auch nicht um die Eltern des jeweils Sprechenden, sondern mit "unseren Eltern" wird zumeist eine Generation bezeichnet; auf jeden Fall ist es eine weit über die eigene Familie hinausgehende Verallgemeinerung. Mehr noch, es geht nicht um die Beziehung zu dieser Generation, sondern um ein Urteil über die Lebenspraxis, den Lebensstil der *verallgemeinerten Eltern*: "So, wie sie gelebt haben und leben, wollen wir nicht leben".
Die Krise des alten kulturellen Modells wird von Soziologen unter dem Stichwort 'Krise der Normalität' diskutiert. Diese Diskussion geht von der Deregulierung objektiver Strukturen wie zum Beispiel der Normalarbeitszeit und dem Normalarbeitsverhältnis aus. Fragmentierung, Flexibilisierung und Differenzierung verändern diesen Aspekt der Normalität. Die Krise der Normalbiographie bezeichnet dagegen einen subjektiven Aspekt der Auflösung von Normalität: Zwar werden immer noch Söhne von angelernten Arbeitern Facharbeiter und Söhne von Facharbeitern werden Techniker oder Ingenieure. Aber was gestern noch als allgemeine Regel galt, ist heute keine Norm mehr: Der Fächer der beruflichen Möglichkeiten ist weit geöffnet, und zugleich sind die Chancen eines beruflichen Erfolges außerordentlich prekär geworden. Die meisten Jugendlichen sind heute nicht mehr in der Lage, einen Beruf zu wählen, akzeptieren ihn mehr oder minder widerwillig, weil das Arbeitsamt, die Eltern oder eine andere Instanz ihnen rät, diesen Beruf zu lernen oder/und auszuüben. Vor der Krise der Normalität war die Perspektive einer beruflichen Entscheidung in der Regel immer sehr langfristig. Es herrschte die Vorstellung vor, daß es eine Entscheidung für das Leben war. Heute sagen uns die Jugendlichen, daß sie in einigen Jahren einen anderen Beruf ausüben wollen. Das hängt natürlich auch damit zusammen, daß nur eine kleine Minderheit in der Lage ist, ihren Traumberuf, den sie fast alle im Kopf haben, zu lernen und auszuüben.

Ein anderes Beispiel für die vielen Aspekte der Krise der Normalität stammt aus unserer vorhergehenden Untersuchung über die Reaktion von Arbeitern auf die Wirtschaftskrise.[2]

Zur Normalität der Lebenswelt der Arbeiter gehörte im alten kulturellen Modell die Gewerkschaft. Das bedeutete keineswegs, daß alle Arbeiter sich gewerkschaftlich organisierten - im Gegenteil. Aber sie hielten fast immer die Gewerkschaft für eine Notwendigkeit. Die Gewerkschaft gehörte zu ihrer Welt. So war es für einen Arbeitersohn, der selbst als Arbeiter tätig war, normal, in die Gewerkschaft einzutreten, wenn er in einer mittleren oder großen Fabrik arbeitete und daraufhin angesprochen wurde. Er mußte nicht erst lange überzeugt werden.

Das Verhältnis der gewerkschaftlich organisierten Arbeiter zur Gewerkschaft war durch eine kollektive Interessenorientierung bestimmt, die wir Loyalität genannt haben. Loyalität ist eine Verbindung von Merkmalen der Interessenorientierung der Delegation, die die Vertretung der eigenen Lohnarbeiterinteressen an den gewerkschaftlichen Apparat delegiert, mit einer spezifischen Konflikt- und Folgebereitschaft, die für die praktische Gewerkschaftspolitik außerordentlich bedeutsam war. Die Haltung der westdeutschen Arbeiter zur Gewerkschaft wurde in den 60er und 70er Jahren im wesentlichen durch diese spezifische Form von Konflikt- und Folgebereitschaft bestimmt.

In der Wirtschaftskrise haben wir einen bedeutsamen Niedergang der Loyalität, ihre Reduktion auf die einfache Delegation beobachtet, das heißt, daß für viele Arbeiter die Gewerkschaft nichts anderes mehr ist als - wie schon in den frühen 60er Jahren beschrieben - ein Versicherungsverein. Im Rahmen unserer Studie über "Arbeiterbewußtsein in der Wirtschaftskrise" haben wir diesen Verfall der Loyalität vor allem als eine Reaktion auf die Wirtschaftskrise, auf die Arbeitslosigkeit erklärt. Heute fügen wir dieser Erklärung einen weiteren Aspekt hinzu: wir betrachten die Loyalität als die Normalität des Verhältnisses von Mitgliedschaft und Gewerkschaft im alten kulturellen Modell; die Krise der Loyalität ist also ebenfalls ein Element der Krise der Normalität. Dazu gehört auch die Feststellung, daß für viele Jugendliche die Gewerkschaft nicht mehr unhinterfragt zur Lebenswelt gehört. Es ist nicht mehr normal, daß ein junger Arbeiter fraglos, diskussionslos in die Gewerkschaft eintritt. Er muß erst von der Notwendigkeit der Gewerkschaft überzeugt werden. Individualisierung bedeutet für Jugendliche - besonders eindrücklich am Beispiel von jungen Arbeitslosen und prekär Beschäftigten belegbar -, daß ihnen ihre Lage als individuelle oder nur individuell lösbare erscheint, obwohl es sich meist um ein durchaus soziales, ja kollektives Schicksal handelt.

Die Krise der Normalität wird von uns als Krise des alten kulturellen Modells interpretiert. Im Kern dieses alten kulturellen Modells stand - und hierin stimmen wir wie in vielen anderen Punkten unserer Deutung mit Yankelovich's

2 Rainer Zoll (Hg.): "Hauptsache, ich habe meine Arbeit". Frankfurt/M. 1984.

Analyse für die USA überein[3] - der Begriff der Selbstverleugnung. "Ich opfere mich. Meine Kinder sollen es einmal besser haben!" Im Zentrum des neuen kulturellen Modells steht dagegen ein neues Verhältnis der Individuen zu sich selbst, steht eine besonders intensive Art der Selbstbezüglichkeit - eine neue Form dessen, was Michel Foucault die Sorge um sich nennt. Die Selbstverleugnung wird durch die Selbstverwirklichung ersetzt. Das Feld der Selbstverwirklichung ist nicht mehr - oder nur noch in einem spezifischen Verhältnis zum Selbst - die äußere Welt, sondern die eigene Person, Seele und Körper. Eine solche Suche nach Selbstverwirklichung ist uns nicht unbekannt. Die große Literatur hat immer wieder Beispiele beschrieben. Das Neue, das Überraschende ist aber der Massencharakter der Suche nach Selbstverwirklichung, ist ihre Verallgemeinerung, die vor allem bei den Jugendlichen, aber keineswegs nur bei den Jugendlichen festzustellen ist.

Im alten kulturellen Modell fanden die Jugendlichen in der 'Normalität' ein Bezugssystem, das für sie in der Phase der Ausbildung der Ich-Identität überaus wichtig war. Heute fehlt ihnen ein solches Bezugssystem, deshalb fühlen sie sich in der Suche nach einer eigenen Identität auf sich selbst zurückgeworfen. Die Schwierigkeiten der Identitätsfindung wurden oft thematisiert; heute ändern sie ihren Charakter und werden durch das Fehlen von Normen, die zuvor durch die Lebenswelt, zum Beispiel durch die Arbeiterkultur, bereitgestellt wurden, enorm gesteigert. Ulrich Beck hat mit Nachdruck auf das Fehlen solcher Bezugssysteme in seinem Beitrag "Jenseits von Stand und Klasse"[4] hingewiesen.

Die für unsere Untersuchung und für die Gesellschaft wichtigste Konsequenz ist die Individualisierung. Selbstverwirklichung bedeutet für das Individuum, daß es die Suche nach der Identität und damit auch die Ausbildung der Individualität im ständig erneuerten Bezug auf sich selbst vorantreibt, und das heißt notwendig Individualisierung. Yankelovich und Beck weisen beide darauf hin, daß im Kern der Suche nach Selbstverwirklichung eine neue Ethik steht, die unter anderem beinhaltet, daß das Individuum Pflichten gegenüber sich selbst hat. Die oberflächliche journalistische und oft auch politische Interpretation dieser "Pflicht gegenüber der eigenen Person" als Egoismus, Narzißmus - oder sehr verbreitet: als egoistischer Individualismus - geht an der eigentlichen Problematik vorbei, denn sie mißachtet die Notlage der Individuen, die eine Identität ohne ein soziales Bezugssystem ausbilden müssen; sie verkennt auch, daß die neue Art des Selbstbezugs ein neues Verhältnis der Individuen zur Gesellschaft einschließt, daß nur die Perspektive sich geändert hat, daß Selbstverwirklichung eine andere, vielleicht sogar eine bessere Grundlage für dieses Verhältnis darstellt als Selbstverleugnung. Unter diesem Blickwinkel erhält die Individualisierung eine ganz andere Bedeutung als diejenige, die ihr die neokonservative Philosophie und Politik zuschreiben.

---

3 s. Daniel Yankelovich: New Rules, Searching for Self-Fulfillment in a World Turned Upside Down. New York, Toronto 1981.

4 s. Ulrich Beck: Jenseits von Stand und Klasse?, in: Kreckel (Hg.): Soziale Ungleichheiten. Sonderband 2 der Sozialen Welt. Göttingen 1983.

Die sozio-kulturelle Entwicklung, die mit dem Stichwort 'Suche nach Selbstverwirklichung' bezeichnet wird, bewirkt, daß die Jugendlichen eine kritische Generation in einem neuen Sinne sind. Ihre Kritik ist nicht mehr direkt politisch wie in der Studentenbewegung 1968 und danach, es ist vielmehr eine Kritik des Alltagslebens. Diese Kritik zeigt sich zum Beispiel auch darin, daß nur noch Minderheiten Ersatzlösungen in ihrer Identitätssuche in der Form von traditionellen kollektiven Identitäten akzeptieren, wie sie von religiösen und politischen Sekten angeboten werden. Wichtiger für unsere Untersuchung ist aber, daß diese Kritik Teil der Dynamik ist, die zur Auflösung der Normalität führt.

Sie bezieht sich unter anderem in besonders intensiver Weise auf die Muster beruflicher und sozialer Rollen, die heute noch von der Familie, von schulischen und von anderen gesellschaftlichen Institutionen den Jugendlichen offeriert werden. Viele, wenn nicht die meisten Jugendlichen lehnen vehement solche beruflichen und gesellschaftlichen Rollen ab, denn sie spüren, durchaus nicht unberechtigt, die Gefahr, daß die Übernahme solcher Rollen zu einer Veränderung ihrer Identität führen würde. Häufig ist die Ablehnung solcher Rollenmuster mit der Kritik ihrer Eltern verbunden. Einige Jugendliche ziehen es sogar vor, in beruflich prekären, ja marginalisierten Situationen zu leben, um nicht ihre Träume, ihre Selbstentwürfe aufgeben zu müssen. Hier zeigt sich wiederum das existentielle Auf-sich-selbst-Zurückgeworfensein der Jugendlichen in der Suche nach Ich-Identität. Was sie hierin von anderen früheren Generationen unterscheidet, ist das Bewußtsein ihrer Lage, ist die Selbstreflexivität.

Ein Interviewter sagt zum Beispiel, daß sie "die erste Generation sind, die sich selbst erzogen hat"; das heißt, er drückt mit dem Widersinn der Selbsterziehung die Ablehnung der elterlichen Bezugssysteme und das Auf-sich-selbst-Zurückgeworfensein aus. Der oft von Jugendlichen vollzogene Bruch mit den Eltern erhält eine andere kulturelle Bedeutung, weil er sich nicht mehr nur auf die unmittelbaren Wünsche, Vorstellungen und Befehle der Eltern bezieht, sondern auf die hinter diesen liegenden Sinnstrukturen des alten kulturellen Modells. Yankelovich sieht auch ein Moment von Kontinuität darin, daß die Jugendlichen die Träume ihrer Eltern verwirklichen, aber das bedeutet natürlich für die Lebenspraxis einen Bruch.

Dieser Bruch und das Neue, Nichttradierte ihrer Lebenssituation zeigen sich auch in der Notwendigkeit, die die Jugendlichen verspüren, alle Formen der Lebenspraxis zunächst erstmal auszuprobieren; das betrifft Beruf oder berufliche Arbeit ebenso wie Lebensstile, Beziehungen ebenso wie Freizeitaktivitäten. "Ausprobieren" ist ein Topos der Jugendlichen. In ihrer Lebenswelt ist nichts mehr selbstverständlich gegeben, außer vielleicht die Form, in der und durch die sie ihre Probleme bearbeiten. Diese Form ist die verbale Kommunikation. Sie ist eine Grundhaltung geworden, ein Grundbedürfnis, das viel dringlicher ist als früher. Die kommunikative Grundhaltung scheint uns überall in der Jugend gegenwärtig zu sein. Sie scheint auch die empirische Grundlage für die auf der wissenschaftlichen Ebene diskutierte Diskurs-Ethik zu liefern.

Die neue kommunikative Kultur kann jedermann leicht testen. Wenn wir mit Eltern von Jugendlichen im Alter von 16 bis 25 Jahren sprechen und sie fragen, wie es damals war, als sie so jung waren und sie sich abends mit ihren gleichaltrigen Freunden treffen wollten, dann werden die Eltern zuerst die Frage nicht verstehen, weil die Art des Treffens für sie völlig selbstverständlich war, und dann doch antworten, daß sie sich, meist problemlos und schnell, auf eine Uhrzeit und einen Ort geeinigt haben und daß sie sich dann halt zum Beispiel um 20 Uhr in einem Cafe getroffen haben. Dann aber werden die Eltern schildern, wie eine solche Verabredung bei ihren Kindern abläuft, und sie werden bei der Schilderung erstaunt entdeckten, daß heute alles ganz anders ist. Heute findet ein intensiver kommunikativer Prozeß mit vielen Ungewißheiten statt. Irgendwann am Nachmittag, manchmal schon früher beginnt in der Clique, der Peer-group ein Prozeß des Telefonierens, der Vermutungen, des andere Aufsuchens, der Vereinbarungen, kurz der Kommunikation, der meist erst nach langen Stunden abends damit endet, daß sich die Gruppe endlich trifft. Kommunikation, die früher eher problemlose Verständigung war, ist nun schwierig, ist mühsam geworden, macht aber Spaß, wenn sie dann doch klappt.

Alles ist zum Gegenstand der Kommunikation geworden, weil nichts mehr sicher ist. Alles muß sich in und durch die Kommunikation legitimieren - ob es sich nun um ein Treffen am Abend oder den Beitritt zur Gewerkschaft, um eine berufliche Entscheidung oder den Glauben an Gott handelt. So sagt uns zum Beispiel ein Jugendlicher, daß er sehr lange und sehr intensiv mit jemandem sprechen muß, mit ihm über alles reden muß, um eine Vertrauensbasis zu finden. In den Subsystemen der vorhergehenden Lebenswelt, zum Beipsiel in der Lebenswelt einer bestimmten Sportart oder in der gewerkschaftlichen Welt war eine Art Vorvertrauen, eine Vertrauensbasis von vornherein gegeben; sie war der Kommunkation gewissermaßen vorgelagert, lieferte ihr eine Basis, auf der sich der Austausch aufbauen konnte. Heute ist diese minimale Vertrauensbasis, ohne die ein wirklicher Dialog kaum möglich ist, nicht gegeben. Sie muß erst in der Kommunikation selbst erarbeitet werden.

Die Kommunikation ist ein so starkes Bedürfnis geworden, weil sie nicht mehr selbstverständlich ist, weil die menschlichen Beziehungen diffiziler und prekärer geworden sind. Es genügt, an die steigende Scheidungsrate zu denken, um sich das Prekäre von Beziehungen zu vergegenwärtigen. Wenn heute das englische Wort 'Single' in viele Sprachen eindringt, dann einfach deshalb, weil das gesellschaftliche Phänomen des Alleinlebens sich ausbreitet. Die intakte Familie des alten kulturellen Modells ist in der Krise. Eine Beziehung zwischen Frau und Mann muß sich im neuen Modell immer von neuem legitimieren. Dazu kommt noch, daß es in der augenblicklichen Phase selten vorkommt, daß sich die Partner im selben Stadium des Übergangs von einem Modell zum anderen befinden, was die Notwendigkeit der Kommunikation verstärkt, aber sie zugleich erheblich erschwert.

Das Neue in den menschlichen Beziehungen entsteht nicht durch eine einfache Ablehnung der alten kulturellen Beziehungsmuster, durch einen radikalen

Bruch, sondern durch einen dialektischen Prozeß der Aufhebung der diesen Mustern zugrundeliegenden Ideale, die ihre Kernstrukturen darstellen. Das romantische Ideal der Liebe findet ja in der bürgerlichen Kleinfamilie keineswegs seine bedingungslose Verwirklichung; es wird im Gegenteil sogar nur begrenzt zugelassen und mit anderen Strukturelementen, sogenannten Werten wie der Treue, verbunden und dem Diktat der methodischen Lebensführung, der Alltagspraxis der Zweckrationalität unterworfen. Der Prozeß der Veränderung besteht nun zuerst in einer Entgrenzung: das Methodische, Zweckrationale der Lebensführung wird tendentiell abgelehnt, das Ideal der Liebe dagegen gesteigert, tendentiell sogar verabsolutiert. Es geht ein in Vorstellungen einer Partnerschaft, in der die Individuen sich durch die Partnerschaft selbst verwirklichen, zu sich selbst finden wollen. Das ist in meiner Sicht eine Überforderung der Partnerschaft, denn der Individuationprozeß ist zwar immer auch eine Auseinandersetzung mit dem und mit den anderen, aber er kann nur halbwegs erfolgreich verlaufen, wenn er zum Individuum selbst, zum Ich zurückführt. (Der notwendige Widerstand des Partners dagegen, als falsches Ich mißbraucht zu werden, führt oft zu einer weiteren Steigerung der Idealisierungstendenzen.) Nicht die Herabminderung der Partnerschaft, sondern ihre Idealisierung und ihre Überforderung führen - neben anderen Faktoren - zu den vielen Beziehungskrisen, zu der hohen Scheidungsrate. Selbstverständlich sollte nicht vergessen werden, daß diese Kommunikationsprobleme immer im Kontext von sozialen Bedingungen stehen, die sie notwendig noch schwieriger gestalten. In den Berichten der Jugendlichen über ihre Beziehungen werden solche Schwierigkeiten überaus deutlich; sie zeigen sich unter anderem in vielen Diskussionen über das Verhältnis von Berufsarbeit und Hausarbeit oder auch über einen Kinderwunsch.

Ausgangspunkt unserer Forschungsarbeit war die Frage, ob die Arbeitsorientierungen von Jugendlichen sich verändern, ob es wirklich das gibt, was in den Massenmedien gern als Wertewandel bezeichnet wird. Die Dynamik der von uns untersuchten Sinnstrukturen, der sozialen Deutungsmuster, erzwingt eine differenzierte Antwort. So impliziert das alte kulturelle Modell ein Ideal von Beruflichkeit, das im neuen kulturellen Modell keineswegs aufgegeben wird, im Gegenteil. Das Ideal von Beruflichkeit, von Beruf als Berufung ist noch wichtiger als vorher; es findet - wie bei der Liebe - eine Bewegung der Aufhebung statt. Ein doppelter Prozeß hat den Ort und die Bedeutung der Lohnarbeit bei den jungen Frauen und Männern verändert; einerseits hat die technologische Entwicklung und die Rationalisierung die "ordinäre Lohnarbeit" ihrer Inhalte beraubt. Der klassische Facharbeiter ging mit einem bestimmten arbeitsinhaltlichen Interesse an seine Arbeit, und dieses Interesse findet heute in den Inhalten der Arbeit fast keine Antwort mehr. In einzelnen Bereichen hat der Inhalt der Arbeit sogar eher eine Aufwertung erfahren, aber diese Bereiche stellen im Gesamtangebot an Lohnarbeitsplätzen nur einen begrenzten Ausschnitt dar. Andererseits sind die Ansprüche der Jugendlichen, was die Arbeitsinhalte betrifft, erheblich gestiegen. Die sozialwissenschaftliche und gewerkschaftliche, ja die kulturelle Kritik der monotonen Arbeit hat die in irgendeiner Form kreative oder sozial nützliche Arbeit erheblich aufgewertet. Das Problem ist heute nicht ein Mangel an Interesse der Jugendlichen - das Problem ist vielmehr der Kontrast zwischen dem Ideal einer aufgewerteten Beruflichkeit mit kreativen oder sozial nützlichen Inhalten, zwischen den Erwartungen der Jugendlichen einerseits und der Realität der Lohnarbeit andererseits.

Der gesellschaftliche Diskussionsprozeß hat also das Leitbild einer kreativen oder sozial nützlichen Arbeit hervorgebracht, das durch das Bedürfnis nach Selbstverwirklichung noch akzentuiert wird. Angesichts solcher Ansprüche an Lohnarbeit ist aber Selbstverwirklichung über Lohnarbeit nur in einer verschwindend kleinen Zahl von Fällen möglich; dann nämlich, wenn die Lohnarbeit Identifikationsmöglichkeiten bietet: Voraussetzung dafür ist eine relative Autonomie der Arbeit, sind Dispositionsspielräume in der Arbeit, sind Ansätze zur Selbstbestimmung in der konkreten Ausführung, sind bestimmte Inhalte der Lohnarbeit. Diese Voraussetzungen finden sich jedoch nur in einem eng umgrenzten Bereich von Berufen: Berufe wie künstlerische Berufe, journalistische Arbeit, Berufe mit künstlerischen Aspekten wie zum Beispiel Fotograf, Berufe mit hoher wissenschaftlicher Qualifikation und entsprechenden Dispositionsmöglichkeiten wie Hochschullehrer, Entwicklungsingenieur und natürlich auch Berufe mit hoher technisch-wissenschaftlicher Qualifikation wie Computer-Fachleute. Dazu kommen noch aufgrund ihrer gesellschaftlichen Nützlichkeit viele helfende Berufe. Aber nur wenige können diese Berufe ergreifen. Für die große Mehrheit bleibt keine Hoffnung, bleibt keine Möglichkeit, die beruflichen Träume zu verwirklichen. Da sie arbeiten müssen, um ihren Lebensunterhalt zu verdienen, bleibt den Jugendlichen nur die ordinäre Lohnarbeit, und diese bietet wenig Anreiz, um sich mit ihr zu identifizieren, um sich in der Arbeit selbst zu verwirklichen. So kann sich ein Jugendlicher dafür interessieren, die Elektrokabel in einem alten Alfa-Romeo zu verlegen, den er wieder aufbaut, aber dasselbe 173mal am Tag, und das an jedem Arbeitstag, in einem neuen Auto zu machen, das ist nur ein Job und nichts mehr.

Die für das alte kulturelle Modell charakteristische Arbeitsorientierung verändert sich. Sie war durch einen doppelten Bezug zur Arbeit gekennzeichnet - einer instrumentellen Orientierung, die von der Notwendigkeit beherrscht war, den Lebensunterhalt zu verdienen, und einer expressiven Orientierung, die darin begründet ist, daß es schwierig ist, eine Arbeit während Monaten, ja Jahren zu machen, ohne sich mit dem Inhalt oder wenigstens der Form der Arbeit zu identifiziern. Die Arbeitsinhalte vor allem von Facharbeit gaben und geben manchmal noch dem expressiven Bezug zur Lohnarbeit eine reale oder illusionäre Grundlage. Die "alte" Arbeitsorientierung war durch ein bestimmtes Verhältnis von instrumentellem und expressivem Bezug zur Arbeit charakterisiert. Dieses Verhältnis war zwar jeweils ein spezifisches, enthielt aber immer beide Bezüge. Heute findet eine Aufspaltung statt. Die einen, die die Chance haben, in ihrem Traumberuf zu arbeiten, haben in der Regel ein sehr stark expressives Verhältnis zu ihrer Arbeit. Es kommt ihnen gar nicht so sehr auf das Geld an, das sie dabei verdienen, Hauptsache, sie können die Arbeit machen, die sie lieben, Hauptsache, sie können sich in der Arbeit selbstverwirklichen. Für die anderen, und das heißt wahrscheinlich für die große Mehrheit stellt sich das Problem ganz anders dar. Da sie ihren Traumberuf nicht erreichen können, machen sie irgendeine Arbeit, um ihren Lebensunterhalt zu verdienen. Ihr Verhältnis zur Lohnarbeit ist vorwiegend instrumentell. Die expressive Seite ihrer Arbeitsorientierung wird dagegen für diejenigen Arbeiten reserviert, die sie in ihrer Freizeit ausführen.

Es bleibt das Problem der psychischen Beziehung zur Arbeit, das im alten kulturellen Modell durch die Identifizierung mit der Arbeit als Quelle von Sinn gelöst wird. Aber da die Lohnarbeit für die Mehrheit der Jugendlichen nicht mehr sinngebend ist, das heißt nicht mehr dem Leben seinen Sinn gibt, müssen sie ein psychisches Arrangement mit der Lohnarbeit finden. Es kommt zu einer Kompromißbildung. Wenn Selbstverwirklichung über Lohnarbeit unmöglich ist, dann - so die Jugendlichen: "Wollen wir wenigstens Spaß haben bei der Arbeit". Wenn sie sich schon in das Unvermeidliche fügen müssen, dann gilt es, die Lohnarbeit so angenehm wie möglich zu gestalten. "Spaß haben" ist der Topos, in dem sich die Kompromißbildung zeigt. Bedeutsam ist, daß sie den Spaß nicht *in* der Arbeit suchen, denn der Inhalt der Arbeit macht in aller Regel keinen Spaß, sondern bei der Arbeit, also vor allem in der Kommunikation mit den Kollegen. Die Utopie der Jugendlichen ist auch hier die kommunikative Bewältigung des Notwendigen.

Die Allgemeinheit des Problems zeigt sich in der internationalen Verbreitung des Topos 'Spaß' genau in dem beschriebenen Sinn. Als Beleg für diese Verbreitung sei auf die Forschungsergebnisse des belgischen Soziologen Paul Grell hingewiesen, der in einer Untersuchung im französisch-sprachigen Kanada die Soziobiographien von Arbeitslosen und prekär Beschäftigten analysierte.[5] In den Interviews benutzen diese oft den Begriff Spaß, und zwar genau in dem definierten Sinn, wenn sie ihr Verhältnis zur Arbeit beschreiben. Da aber das Französische kein Wort hat, mit dem der Begriff Spaß ein-eindeutig übersetzt werden könnte, die Interviewten aber über eine zweite Sprache verfügen, die diesen Begriff kennt, benutzen sie den englischen Ausdruck und sagen: "Je veux avoir du *fun* pendant mon travail".

Es gibt weitere Ansprüche, die sich aus dem neuen kulturellen Modell für das Verhältnis der Jugendlichen zur Lohnarbeit ergeben. Der Wunsch nach Selbstverwirklichung nimmt bei vielen die Form des Wunsches nach Selbstbestimmung in allen Bereichen des Lebens an. Das Bedürfnis nach Selbstbestimmung kann sich auch auf die Sphäre der Lohnarbeit erstrecken. Zwar steht die Wirklichkeit der Lohnarbeit quer zu den Vorstellungen selbstbestimmter Arbeit, doch wird dieses Bedürfnis immerhin in einigen Fällen sogar von der Arbeitgeberseite gesehen und in einem, wenn auch beschränkten Ausmaße berücksich-

---

5 s. hierzu den Beitrag von Paul Grell zu diesem Symposium sowie ders.: La débrouillardise sociale - Etude du chomage et de ses conséquences. Université de Montréal 1985.

tigt. Es kann auch hier nicht darum gehen, die Realisierungschancen zu untersuchen, sondern den Anspruch als solchen festzustellen. Je stärker Jugendliche diesen Anspruch in die Lohnarbeit einbringen, desto schwieriger fällt es ihnen, rein hierarchische Autorität zu ertragen; alle Anweisungen sollten sich in ihrem Verständnis in einem kommunikativen Prozeß legitimieren. Deshalb trifft ein kommunikativer Führungsstil bei vielen Jugendlichen auf ein positives Echo. Das kann bis zum "Vergessen" eigener Interessen gehen: So sagt in einem Interview ein Auszubildender, daß er es nicht wagt, die ihm versprochene Rotation der Arbeitsplätze im Betrieb anzumahnen, weil sein Chef sich so kommunikativ zeigt. Mit der Einführung von Qualitätszirkeln wollen offenbar Arbeitgeber diesen Kommunikationsbedürfnissen entgegenkommen.

Die Arbeitsorientierungen von jungen Frauen könnten als ein Rückzug auf Positionen des alten kulturellen Modells erscheinen. Es gibt nämlich in den Arbeitsorientierungen einen eindeutigen Unterschied zwischen Frauen und Männern. In der Vergangenheit haben sich die Frauen in der Lohnarbeit nicht "eingerichtet"; während sie jung waren, haben sie sich gesagt, sie werden bis zur Heirat arbeiten, und wenn sie danach doch weitergearbeitet haben, haben sie sich gesagt, sie werden bis zum ersten Kind arbeiten und so weiter. Heute hat sich ihre Perspektive radikal geändert. Sie *suchen* die Lohnarbeit, weil sie ihnen eine gewisse Autonomie verleiht - Autonomie im Verhältnis zu den Eltern zuerst, im Verhältnis zum Partner und/oder möglichen Ehemann danach. Um diese Autonomie zu erreichen, machen alle jungen Frauen in unserer kleinen Stichprobe beträchtliche Anstrengungen, um eine gewisse Beruflichkeit zu erlangen. Die einzige, die uns sagt, daß sie lieber Hausfrau wäre, fügt sogleich hinzu, daß sie einen Beruf sucht, weil sie einen benötigt.

Die Veränderung in den Arbeitsorientierungen der Frauen stellt also keine Rückkehr zum alten kulturellen Modell dar, weil die meisten jungen Frauen die Beschränkung auf die reproduktive Rolle ablehnen, die ihnen dort zugewiesen war und sich definitiv im Bereich der Lohnarbeit "einrichten", der bisher vom Anspruch her Domäne der Männer war. Wenn sie in einer dauerhaften Beziehung zu einem Mann stehen, dann berichten sie über ihre Diskussionen, die sie über die Aufteilung der häuslichen Aufgaben führen. Sie bestehen auf ihrem Wunsch, weiterhin Lohnarbeit zu verrichten, wenn sie Kinder haben werden. Als Lösung für die sich ergebenden Probleme der Aufteilung zwischen Lohnarbeit und Hausarbeit erwägen sie häufig eine Teilzeitarbeit. Daß sich die jungen Frauen in der Lohnarbeit "einrichten", zeigt sich auch darin, daß sie in wachsendem Ausmaß bereit sind, sich gewerkschaftlich zu organisieren. Allerdings teilen sie mit den jungen Männern die kommunikative Kultur, die sich zum Beispiel in der Frage der gewerkschaftlichen Organisierung darin ausdrückt, daß auch die jungen Frauen in einem kommunikativen Prozeß überzeugt werden wollen, bevor sie in die Gewerkschaft eintreten.

Da nichts mehr sicher ist, nimmt die Lebenspraxis der Jugendlichen oft den Charakter des Spiels an. So ist die spielerische Version der Kommunikation das "Klönen". Themen auszuprobieren, sich selbst auszuprobieren, stellt ein geringeres Risiko dar, wenn die Kommunikation ein Spiel ist. Das schließt jedoch keineswegs aus, daß das Spiel ernst wird oder umgekehrt.

Weil Kommunikation die Form ist, in der die Jugendlichen die Welt verarbeiten und eine neue Kultur schaffen, ist die Kommunikation nicht nur Verarbeitungsform, sondern auch Kreation. Kreation von sich selbst und Kreation von Kultur gehen hier Hand in Hand. Die Selbstschöpfung zeigt sich darin, daß ein Teil der Kommunikation Identitätsrethorik ist, Rethorik einer Identität, die sich ausprobiert, die sich herausbildet. Selbstverwirklichung über Kommunikation.

Naturgemäß ist Kommunikation nicht der einzige Weg zur Selbstverwirklichung, aber Selbstverwirklichung geschieht heute im Gegensatz zu früher im wesentlichen durch selbstreferentielle Aktivitäten. Die Theorien über den Narzißmus der Jugendlichen (Christoffer Lasch in den USA, Thomas Ziehe in der Bundesrepublik) finden in diesen Untersuchungsergebnissen eine teilweise Bestätigung. Aber sie ist nur partiell, weil die Kommunikation immer die Suche nach dem anderen impliziert. Zwar ist diese Kommunikation ambivalent, was sich zum Beispiel in der Hypostasierung der verbalen Kommunikation zeigt, aber sie beinhaltet doch das Bemühen, über sich selbst hinauszugehen, ein Vertrauensverhältnis zum anderen herzustellen, ja, in ein wechselseitiges Verhältnis zum anderen einzutreten. Das wird durch die Eigenschaften der Kommunikation bestätigt, die die Jugendlichen zu verwirklichen suchen - Eigenschaften, die fast unmittelbar der Kommunikationstheorie von Habermas zu entstammen scheinen: Für die Jugendlichen muß die Kommunikation offen und wechselseitig sein. Sie darf keine bloße Autorität respektieren, sucht aber Authentizität.

Die implizite Logik dieser Kommunikation ist die der Nichtkonkurrenz der Individuen, denn sonst würde das Kommunikationsverhalten das Kommunikationsideal zerstören. Das heißt aber, daß eine solche Form der Kommunikation ein Ideal von Alltagssolidarität[6] enthält, das die Ambivalenz der Arbeitersolidarität[7] aufhebt. Anzeichen für eine solche Alltagssolidarität finden wir in der Lebenswelt der Jugendlichen.

In der Kommunikation suchen die Individuen sich selbst, aber sie suchen sich selbst, indem sie mit anderen interagieren. Die Tendenz der kapitalistischen Strukturen, sich alles zu unterwerfen, die innere wie die äußere Welt, die Lebenswelt zu kolonialisieren, wie Habermas sagt, ruft eine Gegenreaktion hervor, einen Widerstand, der aus Kommunikation und Solidarität besteht. Der Konflikt zwischen dem Zuwachs an Selbstbestimmung, den die Individualisierung ermöglicht, und der Vereinzelung, den dieselbe Individualisierung mit sich bringt, verweist die Individuen notwendig aufeinander, also auf ein über die Kommunikation vermitteltes, die Vereinzelung erträglich machendes Miteinanderumgehen; auf solidarische Verkehrsformen also, ohne die der Alltag uner-

6 s. Rainer Zoll: Krise und Alltagssolidarität, in: Gewerkschasftliche Monatshefte 4/82.

7 s. Rainer Zoll: Von der Arbeitersolidarität zur Alltagssolidarität, in: Gewerkschaftliche Monatshefte 6 /88.

träglich, ja destruktiv, ohne die Selbstverwirklichung letztlich kaum möglich wäre.

In den USA. hat Yankelovich festgestellt, daß immer mehr Individuen nicht mehr um jeden Preis Karriere machen wollen. Sie lehnen es ab, sich am "rat race", am "Rattenrennen" der Konkurrenz zu beteiligen, die doch die Bewegungsform unserer Gesellschaft ist.

Das neue kulturelle Modell impliziert also die Möglichkeit neuer Formen der Vergemeinschaftung der Individuen, wie sie zum Teil schon in Nordamerika und in Europa in der Form von Netzwerken, also neuen Gemeinschaften zu beobachten sind, und das heißt eines neuen Verhältnisses von Individualität und Solidarität. Die auf der Kommunikation aufbauende Alltagssolidarität beruht nicht mehr auf der mehr oder minder gewaltsamen Einebnung der Differenzen zwischen den Individuen, sondern im Gegenteil auf ihrer Anerkennung. Die Grundlage der Alltagssolidarität ist die Respektierung von Individualität.

Den Sinn dieses Symposiums über den soziokulturellen Wandel sehe ich nicht nur darin, in einem internationalen Vergleich die Konturen des neuen kulturellen Modells zu präzisieren und interkulturell zu differenzieren, sondern auch über die gesellschaftlichen Perspektiven des soziokulturellen Wandels nachzudenken.

Literatur

Beck, Ulrich: Jenseits von Stand und Klasse?, in: Kreckel (Hg.): "Soziale Ungleichheiten. Sonderband 2 der Sozialen Welt. Göttingen 1983.

Grell, Paul: La débroullardise sociale - Étude du chomage et de ses conséquences. Universität Montréal 1985.

Oevermann, Ullrich u.a.: Die Methodologie einer objektiven Hermeneutik und ihre allgemeine forschungslogische Bedeutung in den Sozialwissenschaften, in: Soeffner, H.G. (Hg.): Interpretative Verfahren in den Sozial- und Technikwissenschaften. Stuttgart 1979.

Yankelovich, Daniel: New Rules, Searching for Self-Fulfillment in a World Turned Upside Down. New York, Toronto 1981.

Zoll, Rainer (Hg.): Arbeiterbewußtsein in der Wirtschaftskrise. Erster Bericht: Krisenbetroffene und Krisenwahrnehmung. Köln 1981.

Ders.: Krise und Alltagssolidarität, in: Gewerkschasftliche Monatshefte 4/82.

Ders. (Hg.): "Die Arbeitslosen, die könnt' ich alle erschießen." Arbeiterbewußtsein in der Wirtschaftskrise II. Köln 1984.

Ders.: "Hauptsache, ich habe meine Arbeit." Krisenangst und Identität von Arbeitern. Frankfurt 1984.

Ders.: Von der Arbeitersolidarität zur Alltagssolidarität, in: Gewerkschaftliche Monatshefte 6/88.

Expressivität als neues kulturelles Modell

Daniel Yankelovich

Um die Hauptfrage dieses Symposiums aus dem Blickwinkel der Vereinigten Staaten zu beantworten: es gibt eine hohe und deutliche Notwendigkeit eines neuen kulturellen Modells. Die alten Paradigmata passen nicht länger zu den Fakten. Ein neues Modell ist seit langem überfällig.

Es herrscht jedoch keine Übereinstimmung darüber, wie das neue Modell benannt werden soll. Beobachter haben ihm sehr unterschiedliche Bezeichnungen gegeben, zum Beispiel "neuer Individualismus", "postmaterialistische Werte", "dritte Welle". Wie immer die Bezeichnung aussieht: Tatsache ist, daß in den Vereinigten Staaten und in anderen fortgeschrittenen Industriegesellschaften weitreichende neue kulturelle Werte in den Vordergrund getreten sind.

Der Name, den ich für diese neuen Werte gewählt habe, ist "Expressivität", weil sie die expressiven Seiten des Selbst hervorheben. In diesem Vortrag werde ich zwei Aspekte von Expressivität skizzieren: (1) eine Beschreibung der neuen expressiven Phänomene, wie sie besonders in den USA in den letzten zwei Jahrzehnten hervorgetreten sind, und (2) eine Analyse der hinter der Expressivität wirkenden Triebkräfte, die ihr ihre internationale Bedeutung geben.

1. Die Erscheinungsformen der Expressivität

Das Wesen der Expressivität ist die Überzeugung, daß die praktische, instrumentelle Seite der Lebensführung - Verdienen des Lebensunterhaltes, Übernahme von Verantwortung für eine Familie, Existenzkampf - nicht das expressive Verlangen des menschlichen Geistes auslöschen darf. Diese Seite des Lebens zu feiern, hat natürlich tiefe Wurzeln in der westlichen Tradition: bis hin zur Ehrfurcht und Freude, die die alten Griechen angesichts des bloßen Wunders des Seins verspürten.

Es folgt eine kurze Aufzählung der Hauptthemen der gegenwärtigen Expressivität:

(1) Das Thema der Themen ist der Hunger nach Selbstverwirklichung - der intensive Wunsch, die Lebensmöglichkeiten über die erdenschwere Routine des Alltagslebens auszudehnen. Dies führt zu einem andauernden Bemühen, diejenigen Lebensweisen zu wählen, die dem Individuum ermöglichen, all das zu sein, was es zu sein wünscht. Dieses Verlangen nach Selbstverwirklichung erreichte seinen Höhepunkt in den 60er Jahren, doch es ist nach wie vor sehr stark und ein wichtiger Bestandteil der gegenwärtigen Kultur geworden.

(2) Ein zweites Thema ist Lebensqualität, auf die zunehmend Wert gelegt wird. Eine breite Palette von Interessen ist hier angesprochen: Das Interesse am Schutz der Umwelt ist eine immer wichtigere politische Kraft geworden, paral-

lel zum Interesse an der Qualität des Arbeitslebens und der Qualität persönlicher Beziehungen.

(3) Als drittes Thema ist eine in Entstehung begriffene neue Arbeitsethik festzustellen. Die alte Arbeitsethik drehte sich um die Idee, daß Erwerbsarbeit etwas war, das Männer auf sich nahmen, um ihre Verantwortung für ihre Frauen und Kinder wahrzunehmen. In der alten Arbeitsethik wurde von den Menschen erwartet, Befriedigung aufzuschieben. Menschen sollten ihre Arbeit weder interessant noch angenehm finden. Im Gegenteil: Es wurde davon ausgegangen, daß Arbeit langweilig ist und Plackerei, Ermüdung und Opfer mit sich bringt. Die moralische Wertschätzung des Opfers gab Arbeit ihren Mehr-Wert. Die Bereitschaft der Männer, dieses Opfer auf sich zu nehmen, wurde durch die ihnen zugebilligte privilegierte Position und Autorität zu Hause belohnt.

Diese ältere Arbeitsethik beherrschte die Kultur der USA, als ich aufwuchs. Sie war die Hauptstütze des amerikanischen Wertesystems der 50er Jahre. Heute finden wir eine radikal verschiedene Arbeitsethik vor. Sie ist wert, eine "Ethik" genannt zu werden, weil Arbeit weiterhin als etwas betrachtet wird, das einen Wert in sich selbst jenseits der Bezahlung hat. Wenn das Geld, das jemand für seine Arbeit bekommt, ihr einziger Wert wäre, hätte sie zwar ökonomischen, jedoch keinen ethischen Wert.

In der gegenwärtigen Arbeitsethik kommt der moralische Mehrwert nicht aus der sittlichen Wertschätzung des Opfers. Im Gegenteil, die Erwerbsarbeit wird heute als eine Möglichkeit angesehen, die eigenen Fähigkeiten zu entwickeln und auszuüben, sich selbst auszudrücken und Autonomie zu realisieren - Werte, die für die Selbstverwirklichung zentral sind. Außerdem gelten diese Werte für Frauen genauso wie für Männer. Die neue Arbeitsethik führt zu einem revidierten Gesellschaftsvertrag in der Arbeitswelt, der zumindest in den USA noch so ungewöhnlich ist, daß der größere Teil der Gesellschaft ihn noch nicht verarbeitet hat.

(4) Ein viertes Element des neuen kulturellen Modells ist eine neue "Ethik des Opfers". In der alten Ethik hatte das Sich-Opfern automatisch einen positiven moralischen Wert und war etwas, das von jedem erwartet wurde: Frauen opferten sich für ihre Kinder, Männer für ihre Familien, Kinder für ihre Eltern. In der neuen Perspektive ist das Opfer nicht mehr von vornherein mit moralischer Wertschätzung verknüpft. Im Gegenteil: Unnötiges Opfern gilt als dumm, und Opfern um des Sich-Opfern willens hat keinen inneren moralischen Wert. Deswegen wird die Notwendigkeit von Opfern viel sorgfältiger abgewogen. Der moralische Wert bestimmter Typen von Opfer bleibt bestehen, aber die Vorstellung des Opferns um seiner selbst willen wird abgelehnt.

(5) Ein weiteres wichtiges Thema von Expressivität ist die Bedeutung der Rechte der Frauen. Der Kampf zwischen Männern und Frauen um genuine Gleichberechtigung bei gleichzeitiger Anerkennung der Geschlechterunterschiede ist eine der großen Veränderungen unserer Epoche. In der Anfangszeit der Frauenbewegung führte der Kampf um Gleichheit zur Leugnung von Geschlechtsunterschieden, doch im gegenwärtigen Stadium der Entwicklung ist

das nicht mehr der Fall. Die Frauenbewegung ist in den Vereinigten Staaten und in Westeuropa weiter fortgeschritten als in Japan. Aber auch dort hat sie begonnen und ist dabei, die japanische Kultur zu verändern.

(6) Ein weiteres Thema des neuen kulturellen Modells ist etwas, das ich als "Hedonismus ohne Entschuldigungen" bezeichne. Im alten kulturellen Modell hatte Genuß negative moralische Konnotationen, weil er im Gegensatz zur Pflichterfüllung stand. Heute hat Genuß dagegen neutrale oder sogar positive moralische Konnotationen. Die Anerkennung des Vergnügens,das der menschliche Körper bieten kann, ist ein wichtiger Aspekt der neuen Körperkultur, die Gesundheit in den Mittelpunkt stellt; sie macht Menschen frei, eine weniger puritanische Einstellung nicht nur zu ihrem eigenen Körper, sondern auch zu Gesundheit, Sport und Verhütung einzunehmen.

(7) Ein weiteres Thema ist in der Ehe der Trend weg von der traditionellen Rollenverteilung hin zu einer stärkeren Betonung der persönlichen Beziehungen. Im alten kulturellen Modell waren die Rollen in der Ehe klar definiert: die Männer als Ernährer der Familie, die Frauen als Hausfrauen und Mütter. Jetzt sind diese Rollen unscharf geworden und werden andauernd in Frage gestellt. Die Verschiebung des Gewichts von Rollen hin zu persönlichen Beziehungen ist für unsere Gesellschaften ein schwieriger Übergang. Geschichtlich ist die Institution der Ehe so eindeutig auf differenzierten Rollen für Ehemänner und Ehefrauen aufgebaut, daß, wenn diese verschwimmen, die meisten Leute nicht mehr wissen, wie sie sich verhalten sollen. Sie können mit Rollenerwartungen umgehen, weil die Ehen ihrer Eltern auf Rollen basierten. Aber die meisten Leute verstehen nicht, wie sie mit der Logik von Ehemann-Ehefrau-Beziehungen umgehen sollen, die nicht von Rollenerwartungen bestimmt sind. Das Ergebnis sind große Konfusion und Schwierigkeiten:die Ehe ist in unserer Kultur eine stärkere Quelle von Kämpfen und Spannungen geworden, als sie es früher je war.

(8) Die nachdrückliche Betonung von Pluralismus ist ein weiteres Thema des neuen kulturellen Modells. Die Zunahme von Pluralismus und Toleranz ist in eindrucksvollen Meinungsumfragedaten dokumentiert, die bis zu den 30er Jahren zurückgehen. Umfragen in den dreißiger Jahren über Einstellungen gegenüber Frauen, Schwarzen und Juden erwiesen die Vereinigten Staaten als außerordentlich fremdenfeindliche, vorurteilsbeladene und nationalistische Gesellschaft. Manche Beobachter behaupten, daß sich die Lage nicht wirklich verändert habe, weil in den USA Vorurteile nach wie vor existieren. Aber die Belege für geringere Xenophobie und gleichzeitig gestiegene Toleranz für Pluralismus sind beeindruckend und unmißverständlich. Dieser Wandel vollzieht sich jetzt auch in anderen Nationen und ist eine der dynamischsten Kräfte, die unsere Kulturen verändern.

Die Ursprünge der expressivistischen Anschauungen gehen auf die 60er Jahre zurück. Damals genossen junge Leute an den Universitäten die Früchte des elterlichen Wohlstands und konnten die angstbesetzten Einstellungen ihrer Eltern einfach nicht verstehen. Sie hatten keine persönlichen Erfahrungen mit wirtschaftlich schlechten Zeiten; eine Psychologie des Mangels und des Opfers schien ihnen lächerlich und passé zu sein. Das Trauma der Großen Depression der 30er Jahre hatte das Leben ihrer Eltern für Jahrzehnte geprägt. Für die jüngere Generation dagegen war die Vorstellung, ihre Selbstverwirklichung der wirtschaftlichen Sicherheit zu opfern - da das nicht länger notwendig erschien -, unklug und lächerlich. Ebenso erschien jungen Amerikanern die Vorstellung, die Umwelt der industriellen Entwicklung zu opfern und die entmenschlichenden Tendenzen des industriellen Lebens passiv hinzunehmen, als so befremdlich, daß diese Haltung nach und nach die neuen Werte und Interessen hervorbrachte.

In seiner frühesten Ausdrucksform während der sechziger Jahre war der neue Standpunkt eine negative Reaktion gegen die pragmatische "Schaffe-Schaffe-Spare"-Lebensauffassung, die diese jungen Leute in den Wertvorstellungen ihrer Eltern sahen. Ihre Reaktion nahm extreme Formen an. Anstelle von Selbstverleugnung setzten sie Selbstverwirklichung. An die Stelle von Pflichterfüllung für andere setzten sie den befremdlichen moralischen Grundsatz der Pflicht gegenüber sich selbst. Dem materiellen Erfolg setzten sie das Konzept der Persönlichkeit und ihres Erfolgs entgegen: Erfolg, der darauf beruht, die inneren Potentiale zu verwirklichen und nicht irgendwelchen äußeren Standards zu genügen. Sie lehnten die Vertröstung auf das Leben in der Zukunft ab und setzten dagegen das Leben im Hier und Jetzt. Sie lehnten die Idee des Opfers für andere ab und stellten stattdessen Selbstverwirklichung ins Zentrum ihrer Lebensprinzipien. Um die Verpflichtungen, die die Gesellschaft ihnen zu diktieren schien, loszuwerden - als Ehemänner, Ehefrauen, Eltern, Arbeitnehmer, Staatsbürger -, stellten sie die Idee von Verpflichtung selbst infrage. Auf diese Weise war die "Ich"-Generation geboren: junge Frauen und Männer, scheinbar ausschließlich mit ihrem eigenen Wohlbefinden beschäftigt.

Als in den siebziger und achtziger Jahren die neuen Anschauungen reifer wurden, wurde nach und nach deutlich, daß die neue Philosophie mehr war als bloß eine narzißtische Feier des Selbst und eine negative Reaktion auf utilitaristische und instrumentelle Werte. Eine positive Seite wurde offenkundig: sie bevorzugt diejenigen Seiten des Lebens, die in sich und aus sich selbst für gut befunden werden, und nicht aus irgendeinem pragmatischen, utilitaristischen Grund. Dazu zählen Werte wie Freundschaft, Sexualität, Intimität, Schönheit, Natur, körperliches Wohlbefinden, die Vorstellung vom Leben als Abenteuer, schließlich die Freiheit des Individuums, sich in Übereinstimmung mit seiner inneren Natur zu entwickeln.

Ich sehe Ralf Dahrendorfs Konzept der "Lebenschancen" als einen hilfreichen begrifflichen Bezugsrahmen an, um die Veränderungen zu verstehen, die mit den Werten der Expressivität verknüpft sind. Dahrendorf betrachtet größere Veränderungen in der Kultur über lange geschichtliche Zeiträume als Bemühungen, eine Balance zwischen Wahlfreiheit und Bindungen zu gewährleisten. Größere Wahlmöglichkeiten erhöhen die persönliche Freiheit; Bindungen stärken den sozialen Zusammenhalt und die Stabilität. In Gesellschaften mit rigiden Bindungen ist die Entscheidungsfreiheit des Individuums beschränkt. In dem Maße, in dem Menschen für die Erweiterung ihrer Freiheitsräume kämpfen, werden die Bindungen, die sie zusammenhalten, schwächer. Die dialektische Spannung zwischen Bindungen und Entscheidungsspielräumen macht eine Kultur aus.

Geschichtlich betonte die traditionale Gesellschaft die Bindungen: ein dicht geknüpftes Netzwerk von Verwandtschaft, ethnischen Bindungen, moralischen Verpflichtungen, rigiden Rollen und sozialen Normen, die die Gemeinschaft zusammenhielten. Die Strafen bei Verletzung dieser Normen waren oft schwer, besonders bei Normen, die sexuelles Verhalten, Eigentumsrechte und Autoritätsfragen regelten. Die Geschichte moderner Gesellschaften kann als langdauernde Anstrengung betrachtet werden, die Fesseln der Bindungen zugunsten größerer Entscheidungsspielräume des Individuums zu lockern.

In den Vereinigten Staaten der 70er und 80er Jahre lockerten wir bei unserer Suche nach erweiterten Chancen und Freiheit für persönliche Ausdrucksmöglichkeiten die Bindungen der Gemeinschaft aufs äußerste. Es entwickelte sich ein weit verbreiteter Enthusiasmus für die Schaffung eines eigenen individuellen "Lebensstils". Die Menschen waren der Ansicht, daß die Fragen, wo ich lebe, wie ich lebe, mit wem ich lebe, zu sehr eine Sache individueller Entscheidung waren, um durch restriktive soziale Normen und Bindungen bestimmt zu werden. Wir waren so weit, Bindungen aller Art - zur Ehe, zur Familie, zu Kindern, zum Beruf, zur Gemeinschaft, zur Nation - als Zwänge zu erleben. Alle Formen von Verpflichtung wurden gelockert. Wir wurden Zeugen einer Explosion von Ehescheidungen, Singlehaushalten, Schlüsselkindern, unehelich geborenen Kindern, Änderungen von Berufen, zweiten Karrieren, Schulabbrechern, wieder auf die Schule Zurückgehenden: alle rastlos in Bewegung. Wir hegten das Ideal der eigenen Entscheidung so eifrig, daß alle Einschränkungen der persönlichen Entscheidungsfreiheit als ungerecht und sogar unmoralisch erlebt wurden. Bindungen begannen abzubröckeln und tun dies heute noch.

Mitte der 80er Jahre begann allerdings der soziale Wandel sich von der reinen Expressivität zu einer erneuerten Aufmerksamkeit für die Notwendigkeit von Bindungen und andauernden Verpflichtungen hin zu verlagern. Die Nordamerikaner des Baby-Booms fingen an zu lernen, daß totale Entscheidungsfreiheit die Bindungen untergräbt, die den persönlichen Beziehungen, der Familie, der Gemeinschaft und der Nation ihren Zusammenhalt und ihre Stabilität geben.

Die anhaltende Spannung zwischen persönlicher Entscheidungsfreiheit und sozialen Bindungen ist der Grund für die aufgewühlte, tastende, rastlose und nervöse Energie des modernen amerikanischen Lebens. Sie läßt uns die Strategien der Amerikaner verstehen, die den Zugewinn an persönlicher Entscheidungsfreiheit, den sie in den sechziger und siebziger Jahren errungen haben, auch halten wollen. Denn selbst wenn Amerikaner die Relevanz sozialer Bindungen wiederentdecken, lehnen sie es ebenso ab, zum sozialen Konformismus der Vergangenheit zurückzukehren.

2. Der Wohlstandseffekt

Ich komme nun zu meiner zweiten Frage: welches ist die treibende Kraft hinter der Expressivität?
Die gegenwärtige empirische Sozialforschung legt nahe, daß hinter der heutigen Expressivität klar und dramatisch vor allem ein Faktor steht, den ich den "Wohlstandseffekt" nenne. Beim Nachforschen über mehr als dreißig Jahre sozialen Wandels bin ich zum Ergebnis gekommen, daß der Wohlstandseffekt die einzige und mächtigste Triebkraft ist, die das neue kulturelle Modell formt.
Der Wohlstandseffekt hat sowohl eine psychologische als auch eine ökonomische Dimension. Er setzt nicht nur die Realität des Wohlstands voraus, so wie sie die Wirtschaftswissenschaftler definieren würden, sondern darüberhinaus Menschen, die sich wohlhabend vorkommen, die glauben, daß ihr Wohlstand andauern und nicht plötzlich verschwinden wird, und die in Übereinstimmung mit dem Bild handeln, das sie von einer wohlhabenden Person in ihrer Gesellschaft haben.
Eine große Menge empirischer Forschungsdaten legt nahe: Wie unterschiedlich die Kulturen auch sein mögen und sicher sind die japanische, die amerikanische und die westdeutsche verschieden -, so hatten die Jahrzehnte des Nachkriegswohlstands doch übereinstimmende Auswirkungen auf die fortgeschrittenen industriellen Demokratien. Lassen Sie mich fünf gemeinsame Effekte nennen:
(1) Wohlstand verstärkt in hohem Ausmaß expressivistische Werte. Der Wohlstandseffekt macht die Menschen weniger konformistisch. Wenn Menschen einmal den Eindruck haben, daß sie von einem kleinen gesicherten Wohlstand ausgehen können, fangen sie an zu entdecken, daß sie starke individuelle Wünsche und stilistische Vorlieben haben, die ihre Unterschiede zu anderen verstärken; und sie halten nach Möglichkeiten Ausschau, ihrer Individualität Ausdruck zu verleihen.
Eines der sichersten Anzeichen für den Wohlstandseffekt ist ironischerweise die Zunahme von Individuen, die sagen: "Geld ist nicht alles"... Nur wenn man Geld hat, kann man sich leisten zu sagen, daß es nicht alles sei, und kann damit beginnen, sich um die immateriellen Werte zu kümmern, die dem Leben erst seinen besonderen Reiz verleihen - immaterielle Werte, die oft eine Menge Geld kosten wie zum Beispiel Auslandsreisen oder der Genuß der Natur an entlegenen Flecken usw.
(2) Der Wohlstandseffekt macht Menschen weniger bereit zu Opfern. Dies trifft besonders dann zu, wenn die expressiven Seiten des Selbst tangiert werden. Die Konsequenz ist hier ein innerer Kampf in den Menschen darüber, was sie bereit sind, für andere zu opfern und was nicht.
(3) Der Wohlstandseffekt bringt Menschen auch dazu, sich stärker auf unmittelbare Gratifikationen zu konzentrieren und nicht für die Zukunft leben und arbeiten zu wollen. Forschungen belegen, daß Arbeiten und Leben für die Zukunft eine Reaktion auf Mangel und Furcht ist. Wenn jedoch Wohlstand sicher scheint, so provoziert dies anfangs einen Ansturm auf die Befriedigung von Im-

pulsen *jetzt*, ohne sich über die Konsequenzen oder die Zukunft Gedanken zu machen.
(4) Der Wohlstandseffekt ermutigt insbesondere Frauen, ihre Unabhängigkeit von der traditionellen Rolle der Hausfrau geltend zu machen. Die Infragestellung der Hausfrauenrolle begann in den USA in den siebziger Jahren und verbreitet sich jetzt über die Industrienationen. Traditionellerweise haben die Frauen in der Hausfrauenrolle eine abhängige Position, in der sie der Erwartung ausgesetzt sind, ihre eigenen Bedürfnisse denen ihrer Ehemänner, ihrer Kinder und ihrer Eltern unterzuordnen. Frauen akzeptieren diese Rolle, solange es ökonomisch notwendig erscheint. Doch der Wohlstand war eine Triebkraft, die Frauen dazu brachte, eine größere finanzielle und emotionale Unabhängigkeit anzustreben, um frei über ihre Rolle im Leben zu entscheiden und nicht zu einer bestimmten gezwungen zu werden.
(5) Insgesamt bewirkt der Wohlstandseffekt tiefgreifende Veränderungen innerhalb der Familie. Die allgemeine Auswirkung von Wohlstand war es, die härtesten wirtschaftlichen Zwänge von der Familie zu nehmen. Die kombinierten Effekte von größerem Individualismus, größerer Unabhängigkeit, mehr Entscheidungsspielraum, weniger selbstverständlichen Opfern und schließlich mehr Kritik traditioneller Rollen setzten die Familie unter erheblichen Druck, ja stellten sie sogar infrage. In allen Industriegesellschaften schätzen die Menschen das Familienleben hoch ein, doch finden sie es immer schwerer, es zu führen. Die Aufrechterhaltung des Familienlebens im heutigen wirtschaftlichen und sozialen Gefüge ist eine Top-Prioriät für Millionen französischer, deutscher, japanischer, schwedischer und amerikanischer Familien geworden.

3. Stadien des Wohlstandseffekts

Mehr als jeder andere Faktor bringt der Wohlstandseffekt starke Übereinstimmungen in Bedürfnissen und Wünschen von Menschen in den industrialisierten Demokratien hervor. Allerdings ist der Wohlstandseffekt auch für viele Unterschiede zwischen den Ländern verantwortlich, denn sie befinden sich in unterschiedlichen Stadien ihrer wirtschaftlichen Entwicklung.
Es gibt drei unterschiedliche Stadien in der Entwicklung des Wohlstandseffekts.
(1) Das erste Stadium ist das "Ich kann es nicht glauben"-Stadium. Es ist das Stadium des Zweifels, der Vorsicht, der Ungläubigkeit, mit Äußerungen wie: "Das ist nicht real" oder "Es ist nicht von Dauer".
In den Vereinigten Staaten endete die Wirtschaftskrise der 30er Jahre, die Große Depression, mit dem Zweiten Weltkrieg; aber erst in den späten 60er Jahren waren die durchschnittlichen Amerikaner, die die Große Depression erlebt hatten, in der Lage, ihre "Depressionspsychologie" abzulegen. Die Depressionspsychologie - und die Angst, die Unsicherheit und die Anschauungen, die sie mit sich brachte - dauerte noch an, als die Depression als ökonomisches Ereignis lange vorbei war.

In Westdeutschland und Japan waren die Auswirkungen von Krieg, Inflation und Armut so tief in Fleisch und Blut übergegangen, daß die dazugehörigen Anschauungen noch während vieler Jahre des Wohlstandes, wie die Wirtschaftswissenschaftler ihn definieren würden, am Leben blieben. Erst jetzt gehen auch diese Länder vom "Es ist nicht real"/"Ich kann es nicht glauben"-Standpunkt zu Stadium II über.

(2) Das zweite Stadium des Wohlstandseffekts ist das Als-selbstverständlich-voraussetzen-Stadium. Es ist eine bemerkenswerte Tatsache, daß Leute offensichtlich abrupt von unangemessenem wirtschaftlichem Pessimismus zu einem ebenso unangemessenen wirtschaftlichen Optimismus übergehen. Sie bewegen sich von einem jahrelangen Zweifel an der Wirklichkeit ihres Wohlstands plötzlich hin zum Glauben, daß er von Dauer sei. In diesem zweiten Stadium entwickeln sie die Einstellung, daß sie ihr Geld locker ausgeben können, ohne sich um morgen Sorgen zu machen; sie sind großzügig mit sich und holen verlorene Zeit nach. Die wirklichen Veränderungen in der wirtschaftlichen Situation geschehen normalerweise in kleinen Schritten und in geringen Abstufungen; die psychologischen und emotionalen Reaktionen auf diese Veränderungen hingegen geschehen mit Zeitverzögerung und tendieren dann dazu, abrupt und extrem zu sein. Das passierte in den USA in den 70er Jahren; und dasselbe passiert jetzt in Japan und in Teilen von Westeuropa.

Das zweite Stadium des Wohlstandseffekts hat in Japan gerade angefangen und kann deswegen an diesem Beispiel sehr klar gesehen werden. Die Japaner zeigen alle frühen Anzeichen des zweiten Stadiums, insbesondere:

(a) einen Anstieg des Individualismus und ein Nachlassen des Konformismus, z.B.: eine Tendenz von Gruppen- zu Individualreisen, um das Leben zu genießen und "in mich selbst zu investieren";

(b) eine Tendenz, Wohlstand als gesichert anzunehmen und ungeniert und sorglos Geld auszugeben;

(c) eine Zunahme des Von-Tag-zu-Tag-Lebens, der kurzfristigen Befriedigung;

(d) ein zurückgehende Bereitschaft von Müttern, sich für ihre Kinder zu opfern;

(e) die Bereitschaft, ein bißchen abenteuerlustiger und risikofreudiger zu sein.

(3) Das dritte Stadium ist die Furcht vor dem Verlust des Wohlstands. Es ist das Stadium, in dem Erwartungen sinken, weil realisiert wird, daß Wohlstand nicht länger als gesichert vorausgesetzt werden kann. In diesem dritten Stadium betrachten Menschen den Verlust als reale Bedrohung und fühlen sich betroffen. Sie werden gewahr, daß sie, wenn sie sich den durch den Wohlstand geschaffenen Entscheidungsspielraum bewahren wollen, energischer mit anderen in Konkurrenz treten müssen. Genauso wird ihnen klar, daß sie an Morgen denken und sich darauf vorbereiten müssen, indem sie Vorsorge für die Zukunft treffen.

Die SCAN-Studien meines Forschungsunternehmens zeigen eindeutige Indizien, daß selbst Nordamerikas wohlhabendste Schichten inzwischen in das dritte Stadium eingetreten sind. Die Vereinigten Staaten sind die erste industrielle Demokratie,die das Stadium III des Wohlstandseffekts erreicht haben.

Da die europäischen Länder durch die verschiedenen Stadien des Wohlstandseffekts hindurchgehen, können wir erwarten, Veränderungen im neuen kulturellen Modell zu erleben, und dies wird zu einer neuen Synthese traditioneller und expressivistischer Werte führen.

Die Arbeitsorientierungen von Jugendlichen in Belgien

Michel Molitor

1. Einleitung

Mein Beitrag zu diesem Symposium, das der Untersuchung eines hypothetischen neuen Modells der Arbeit gewidmet ist, wird paradox sein. Am Ende einer Untersuchung, die wir über die Arbeitsorientierungen von Jugendlichen in Belgien unternommen haben, ist es mir in der Tat nicht möglich, positiv und vor allem umfassend ein neues Modell der Arbeit zu beschreiben.

Das, was wir beobachtet haben, ist in Wirklichkeit komplexer. Das alte Modell der Arbeit, die von uns so genannte Leistungsethik[1], behauptet seine zentrale Stellung, obwohl es für eine große Zahl junger Frauen und Männer aufgrund der Unsicherheit ihrer Situation als Bezugsrahmen immer weniger tauglich ist. Aus diesen Gründen stellt es nur, wie man sehen wird, einen veränderten Bezugsrahmen dar.

Die Untersuchung hat gleichwohl etwas deutlich gemacht, was man als "Fragmente" eines neuen, in Entstehung befindlichen kulturellen Modells bezeichnen könnte, das aber durch die Fortdauer des alten Modells gleichzeitig verdunkelt wird. Es hat also den Anschein, daß die Arbeitsorientierungen der Jugendlichen, die wir untersucht haben, sich auf zwei unterschiedliche kulturelle Modelle beziehen, obwohl sie heute eng miteinander verflochten sind.

In diesem Referat möchte ich diesen Dualismus zweier kultureller Modelle der Arbeit analysieren, der m.E. eine Übergangssituation anzeigt. Ich werde den Schwerpunkt auf die besondere Situation der Jugendlichen in ungeschützten Beschäftigungsverhältnissen legen, die unsere Aufmerksamkeit in besonderem Ausmaß auf sich gezogen hat. Diese jungen Frauen und Männer sind in der Tat ein interessanter Fall des Eintritts *von unten* in das neue kulturelle Modell, von dem sie nur einige Fragmente teilen, während sie nach wie vor gewisse Dimensionen des Modells der Leistungsethik, jedoch in oft erheblich veränderter Gestalt, beibehalten. Wenn ich einen Schwerpunkt bei der Situation der Jugendlichen in ungeschützten Beschäftigungsverhältnissen setze, erhebe ich nicht den Anspruch, über die Gesamtheit der Jugend zu berichten, sondern über eine besondere und problematische Wirklichkeit. Als solche gehört sie allerdings zur sozialen Wirklichkeit, die sich heute entwickelt, mit dazu. Selbst wenn sie also in der Gesamtheit der Arbeiten dieses Symposiums nur eine geringere Bedeutung haben sollte, verdient sie doch Aufmerksamkeit.

---

1 Die Grundlage des vorliegenden Referats ist folgende Untersuchung: M. Molitor/A. de Rongé: Jeunes et identité au travail. Recherche sur les orientations au travail des jeunes. Forschungsbericht. Département de Sociologie, Université Catholique de Louvain, 1987.

2. Fortdauer des alten Modells der Arbeit

Ein erstes Ergebnis dieser Untersuchung - weniger widersprüchlich als es erscheinen mag - ist, daß das traditionelle Modell der Arbeit weiterbesteht und weiterhin die Deutungsmuster und Verhaltensweisen der Jugend prägt. Diese Feststellung muß jedoch in doppelter Weise differenziert werden.
Zunächst: das "idealtypische" Modell der Leistungsethik setzt sich nicht mehr in all seinen Dimensionen durch. So ist bei der großen Mehrzahl der untersuchten Fälle die kollektive Handlungsdimension verschwunden. Wenn sie existiert, ist die Teilhabe an der Arbeitswelt in erster Linie individualisiert und nicht mehr durch die kollektiven Kategorien wie Klasse oder Beruf, die die Industriegesellschaften geprägt haben, vermittelt. Viele haben eine atomisierte Vorstellung von der Gesellschaft. Die kollektive Teilnahme in Form eines aktiven Engagements (sei dieses mit der Arbeit verbunden oder nicht) ist selten und wird manchmal sogar herabgewürdigt; die ideologische oder kulturelle Prägung der Deutungsmuster durch die Arbeiterbewegung ist schwach oder fehlt.
Dieses Ergebnis gilt ziemlich allgemein, selbst bei den jungen Männern, die in Arbeitsmilieus mit alter Industrietradition beschäftigt sind. Elemente der Arbeitskultur und der Leistungsethik überleben, doch die jungen Männer zeigen zunehmend Distanz gegenüber den traditionellen Arten kollektiver Aktion in dem Maße, in dem "die Arbeiter" oder "das Arbeitskollektiv" ihre Gestalt verändern und sich individualistische Partizipations- und Handlungsstrategien immer mehr als praktizierbar und kulturell legitimiert erweisen.
Die Jugendlichen in ungeschützten Beschäftigungsverhältnissen und die jungen Arbeitslosen unterhalten sehr eigentümliche Beziehungen zum Modell der Arbeit. So erklärt die Erfahrung des Mangels das Insistieren auf dem finanziellen Entgelt. Das, was sie selbst beizutragen haben, wird hingegen viel unbestimmter definiert. Einige würden gleich welche Art von Beschäftigung akzeptieren, während andere auf verschiedenen Ansprüchen an die Qualität der Arbeit bestehen (z.B.: Ablehnung von Bandarbeit).
Dessenungeachtet bestimmt sich für die Mehrheit der marginalisierten Jugendlichen die Arbeit weniger als Ort von Erfahrung, die sie machen, sondern sie zwingt sich ihnen vielmehr als zentrale Dimension der Sozialordnung auf. Ihr Gefühl des Ausgegrenztseins zeigt genau an, daß sie Arbeit als den normalen Zugang zur Gesellschaft ansehen. Die Schuldgefühle, die sie den erwachsenen Arbeitslosen unterstellen (und von denen sie nicht weit entfernt sind), zeugen ebenfalls von diesem Bezug zur Arbeit, die als eine Art Staatspflicht und eine Garantie von Normalität begriffen wird. Wenn sie eine ausgesprochene Sensibilität für das Stigma des "sozialen Abstiegs" des Arbeitslosen zeigen, (den sie häufiger als ein gesellschaftlich ausgeschlossenes und durch seelische Zerstörung bedrohtes Individuum denn als einen sozialen Akteur, der Rechte hat, sehen,) reproduzieren sie nur eine kulturelle Norm, die vom alten Modell der Arbeit abgeleitet ist.

Der Bezug auf das alte kulturelle Modell der Arbeit ist also weitgehend individuell, wie übrigens auch die Empörung über die fehlende Arbeit. Alles spielt sich so ab, als ob die kollektiven Vermittlungen, die mit dem alten Modell verbunden waren, aufgelöst wären. Die Erfahrung der Arbeitslosigkeit (und oft auch der Ungesichertheit), die soziale Beziehungen zerstört, führt zu einer Individualisierung der Verhaltensweisen und der Deutungsmuster. Wie wir später sehen werden, wird dieses Syndrom durch die Auswirkungen der gegenwärtigen kulturellen Veränderungen beschleunigt und verbreitert.

Dennoch liegt hier nicht das Wichtigste. Wenn das traditionelle Modell der Arbeit - möglicherweise in seiner veränderten Fassung - keinen negativen Bezugspunkt für eine wichtige Zahl von Jugendlichen bildet, so ist es doch für viele von ihnen als Bezugspunkt nicht mehr praktizierbar - und zwar wegen ihrer Existenzbedingungen, die durch Arbeitslosigkeit, Unterbeschäftigung oder ungeschützte Beschäftigungsverhältnisse geprägt sind. Die Erfahrung solcher Beschäftigungsverhältnisse, die fast 25% der jungen Leute zwischen 18 und 25 in Belgien während der achtziger Jahre machten, ist ein wichtiges Phänomen, das sicherlich mit einem beträchtlichen Gewicht auf ihrer Sozialisation gelastet hat. Nebenbei: genau an dieser Stelle bekommt die Hypothese, die auf den Generationsfaktor - d.h. auf den Strukturfaktor - abhebt, ihren ganzen Sinn.

Die relativ geringe Möglichkeit praktischer Anwendung verwandelt das vorgegebene Modell der Arbeit in einen immer weiter entfernten Bezugspunkt, ohne daß tatsächliche Alternativen an seine Stelle träten. Die Diskrepanz, die sich zwischen dem alten - für die Jugendlichen schwer verwirklichbaren - Modell und dem kulturellen Modell auftut, das berufen ist, jenem zu folgen, bringt die Bedingungen einer zunehmenden Anomie hervor, die in den Arbeitsorientierungen zahlreicher Jugendlicher belegbar ist. Diese Anomie erklärt sicherlich - vor allem bei den jungen Frauen und Männern in ungeschützten Beschäftigungsverhältnissen - die Entwicklung einer fatalistischen Lesart der Gesellschaft und eines Deutungsmusters von Zeit, das auf die Gegenwart zentriert ist; diese beiden Züge zeigen ebenfalls einen Verfall des alten kulturellen Modells.

Wir werden später noch auf diese Themen zurückkommen. Es ist dennoch schon jetzt interessant festzuhalten: Wenn die Mehrheit der Jugendlichen eine pessimistische Sichtweise der Zukunft zeigen, kombinieren diejenigen in ungeschützten Beschäftigungsverhältnissen eine fatalistische Deutung ihres individuellen Schicksals mit dem Bild einer ungewissen Zukunft der Gesellschaft, während die anderen dazu neigen, die Perspektive ihrer individuellen Zukunft abzutrennen von überwiegend negativen Vorstellungen über die gesellschaftliche Zukunft.

Die Verbreitung dieses fatalistischen Deutungsmusters der gesellschaftlichen Entwicklung provoziert zwei Kommentare, die wir hier nur skizzieren: Es sei zunächst festgehalten, daß dieser Fatalismus in hohem Maße von der Kluft zwischen den Veränderungen in den verschiedenen Bereichen der Technologie, der Wirtschaft und der Institutionen und den geringen Möglichkeiten der Individuen hervorgerufen wird, diesen Veränderungen zu folgen, an ihnen teilzuha-

ben. Die Gesellschaft und ihre verschiedenen Funktionsweisen verändern sich, ohne daß viele Individuen über die Interpretationsschlüssel dieser Veränderungen verfügen. Der Graben, der sich hier auftut, ist eine Quelle von Anomie und Fatalismus.
Die zunehmende Distanz zur kollektiven Aktion ist in vielen Fällen weniger eine Entscheidung, die durch eine neue kulturelle Norm gesteuert wird, als vielmehr das Produkt eines gesellschaftlichen Systems, das zeigt, daß es ohne die Beteiligung eines Teils seiner Mitglieder funktionieren kann. So sind die Jugendlichen in ungeschützten Beschäftigungsverhältnissen aus unserer Untersuchung vollkommen davon überzeugt, daß die Gesellschaft sie nicht braucht, was den Zusammenhang zwischen ihrem Gefühl von Ausgrenzung und dem Ausbleiben von Auflehnung erhellt. In diesem Kontext ist ihre einzige Forderung, über ein Minimum an materiellen Ressourcen zu verfügen, die ihnen den Zugang zum Konsum garantieren (der "Garantismus"), ohne daß dieser Zugang von einer Leistung ihrerseits abhängig wäre, da diese ohnehin unnütz ist. Dieser Mechanismus trägt wesentlich dazu bei, den Bezug zur Leistungsethik aufzulösen, die ja ganz klar Beitrag und Entgelt, Leistung und Lohn zusammenbindet.

3. Fragmente eines neuen kulturellen Modells der Arbeit

Die Fortdauer der Leistungsethik - selbst in verfallenden Formen - darf nicht das Vorhandensein fragmentarischer Elemente eines hypothetischen neuen kulturellen Modells der Arbeit verschleiern. Diese zeigen sich vor allem in zwei Dimensionen, die wir bei der Mehrzahl der Jugendlichen wiederfanden: Kommunikation und Selbstverwirklichung. Sicherlich gibt es auch andere Elemente, doch sind sie zu verstreut oder geringfügig, um sie wirklich festhalten zu können.
Kommunikation ist ganz offenbar eine zentrale Dimension für alle jungen Frauen und Männer in unserer Untersuchung. Sie ist ein Mechanismus, der die berufliche Identität, die auf den traditionellen Wegen nicht verwirklicht worden ist, ersetzt, gleichzeitig eine neue Dimension sozialer Beziehungen, die sich nicht mehr durch Klassenverhältnisse konstituieren; sie ist die weit getriebene Suche nach Soziabilität, nach einer neuen Art des zwischenmenschlichen Austauschs, der durch die Suche nach dem Selbst bestimmt wird.
Kommunikation geht also sehr deutlich über die Suche nach Anderssein hinaus, wie es für den Adoleszenten bei seinem Streben nach Identität und ihrer Anerkennung typisch ist. Sie ist gleichzeitig "lateral" (eingebunden in ein Netz von Peers) und "vertikal" (Qualität der Beziehungen zu Autoritäten). Kommunikation hat zwei Merkmale, die nur oberflächlich widersprüchlich sind. Auf der einen Seite ist sie Ausfluß einer Konzeption von Beziehung zum anderen, die sich von Kategorien der Konvivialität her definiert: mit anderen zusammenzuleben ist wichtig und stellt Identität mit Hilfe des Mechanismus der Anerken-

nung sicher ("Ich kommuniziere, also bin ich"). Auf der anderen Seite stellt die Möglichkeit der Kommunikation mit anderen einen Anspruch dar, der in die Bewertung von Arbeitssituationen eingeht.
Allgemeiner formuliert ist Kommunikation eine eigene Art und Weise der Konstruktion von Soziabilität, unabhängig von institutionalisierten kollektiven Vermittlungen wie sozialen Zugehörigkeiten. Darüber hinaus ist sie ein wichtiges Medium der Anerkennung von Identität.
Dieser Anspruch nach der Anerkennung des Selbst durch Kommunikation führt direkt zu einer anderen Dimension des sich herausbildenden neuen kulturellen Modells der Arbeit: der Selbstverwirklichung.
Man könnte annehmen, hier handele es sich um eine vergleichsweise traditionelle Arbeitsorientierung. So postulierten in den sechziger Jahren alle Untersuchungen, die dem Thema der Entfremdung in der Arbeit gewidmet waren, die Existenz einer Selbstverwirklichung durch Arbeit.[2] Zwei wichtige Merkmale unterscheiden die gegenwärtige Selbstverwirklichung von der traditionellen Konzeption von Selbstverwirklichung durch Arbeit.
Selbstverwirklichung ist heute grundsätzlich eine ichbezogene Suche nach Selbstverwirklichung. Mit anderen Worten: das Individuum strebt danach, seine eigene Identität aufzubauen und ihr Genüge zu tun. Diese Identität behauptet sich, ohne der Vermittlung durch kollektive Kategorien (an der Entwicklung teilhaben, Geschichte machen) zu bedürfen, die weitgehend sinnentleert sind. Außerdem geht Selbstverwirklichung sehr weit über den Rahmen von Arbeitserfahrung hinaus; sie wird in allen Bereichen der Existenz gesucht.
Selbstverwirklichung wird also durch eine selbstreferentielle Logik gesteuert. Der Begriff des Individuums und selbst der Begriff des Akteurs sind hier ziemlich unzureichend; vom Subjekt müßte die Rede sein. Das Subjekt ist ein Akteur, der an sich selbst arbeitet. Selbstverwirklichung muß heute als die ichbezogene Konstruktion des Selbst durch das Subjekt verstanden werden.[3]

4. Krise und Wandel

Diese Beobachtungen deuten also auf Folgendes hin: Wenn auch das traditionelle Arbeitsmodell immer noch ein vergleichsweise wichtiger Bezugspunkt und deswegen eine Quelle von Normativität ist, beginnt gleichwohl seine Bedeutung sich abzuschwächen. Außerdem treten andere, ziemlich heterogene kulturelle Normen auf und verbreiten sich.
Es ist also wichtig zu sehen, wie diese Dualität von altem Modell, das das normative Monopol nicht mehr hat, und den noch nicht voll ausgebildeten Ele-

2 Vgl. z.B.: R. Blauner: Alienation and Freedom. Chicago 1964, oder M. Seeman: Les conséquences de l'aliénation dans le travail, in: Sociologie du Travail, Nr. 2/1967.

3 "Die Bedeutung, die neuerdings dem Subjekt zugemessen wird, drückt die Distanz aus, auf die Individuen und Subkulturen gegenüber Institutionen, ihren Routinen und Ideologien gegangen sind"; A. Touraine: Le retour de l'acteur. Paris 1984, S. 102.

menten eines im Entstehen begriffenen neuen kulturellen Arbeitsmodells beschaffen ist. Eine solche Analyse setzt eine Untersuchung der Bedingungen des Übergangs vom alten zum neuen Modell voraus.

Um das Wesen der kulturellen und sozialen Veränderungen der siebziger und achtziger Jahre zu charakterisieren, sind bisweilen zwei miteinander verwobene und dennoch in ihrer Natur sehr verschiedene Prozesse unterschieden worden. Die *Krise* meint die Desorganisation eines wirtschaftlichen Systems und der mit ihm verbundenen Institutionen; der *Wandel* bezeichnet die tiefgreifende Transformation der Industriegesellschaften im Ganzen wie ihrer wirtschaftlichen, sozialen und kulturellen Komponenten[4].

Diese Unterscheidung erlaubt die Trennung zweier Untersuchungsperspektiven der Sozialisation durch Arbeit heute, zweier Konzeptionen des kulturellen Modells der Arbeit und seiner Verbreitung. Die erste Perspektive - die der *Krise* - hat vornehmlich einen 'Fixpunkt' im Blick, einen stabilen Zustand des sozialen Systems: im Vergleich mit ihm werden Erscheinungen wie Brüche, Unfälle oder Pannen registriert. So stellt man beispielsweise fest, daß die kulturellen Normen der Leistungsethik ihre Integrationsfunktion aus einer Reihe von Gründen nicht mehr erfüllen: vor allem eine Vervielfachung der Situationen von Marginalität, d.h. solcher Lebens- und Verhaltensweisen, die außerhalb der traditionellen Arbeitsnormen liegen.

Die zweite Perspektive sieht die Veränderungen als komplexe und irreversible Wandlungsprozesse, die in gleicher Weise die soziale Praxis, die kulturellen Deutungsmuster und die Institutionen der Arbeit betreffen. Diese Veränderungen wären dann der Ursprung neuer kultureller Normen. In einem solchen Kontext wäre es nicht mehr möglich, von einem Fixpunkt oder von einem einzigen Bezugssystem her zu denken. So würde der Übergang der Jugendlichen in den Erwachsenenstatus - traditionell charakterisiert durch eine dauerhafte berufliche Beschäftigung, welche materielle Unabhängigkeit und die Beherrschung verschiedener Erwachsenenrollen garantiert - neue, höchst unterschiedliche und schwierige Wege einschlagen.

Wir stellen also die Hypothese auf, daß die Erfahrung vieler Jugendlicher mit Lohnarbeit im Kontext der achtziger Jahre diese Doppelnatur hat. Sie entspricht einem Deregulierungsprozeß, d.h. einer Krise, die für viele von ihnen durch die Unsicherheit der Beschäftigung, den schwierigen Eintritt ins Berufsleben und das Verschwinden relativ sicherer Berufsverläufe geprägt ist. Aber es handelt sich dabei auch um einen Wandel, anders ausgedrückt: um die tiefgreifende Veränderung der Arbeit selbst und ihrer verschiedenen kulturellen Bestandteile.

Es ist unmöglich, daß die heutigen Erfahrungen der jungen Frauen und Männer mit der Arbeitswelt nicht tiefgreifenden Einfluß auf ihre Sozialisation und dar-

4 Vgl. A. Touraine: Crise ou mutation?, in: N. Birnbaum u.a.: Au-delà de la crise. Paris 1976. - Unter anderem Blickwinkel vgl. P. Rosanvallon: Crise et décomposition de la classe ouvrière, in: Crise et avenir de la classe ouvrière. Paris 1979. Vgl. auch F. Dubet: La Galère. Paris 1987.

über hinaus ihre Arbeitsorientierungen haben. Und diese können wahrscheinlich nicht mehr mit Kategorien definiert werden, die aus der industriellen Arbeit und ihren Institutionen abgeleitet sind. Anders gesagt, nicht nur Arbeitslosigkeit und ungeschützte Beschäftigungsverhältnisse verändern die Erfahrung, sondern auch "die Distanz, die sich zwischen ihnen und der an ihr Ende kommenden Industriegesellschaft auftut"[5]. Diese Veränderungen sind ganz klar struktureller Natur. Die im Verhältnis der jungen Frauen und Männer zur Arbeit beobachteten Veränderungen wären demnach nicht ein Lebensalterphänomen, sondern ein Generationenphänomen. Wenn sie sich verstärken und weiterentwickeln, könnten sie neue Arbeitsorientierungen hervorbringen und außerdem zur Entstehung eines neuen kulturellen Modells der Arbeit beitragen.

5. Der Zugang zum neuen kulturellen Modell der Arbeit

Heute beziehen sich die Arbeitsorientierungen der Jugendlichen auf zwei Modelle: das alte Arbeitsmodell mit veränderter Normativität und die noch bruchstückhaften Elemente neuer Normen. Die vorgenommene Unterscheidung zwischen Krisen- und Wandlungsprozessen soll diese Dualität und die Übergangssituation verständlich machen. Krise bezeichnet die zunehmende Deregulierung der Industriegesellschaft, während Wandel den langsamen und schwierigen Entstehungsprozeß von sozialen Formationen meint, die auf sie folgen werden. Diese beiden Dimensionen sind in Wirklichkeit miteinander vermischt, doch analytisch ist es sinnvoll, sie zu unterscheiden.
Diese Verschachtelung erhellt, was ich den Eintritt *von unten* in das neue kulturelle Modell der Arbeit nenne. Anders gesagt: die neuen Arbeitsorientierungen bilden sich durch die Auflösung der alten Formen von Normativität.
Der Eintritt in das neue kulturelle Modell - oder genauer: der Übergang zu ihm - nimmt im wesentlichen zwei Formen an: den Zerfall der Leistungsethik, weil sie nicht praktikabel ist, und den bruchstückhaften Aufbau neuer Normen; diese tragen langfristig ein neues Modell in sich und gehen im wesentlichen von Elementen des Privatlebens aus.
Es wurde bereits gezeigt, daß nach wie vor auf das alte kulturelle Modell der Arbeit Bezug genommen wird, aber in eher theoretischer Form, weil die Jugendlichen - vor allem die Marginalisierten - auf Schwierigkeiten bei seiner praktischen Verwirklichung treffen.
Die Beziehung zum alten kulturellen Modell der Arbeit, das eine widersprüchliche Quelle von Normierung bleibt, bemißt sich demnach an der Distanz, die sich zwischen dem Modell selbst und seiner konkreten Umsetzung auftut. Diese Distanz oder diese Schwierigkeit persönlicher Teilhabe am Modell kann an verschiedenen Themen gezeigt werden und ist in Gestalt verschiedener Topoi in den Aussagen der interviewten Jugendlichen auszumachen:

5 Vgl. A. Bastenier u.a.: Déviance et délinquance des jeunes d'origine étrangère. Forschungsbericht. Unité de sociologie, Université catholique de Louvain, 1989.

- der Topos der geschlossenen Gesellschaft,
- der Topos der durch blinde Kräfte gesteuerten Gesellschaft,
- der Topos der Gesellschaft, die die Individuen vereinzelt und verdinglicht (sich ihnen entfremdet),
- der Topos der Entkopplung von Lohn und Leistung.

Diese Topoi sind vornehmlich die Deutungsmuster der Marginalisierten, sie sind aber in unterschiedlichem Ausmaß auch Element der Deutungsmuster der anderen jungen Frauen und Männer. Die Erfahrung der Ausgrenzung, die einige von ihnen machen, nährt das Bild einer *geschlossenen*, ja feindlichen *Gesellschaft*. Für viele ist die Gesellschaft "etwas anderes", "woanders" und betrifft sie nur negativ. Sie wird oft mit einer blinden Maschinerie gleichgesetzt. Bisweilen erscheint sie als eher beherrscht denn gesteuert durch eine Minderheit von Profitmachern: die "Großen". Eine solche Gesellschaft ist zu einer positiven Entwicklung weitgehend unfähig. Im Gegenteil: ihre wahrscheinliche Zukunft wird oft mit ausweglosen Situationen oder Katastrophen gleichgesetzt (Krieg oder ökologische Zusammenbrüche). Wir haben dieses Deutungsmuster, das die positiven Erfahrungen und Entwicklungschancen der Industriegesellschaft in die Vergangenheit verlegt, das "auf den Kopf gestellte Fortschrittsbewußtsein" genannt.

Die Gesellschaft wird in dieser Optik durch *blinde Kräfte* gesteuert oder durch Institutionen, die ihr Überleben - unabhängig von den tatsächlichen Bedürfnissen der Individuen sichern. In einem solchen Kontext wird die Lebenssituation der Individuen vom Schicksal, dem Zufall oder vom Glück bestimmt. Man kann eine Erklärung für eine persönliche Schwierigkeit (die Arbeitslosigkeit) finden, zum Beispiel den schulischen Mißerfolg. Dieser wird jedoch fast immer mit Glück oder ausbleibendem Glück erklärt, seltener durch die Zuschreibung einer individuellen Verantwortlichkeit (nicht vorhandenem schulischer Eifer), doch niemals durch eine gesellschaftliche Logik (zum Beispiel die Benachteiligung von sozial oder kulturell unterprivilegierten Schülern).

Das Spiel der gesellschaftlichen Kräfte hat demzufolge nur wenig Sinn oder hat unmittelbar an der - abgelehnten - Logik der Gesellschaft teil. Es nützt daher nichts, sich in einer kollektiven Aktion zu engagieren.

Bei einer gewissen Zahl von Interviewten kann diese "Desozialisierung" gesellschaftlicher Problemlagen an der Bedeutung abgelesen werden, die Themen wie Angst oder psychischen Störungen zugemessen wird. Wenn also Individuen in gesellschaftlich schwierige Situationen geraten, wird nicht ihr Aufbegehren, sondern ihr psychischer Zusammenbruch betont - und dies deutet wohl auf das Fehlen eines im eigentlichen Sinne gesellschaftlichen Auswegs aus ihren Schwierigkeiten hin.

Der Topos der "Fäulnis", den Francois Dubet in seiner Jugendstudie "Die Galeere"[6] beschrieben hat, ist vor allem bei den Marginalisierten anzutreffen; sie charakterisieren so eine Gesellschaft, die sie ausgrenzt. Die "Fäulnis" ist ein

---

6 Vgl. F. Dubet, S. 75-78.

Element der Krise und der gesellschaftlichen Deregulierung. Das Deutungsmuster "kranke Gesellschaft", die zur Lösung ihrer Probleme unfähig ist, ist in unterschiedlichem Ausmaß bei zahlreichen Jugendlichen nachweisbar. Diese pessimistische gesellschaftliche Zukunftsvision ist häufig mit einem Gefühl von Ohnmacht verbunden, von Unfähigkeit, auf die Situation einzuwirken. Wie wir oben gesehen haben, wird diese Ohnmacht oft durch Katastrophen-, Kriegs- oder Gewaltszenarios aller Art illustriert, durch ökologische Unfälle oder Katastrophen - all dies dargestellt als logische Konsequenzen einer entwicklungsunfähigen Gesellschaft.

Diese pessimistische Deutung der gesellschaftlichen Zukunft (und, bei den Marginalisierten, auch der individuellen Zukunft) läßt sich in den Zeitorientierungen der Jugendlichen ebenfalls nachweisen. Die meisten sind auf die Gegenwart zentriert. Nur wenige argumentieren in Begriffen eines längerfristigen Vorhabens (beruflich oder in einem anderen Bereich) - und wenn, dann in Form vager - und manchmal unrealistischer - Erwartungen an individuelle Verwirklichung.

Eine Gesellschaft, die ausgrenzt, teilt die Individuen in Gruppen oder voneinander abgetrennte Kategorien: die "Großen" und die "Kleinen", die "Abgesicherten" und die "Gefährdeten", die, die ein "normales Leben" führen, und die anderen, allesamt Gruppen, die untereinander ungleichgewichtige Beziehungen unterhalten. Für die Marginalisierten - und dies ist eine banale Feststellung - ist die Erfahrung der Nicht-Arbeit die Ursache des Auseinanderbrechens vieler sozialer Bindungen. So ist die wirtschaftliche Not, die mit der Marginalisierung verbunden ist, eine Hypothek für die zahlreichen Austauschprozesse, die gleichwohl für das soziale Leben grundlegend sind.

Schließlich verhindert das Fehlen von Lohnarbeit - oder einer dauerhaften Beschäftigung - die Realisierung der Wechselbeziehung zwischen Lohn und Leistung. Dieser Bruch erklärt die Haltung des "Garantismus" (von unseren deutschen Kollegen in gleicher Weise analysiert), d.h. die Forderung nach wirtschaftlichem Schutz oder Überleben, unabhängig von der Leistung, die an Arbeit gebunden ist. Unter diesen Umständen wird viel eher der Zugang zum Konsum den Weg zum "wahren Leben" auftun als Arbeit, die die theoretische Voraussetzung dafür ist.

Für viele Jugendliche gilt, da die Welt schlecht eingerichtet sei, "daß man sein eigenes Leben leben muß". "Sein eigenes Leben leben" ist eine Formulierung mit vielen Bedeutungen, die jedoch alle auf das Subjekt selbst verweisen. Viele von ihnen denken, daß man sich nicht an der Gesellschaft, so wie sie ist, beteiligen darf, weil sie die, die sich in sie integrieren, negativ verändert, sie "schlecht" macht. Wenn man in das Räderwerk der Gesellschaft hineingeraten ist, wird man "anders"; dies erklärt das "Moratorium", das für viele darin besteht, diesen Augenblick hinauszuschieben.

Das Thema "Sein eigenes Leben leben" führt unmittelbar zum zweiten Eingang ins neue kulturelle Modell der Arbeit, der sich nicht mehr nach seiner Distanz zur Leistungsethik (oder ihrer Verfallsformen) mißt, sondern vielmehr an neuen

Normen. Diese betreffen nicht ausschließlich die Arbeit; im Gegenteil, sie bauen sich oft auf Erfahrungen des Privatlebens auf.
Genau hier gewinnen die beiden oben genannten Motive - Kommunikation und Selbstverwirklichung - ihre volle Relevanz. In den Interviews finden sie sich oft zusammen mit dem zentralen Thema: "Sein eigenes Leben leben", d.h. für sich selbst leben. Die Trennung zwischen dem Selbst und der "gesellschaftlichen Maschinerie" ist das Mittel, um nicht in eine entfremdete Existenz zu geraten, die einen daran hindert, sein Leben zu leben. Wir haben häufig feststellen können, daß die Zerstörung beinhaltende Zukunftsvision der gesellschaftlichen Welt (verbreitet bei den marginalisierten Jugendlichen, doch auch bei den anderen vorhanden) einer Bestimmung des Selbst als Zentrum von Sinnerfahrung und als einem zu entwickelnden Subjekt Nahrung gegeben hat. Diese Sorge um sich selbst kann mehrere Ausdrucksformen annehmen: so für einige der Einsatz in einer anspruchsvollen Sportart; bei anderen ist es eine künstlerische Betätigung, die an die Stelle eines politisch-sozialen Engagements rückt, das als enttäuschend eingeschätzt wird, und zwar nicht an sich enttäuschend, sondern wegen des gesellschaftlichen Kontexts, in dem es stattfinden müßte. Bei wiederum anderen nimmt die Sorge um sich die Form der affektiven Suche in der Partnerbeziehung oder in der Freundesclique (peer group) an. Im allgemeinen richtet sich das individuelle Engagement auf das Selbst und nicht auf die Gesellschaft, was noch einmal das Thema der Selbstverwirklichung als ichbezogene Konstruktion des Selbst verdeutlicht.
Die negative Interpretation der Gesellschaft und ihrer Institutionen (was der konkreten Erfahrung der marginalisierten Jugendlichen entspricht) läßt verstehen, warum diejenigen Normen, die erste Konturen eines neuen kulturellen Modells der Arbeit erkennen lassen, ohne direkten, expliziten Bezug auf die Gesellschaft entwickelt werden, sondern zu allererst in Bezug auf das Selbst und dann auf den anderen. Der Bezug auf sich selbst identifiziert das zu konstruierende Subjekt (Selbstverwirklichung). Der Bezug zum Anderen (Kommunikation) meint diesen nicht als gesellschaftliches Wesen, d.h. als "normativ geprägt" durch die zerstörerische Gesellschaft, der Andere wird vielmehr als für die eigene Existenz bedeutsame "Ressource" und gleichzeitig als Mittel der Anerkennung, also der Identität angesehen.
Die Ich-Bezogenheit kultureller Normen ist ein wichtiges Phänomen, das eine wesentlich längere Darstellung und Erläuterung verdienen würde, als wir sie hier entwickeln können. Wir werden dennoch zwei Beobachtungen formulieren, die sicher eine gründlichere Diskussion rechtfertigen würden.
Zunächst macht der negative Bezug auf die Gesellschaft die Ich-Bezogenheit verständlich, die jede Idee eines individuellen Engagements für ein kollektives Subjekt ausschließt. Im übrigen können das Auseinanderdriften oder die zeitliche Entkopplung der verschiedenen Erfahrungsebenen andere Interpretationselemente zur Geltung bringen. Für die Marginalisierten und für einen Teil der anderen Jugendlichen besteht ein zunehmender Abstand zwischen einer gewissen Form emotionaler und sexueller Reife bzw. damit verbundener Rollen ei-

nerseits und ihrer Teilhabe am öffentlichen Leben andererseits. Diese Distanz mißt sich an der schwierigen oder verspäteten Integration in den Arbeitsmarkt, an der späten Konfrontation mit den Institutionen der Arbeit und an der freiwilligen Verlängerung des Studiums.

Der Verlust - oder der spätere Beginn - eines strukturierten Kontakts mit der Gesellschaft und ihren Institutionen hat ein zweifaches Phänomen zur Konsequenz: zum einen eine Bewertung der Situation in terms von Gewinn oder unmittelbaren Vorteilen (was übrigens zu einer Art "kultureller Lumpenproletarisierung" führen könnte[7]), zum anderen die Behauptung des Selbst als Zentrum der Erfahrung. Wir haben diese Haltung als "Moratorium" bezeichnet, das darin besteht, eine vollständige Integration in die Arbeitswelt aus freiem Entschluß hinauszuschieben: der Berufsweg, der vielleicht später eingeschlagen wird, wird einem beträchtlichen Einsatz in das "private Ich" untergeordnet. Dabei ist festzuhalten, daß bei den Marginalisierten das "Moratorium" häufiger eine Sache der Phantasie als eine wirkliche Strategie ist. Schließlich sei angemerkt, daß die "Desynchronisierung" der privaten und öffentlichen Erfahrungen den ausgiebigen Gebrauch privater Kategorien für die Analyse und Interpretation von Gegebenheiten des gesellschaftlichen Lebens plausibel macht.

6. Schlußfolgerungen

Das Ansprechen zweier Themen wird die vorläufige Schlußfolgerung aus den angestellten Überlegungen bilden. Es ist sehr wichtig, das zu untersuchen oder zu analysieren, was man als *Übergangssituationen* bezeichnen könnte. Das idealtypische Vorgehen führt oft dazu, mit heuristischem oder auch interpretierendem Anspruch Modelle zu konstruieren, die nur zu einer speziellen Wirklichkeit passen. Die Erfahrung aus dieser Untersuchung zum kulturellen Modell der Arbeit von Jugendlichen deutet darauf hin, wie wichtig es ist, die Bestandteile des neu entstehenden Modells zu untersuchen (was wir nicht vollständig getan haben), es ist jedoch ebenso wichtig, die Art und Weise zu analysieren oder zu verstehen, in der die jungen Frauen und Männer den Übergang leben. Man kann sich in der Tat nicht vorstellen, daß die Bedingungen dieses Übergangs die kulturellen Normen, die das Modell bilden werden, nicht beeinflussen.

Die besonderen Bedingungen des Übergangs, d.h. die Kombination von Verfallsformen des alten Modells und von Fragmenten sich herausbildender neuer Normen macht deutlich, was wir den Zugang *von unten* in das neue kulturelle Modell genannt haben. Diese Art des Zugangs ist auf eine spezifische Situation bezogen, die die Elemente von Krise und Deregulierung mit solchen von Veränderung verbindet. Wenn der mit der Veränderung der Industriegesellschaft verbundene kulturelle Wandel sich in einer wirtschaftlichen Hochkonjunktur, in einer allgemeinen Prosperitätsphase ohne jede soziale Krise zugetragen hätte,

7 Vgl. A. Bastenier, S. 111. Die kulturelle Lumpenproletarisierung ist die Unfähigkeit, Dinge in terms gesellschaftlicher Beziehungen zu analysieren.

dann hätte der Übergang höchstwahrscheinlich eine andere Gestalt angenommen. Im spezifischen Kontext der siebziger und achtziger Jahre in Belgien hat man weniger die positiven Formen der neuen kulturellen Normen wahrgenommen als vielmehr die krisenhaften Veränderungen des alten kulturellen Modells.

Außerdem scheint es, daß viele Jugendliche eine besondere Sozialisation durchmachen: eine Sozialisation als Wartestand. Sie wird nicht nur durch neue Formen der Arbeitsorganisation erfordert, die Flexibilität und Mobilität verbinden; sie läßt sich auch durch den spezifischen Kontext ihrer Ausbildung, die Krise, erklären, sowie bei einigen durch den zunehmenden Abstand zwischen der Arbeit (oder was an ihre Stelle tritt) und der Nicht-Arbeit (bzw. dem Privatleben). Für viele von ihnen sind genau mit dieser Distanz die Voraussetzungen für ihre Selbstverwirklichung und ihre Kreativität gegeben.

Der zunehmende Abstand dieser Kreativität von den zerfallenden Formen des alten kulturellen Modells der Arbeit wird es ihr vielleicht erlauben, einen im strengen Sinne gesellschaftlichen Gehalt anzunehmen und auf diese Weise auch eine Rückbeziehung auf die Gesellschaft selbst veranlassen.

Literatur

Bastenier, A. u.a.: Déviance et délinquance des jeunes d'origine étrangère. Forschungsbericht. Unité de sociologie, Université catholique de Louvain, 1989.

Blauner, R.: Alienation and Freedom. University of Chicago Press 1964.

Dubet, F.: La Galère. Paris 1987.

Molitor, M./de Rongé, A.: Jeunes et identité au travail. Recherche sur les orientations au travail des jeunes. Forschungsbericht. Département de Sociologie, Université Catholique de Louvain, 1987.

Rosanvallon, P.: Crise et décomposition de la classe ouvrière, in: Crise et avenir de la classe ouvrière. Paris 1979.

Seeman, M.: Les conséquences de l'aliénation dans le travail, in: Sociologie du Travail, Nr. 2/1967.

Touraine, A.: Crise ou mutation?, in: N. Birnbaum u.a.: Au-delà de la crise. Paris 1976.

Ders.: Le retour de l'acteur. Paris: Fayard 1984.

Der soziokulturelle Wandel in Italien: Modelle der Arbeitsorientierung junger Menschen

Alessandro Cavalli

Unter den industrialisierten Ländern West-Europas bietet die italienische Gesellschaft einen besonderen und interessanten Fall für die Analyse der Prozesse des sozio-kulturellen Wandels. Italien ist eine typisch dualistische Gesellschaft, d.h. sie zeigt große wirtschaftliche, soziale und kulturelle Unterschiede, deren Ursprung in der geschichtlichen Entwicklung des Landes und in der Art und Weise der Verwirklichung der nationalen Einheit liegt. Als das Land in der zweiten Hälfte des 19. Jahrhunderts ein Nationalstaat wurde, waren die nördlichen Regionen, besonders Piemont und Lombardei, viel weiter fortgeschritten als das ganze Gebiet südlich von Neapel, obwohl Neapel und Palermo im 18. Jahrhundert zu den lebendigsten kulturellen Zentren Süd-Europas zählten.

Im Laufe der letzten 130 Jahre ist der Abstand sogar größer geworden; aus dem Süden sind Millionen Menschen nach allen Teilen der Welt und auch nach Norditalien ausgewandert, und die entwicklungspolitischen Maßnahmen, die in der Nachkriegszeit durchgeführt wurden (Industrialisierung, große staatliche Investitionen im Dienstleistungssektor), haben wohl die ursprüngliche Sozialstruktur des Südens grundsätzlich umgewandelt, den Abstand zum Norden aber nicht reduziert.

Der nördliche Teil des Landes ist heutzutage ökonomisch und kulturell in West-Europa integriert, der südliche Teil dagegen zeigt noch stark die typischen Züge der Mittelmeer-Gesellschaften.

Der Unterschied zwischen Süden und Norden ist aber weiter in zahlreichen regionalen Unterschieden artikuliert, die in Italien stärker ausgeprägt sind als in anderen europäischen Ländern. Es gibt nicht einen einzigen Süden, sondern mehrere, und die Regionen Mittelitaliens zeigen besondere Eigenschaften, die weder im Norden noch im Süden zu finden sind.

Ich kann natürlich die Analyse dieser Unterschiede hier nicht weiter verfolgen. Diese Bemerkungen weisen aber darauf hin, daß der seitens der Soziologen üblicherweise benutzte Gegensatz zwischen Tradition und Modernität nicht geeignet ist, die Wandlungsprozesse innerhalb einer so heterogenen Gesellschaft zu klären. Einfache Entwicklungslinien lassen sich nicht aufstellen: was in einem Kontext als neu und modern erscheint, kann in einem anderen Kontext als alt und traditional gelten. Die Entwicklungsprozesse sind weit komplizierter als die Entwicklungsmodelle der Wirtschaftswissenschaft und der Soziologie.

Dieses ist der Grund, warum wir versucht haben, das Forschungsprojekt über die kulturellen Arbeitsorientierungen von Jugendlichen in drei verschiedenen Regionen und nicht in einem einzigen Gebiet durchzuführen. Die Untersuchung ist noch nicht beendet. Ich werde in diesem kurzen Referat über die ersten Ergebnisse dieses Projektes berichten.

Bevor ich das Thema der kulturellen Arbeitsorientierungen behandele, will ich noch einige Bemerkungen hinzufügen, die Auskunft über einige strukturelle Merkmale geben.

1. Die Jugendarbeitslosigkeit ist in Italien besonders hoch. Acht von zehn Arbeitslosen sind Jugendliche, die ihre erste Arbeitsstelle suchen. Die Jugendarbeitslosigkeit konzentriert sich in den südlichen Regionen, im Norden ist sie fast unbekannt. Die arbeitslosen Jugendlichen kommen größtenteils aus zwei verschiedenen Gruppen: einerseits handelt es sich um ein zusätzliches Arbeitsangebot, d.h. um junge Frauen mit einer gewissen Ausbildung, die eine ausserhäusliche Arbeit suchen, andererseits um junge Menschen, die frühzeitig aus dem Schulsystem ausgeschlossen worden sind und nun ohne Ausbildung oft nur im illegalen Sektor der Wirtschaft eine vorläufige Beschäftigung finden können.

2. In den letzten zehn Jahren hat sich Italien aus einem traditionellen Auswanderungsland in ein Einwanderungsland verwandelt. Die Zahl der Einwanderer aus Außer-EG-Ländern beträgt offiziell ungefähr eine Million, in der Tat soll die wirkliche Zahl das Doppelte betragen. Das bedeutet, daß das Arbeitsangebot selektiv geworden ist: besser arbeitslos bleiben, als sich auf der untersten Stufe des Arbeitsmarktes anbieten. Die Familien können eine verlängerte Periode der Suche nach einer angemessenen Arbeit für ihre Kinder ertragen.

3. Arbeitslosigkeit bedeutet nicht absolutes Fehlen von Arbeit. Zahlreiche Jugendliche sind in der Schattenwirtschaft teilbeschäftigt. Diese Jugendlichen gehören zu drei verschiedenen Typen: a) Studenten, die neben dem Studium etwas Geld verdienen; b) Schulabsolventen, die Arbeitserfahrungen sammeln wollen, bevor sie sich für eine stabile Beschäftigung entscheiden; c) Jugendliche, die keinen besseren und stabileren Arbeitsplatz finden.

Innerhalb dieser strukturellen Bedingungen entwickeln sich die neuen kulturellen Modelle der Arbeitsorientierung. Ein Punkt soll sofort festgehalten werden: die Züge des neuen kulturellen Modells drücken sich nie in reiner Form aus; sie tauchen immer vermischt mit beträchtlichen Spuren der traditionellen Modelle auf. Diese traditionellen Modelle sind aus vergangenen Stufen der Entwicklung unserer Gesellschaft überliefert; sie überleben in unserer Zeit, auch wenn ihre strukturelle Basis längst verschwunden ist. Damit zeigen die kulturellen Züge ihre (relative) Unabhängigkeit von der Gesellschaftsstruktur.

Ich will jetzt versuchen, einen Katalog solcher traditionellen Modelle der Arbeitsorientierung aufzustellen. Es handelt sich in allen Fällen um Wertorientierungen, d.h. um Kriterien zur Beurteilung der "guten" und der "schlechten" Arbeit. Spuren dieser Modelle tauchen in den Interviews mit unseren Jugendlichen immer wieder auf. Ich habe acht solcher Modelle in den Interviews finden können. Die Liste der möglichen Typen ist damit natürlich nicht erschöpft.

1. Das Modell der "aristokratischen" Werte. Arbeit ist mit Not verbunden. Das Ideal des Aristokraten ist ein "Leben ohne den Zwang zur Arbeit". Der aristokratische Lebensstil verträgt sich nicht mit dem Zwang zur Arbeit. Krieg und Regierung für Männer, Kunst und Literatur für Frauen sind die einzigen angemessenen Tätigkeiten; nur derjenige arbeitet, der nicht zu leben vermag, ohne

zu arbeiten. Es gibt heute noch junge Leute, die sich Fragmente dieses Lebensideals aneignen, und sie sind nicht die Söhne und Töchter der letzten adeligen Familien. Das kulturelle Modell der Aristokratie hat die es einst tragende Klasse überlebt. Es gibt genug reiche Familien (eine neue Geldaristokratie), die sich leisten können, ihren Söhnen und Töchtern einen Unterhalt zu sichern, ohne einen Zwang zur Erwerbsarbeit ausüben zu müssen.

2. Das Modell der bäuerlichen Werte. Arbeit bedeutet Mühe und Schweiß, nur so kann das Überleben garantiert werden. Arbeit ist Kampf gegen Ungunst, Trockenheit, Willkür der Mächtigen. Dazu sind die Menschen verurteilt, das ist ihr (biblisches) Schicksal. Wir haben dieses "negative" Arbeitsbild nicht selten bei Jugendlichen bäuerlicher Herkunft im Süden gefunden. Großeltern und Eltern sind oft nach fremden Ländern ausgewandert, da die arme Landwirtschaft nicht mehr die Ernährung der ganzen Familie sicherte: die Frauen sind oft in der Heimat geblieben und haben das Land bewirtschaftet und den Haushalt besorgt; die Eltern haben sich geopfert, damit die Kinder sich diesem Arbeitsschicksal entziehen konnten, und die Jugendlichen zeigen den Eltern gegenüber Dankbarkeit, daß sie sich leisten können, deren Beispiel nicht folgen zu müssen.

3. Das Modell der handwerklichen Werte. In der Arbeit drückt sich die Kreativität und die technische Geschicklichkeit, die höchsten Tugenden des Menschen aus. Das Ideal ist das Meisterwerk. Um die technische Vollkommenheit zu erreichen, wird Mühe, Zeit und Anstrengung nicht gerechnet. Die wichtigste Belohnung ist die innere Befriedigung, "gut" gearbeitet zu haben. Diese Haltung gilt nicht nur dem traditionellen Kunsthandwerk gegenüber; viele sogenannte "neue" Berufe (z.B. Graphik, Photo, Videofilm, Werbung usw.), die besonders den Jugendlichen so attraktiv erscheinen, rufen dieselbe Haltung hervor.

4. Das Modell der unternehmerischen Werte. Ich brauche hier dieses Modell nicht zu erläutern. Es handelt sich um das bekannte Modell der protestantischen Ethik: in der Arbeit drückt sich die Fähigkeit zur Selbstbeherrschung und zur Weltbeherrschung aus; die Arbeit ist eine moralische Verpflichtung; das ganze Leben ist durch die Verpflichtung beherrscht, die Erträge der Arbeit hemmungslos zu maximieren.

5. Das Modell der Arbeiterwerte. Erst durch die Arbeit wird der Mensch Mitglied einer Gesellschaft, indem er zur Produktion der gesellschaftlich notwendige Güter, d.h. des Reichtums der Nation, beiträgt. Die Arbeit ist daher in erster Linie produktive Arbeit und je qualifizierter, desto produktiver: die höchst qualifizierten Arbeiter (die Arbeitsaristokratie) bilden die Avantgarde der Arbeiterklasse. Dieses Modell ist freilich heutzutage sehr selten bei den Jugendlichen anzutreffen. Manchmal findet es sich bei Söhnen von Facharbeitern, die sich vom Modell distanzieren wollen.

6. Das Modell der entfremdeten Arbeit. Die Anforderungen der Arbeit stehen im absoluten Gegensatz zu den Bedürfnissen des Menschen. Der Arbeiter erkennt sich in seiner Arbeit nicht. Im Gesellschaftsbild der heutigen Jugend ist die Arbeit des Angestellten einer Bank genauso entfremdet wie die Fließbandarbeit des Taylorismus.

7. Das Modell der instrumentellen Werte. Der Wert der Arbeit liegt in dem Lebensstandard, den sie ermöglicht. An sich, inhaltlich, kann die Arbeit sogar voller Mühe sein, sie ist aber trotzdem eine "gute" Arbeit, wenn damit genug verdient wird, um ein komfortables und ausgeglichenes Leben führen zu können.

8. Das Modell der häuslichen Werte. Die "gute" Arbeit für die Frau ist zu Hause. Nur die Wirtschaftsnot zwingt die Frau, "für den Markt" zu arbeiten, ihre eigentliche "Berufung" bleibt aber die Erziehung der Kinder, die Pflege des Hauses und die Sorge für die Familienmitglieder.

Diese traditionellen Modelle sind alle in verschiedenen Mischungen bei den befragten Jugendlichen vorhanden, wenn auch nicht, oder nicht mehr, in reiner Form. Dies soll nicht überraschen: der sozio-kulturelle Wandel bedeutet nicht einfach den Übergang von "traditionellen" zu "modernen" Modellen. Das "neue" Modell wächst immer innerhalb des "alten" und verkleidet sich oft mit der Sprache der "alten" Modelle; es ist oft schwer, es zu erkennen.

Ich werde jetzt versuchen, auf den Spuren der neuen Arbeitsorientierungen (des neuen kulturellen Modells) zu wandeln, um zu zeigen, daß die Kultur der jungen Generation sich in einem Wandlungsprozeß befindet, ein Prozeß, der sich selbst in die traditionellsten Gebiete des Südens ausdehnt. Dieser Prozeß des kulturellen Wandels folgt einer Eigendynamik; er findet auch dort statt, wo die strukturellen, wirtschaftlichen und organisatorischen Bedingungen fehlen, wo die Struktur des Arbeitsmarktes es schwierig macht, das Modell vollständig in die Praxis umzusetzen.

a) Mit wenigen Ausnahmen wird die Vererbung des Elternberufes von den meisten Jugendlichen abgelehnt. Selbst in den Familien, in denen der Elternberuf das Vorhandensein eines familiären Vermögens bedeutet (wie in manchen Unternehmerfamilien oder bei den sogenannten freien Berufen wie Arzt, Notar, Rechtsanwalt), folgen Söhne und Töchter ungern den Bahnen des Vaters oder der Mutter. In diesem Sinne kann man nur in seltenen Fällen von Berufsschicksal sprechen: der Bauernsohn, der Arbeitersohn, aber auch der Sohn eines erfolgreichen Unternehmers stellen sich das Problem des künftigen Berufslebens als ein Problem ihrer eigenen Entscheidung. Es besteht das subjektive Bewußtsein, daß das, was man im Leben schaffen wird, mindestens teilweise vom eigenen Willen abhängt. In der selben Familie findet man daher oft, daß die Berufsentscheidungen der verschiedenen Söhne und Töchter in sehr unterschiedliche Richtungen gehen.

Der Spielraum der tatsächlichen oder der nur gedachten oder denkbaren Wahlmöglichkeiten hat sich beträchtlich erweitert. Die Massenmedien etwa bieten eine Fülle von möglichen Alternativen an, die der eigenen unmittelbaren Erfahrung nicht zugänglich sind. Die Muster sind daher oft abstrakt. Selbst der Sohn eines Schulmeisters in einer kleinen Provinzstadt kann sich vorstellen, was es bedeutet, als Techniker in einem "Spacelab", als "broker" an der Tokyoter Börse oder als Reporter einer internationalen illustrierten Zeitschrift zu arbeiten, obwohl er keine dieser Personen je kennengelernt hat.

b) Der Wahlmöglichkeit entspricht das Gefühl der persönlichen Unsicherheit. Drei Fragen stellen sich unmittelbar dem subjektiven Bewußtsein: 1. Was will ich eigentlich im Leben erreichen, welches sind meine Präferenzen? (Niveau der Wunsch- und der Zielvorstellungen); 2. Was kann ich eigentlich tun, welches sind meine eigenen Fähigkeiten? (Niveau der Selbstbeurteilung); 3. Was bietet mir die soziale Lage an, welches sind die Gelegenheiten, die heute auf dem Arbeitsmarkt zu finden sind? (Niveau der Wirklichkeitsbeurteilung).

Kurz, die grundsätzliche Frage ist die folgende: Was bietet mir die Welt an, damit ich mich selbst verwirklichen kann? Der Versuch, auf diese Fragen eine Antwort zu finden, versetzt den Jugendlichen in eine Situation biographischer Unsicherheit: die möglichen oder denkbaren Zukunftsvorstellungen sind zahlreich, es ist schwer, eine dieser Vorstellungen den anderen vorzuziehen; es ist ebenso schwer zu verstehen, welcher Weg der beste ist (welche Handlungsstrategie einzusetzen ist), um dem Ziel näher zu kommen. Die Jugendkultur ist wesentlich eine Kultur der Unsicherheit.

c) Um die Unsicherheit zu überwinden, müssen die Jugendlichen einen doppelten Prozeß der Exploration beginnen: einerseits die Exploration des Selbst (Selbstreflexivität), andererseits die Exploration der äußeren Angelegenheiten. Die Entscheidungen selbst werden "explorativ", d.h. grundsätzlich widerrufbar. Die Entscheidung wird nicht als ein Punkt verstanden, der über den eigenen Lebenslauf bestimmt, sondern als Explorationsstrategie, um sich selbst und die Wirklichkeit besser zu erkennen. Die widerrufbare Wahl ist daher keine Lebensentscheidung. Die Zukunftshorizonte werden damit offen gehalten; die Idee, daß es immer möglich ist, die gewählte Lebensperspektive zu wechseln, ist bei den Jugendlichen weit verbreitet. Manchmal sollen Entscheidungen zwangsläufig getroffen werden: am Ende der Schulpflicht muß man sich entscheiden, sofort in die Berufsarbeit überzugehen oder weiter zu studieren; in diesem Falle soll die Richtung der weiteren Studien ausgewählt werden, danach für viele die Hochschule, dann endlich der Arbeitsplatz. Bei allen diesen Entscheidungen ist die Zahl derjenigen, die nach wenigen Monaten oder nach einem Jahr die getroffene Entscheidung revidieren, immer beträchtlich.

Die Sicherheit und die Stabilität des Arbeitsplatzes wird daher nur von denjenigen als Wert empfunden, die zu einer Familie gehören, die eine gewisse Sicherheit der Lebensführung nie gekannt hat. Die Gewerkschaftskämpfe gegen Entlassungen werden von diesen Jugendlichen mit Gefühlen der Gleichgültigkeit beurteilt. Wir haben einen jungen Mann getroffen, der dem frühen Arbeitgeber wegen der Entlassung dankbar war, sonst hätte er nie die heutige, bessere Stelle gefunden. Es kommt öfter vor, daß Jugendliche das Studium nach einer längeren Unterbrechung oder Arbeitserfahrungen wieder aufnehmen. Die Idee, daß die Ausbildung nie eigentlich beendet wird und ein permanentes Element bleiben soll, drückt sich bei den Jugendlichen darin aus, daß sie eine Beschäftigung bevorzugen, in der man "immer etwas neues lernen kann" und Aussicht auf einen raschen Berufs- oder Arbeitsplatzwechsel hat. Die Lebensläufe werden individuell gestaltet; der Begriff der Normalbiographie hat viel an Aussagekraft verloren.

d) Jugendliche, die sich in dieser Lage der biographischen Unsicherheit befinden, stützen sich gegenseitig. Die Gruppe der Gleichaltrigen dient der alltäglichen Bestätigung einer noch unstabilen Identität. Durch die Kommunikation innerhalb der Gruppe werden ständig Solidarität, gegenseitiges Vertrauen, Gefühle der Zusammengehörigkeit geschaffen. Es ist unwahrscheinlich, daß die jungen Männer und Frauen die Lösung der eigenen Probleme an Erwachsene delegieren, sei es z.B. die Familie, die Partei, die Gewerkschaft oder der Berufsberater. Vertrauen kann erst durch Kommunikation geschaffen werden; Entfremdung bedeutet, aus dem eigenen kommunikativen Netzwerk ausgeschlossen zu sein.

e) Jeder Jugendliche entwickelt die Vorstellung einer "idealen" Arbeit, die die Verwirklichung der eigenen Individualität ermöglicht. Für viele befragte Jugendliche wird die "ideale" Arbeit oft mit Wissenschaft, Technik und Kunst verbunden, besser noch mit einer Mischung dieser drei Komponenten. Die Berufe des Architekten, des Graphikers, des Photographen, des Journalisten, des "copywriter", des Computerprogrammierers, des Regisseurs, des Kameramanns zum einen, zum anderen aber auch die Berufe des Wohlfahrtspflegers, des Sozialarbeiters, des Psychologen, des Unterhalters sowie die Berufe, die mit der Hilfe für Länder der Dritten Welt zu tun haben; alle diese Berufe gelten als "ideale" Berufe für eine große Zahl der heutigen Jugendlichen. Sie sind sich oft des Umstands sehr bewußt, daß es eine solche "ideale" Arbeit eigentlich nicht gibt oder daß sie schwer zugänglich ist. Die Suche wird trotzdem nicht aufgegeben und hört erst auf, wenn mindestens eine partielle Selbstverwirklichung erreicht ist. Man versucht immerhin, bei der eigenen Arbeit die "schönen Seiten" zu beleuchten, damit das Selbstwertgefühl aufrechterhalten bleibt. Besonders für junge Frauen ist oft die einfache Möglichkeit arbeiten zu können, außerhalb des Hauses beschäftigt zu sein, gleichbedeutend mit Selbstverwirklichung. Das traditionelle Modell der Mutter und der Hausfrau wird damit nicht einfach aufgegeben, sie wollen auf nichts verzichten: die Vereinbarkeit von Hausarbeit und außerhäuslicher Tätigkeit wird von den meisten Mädchen hoffnungsvoll angestrebt. Sie wünschen sich, einen Partner zu finden, der sich dieser Perspektive anpaßt, obwohl sie sich der kulturellen Barrieren bewußt sind, die es zu überwinden gilt. Es gibt genug junge Männer, die immer noch die außerhäusliche Beschäftigung der Frau als eigene Unzulässigkeit erleben, als Unfähigkeit, die Familie angemessen zu ernähren.

Sehr oft ist es nicht der Inhalt der Arbeit selbst, sondern die Qualität der persönlichen Beziehungen am Arbeitsplatz, die als wertvoll empfunden wird. Selbst wenn die Arbeitsinhalte keine Aussicht auf Selbstverwirklichung bieten, kann eine Arbeit als "gut" beurteilt werden, wenn die eigenen menschlichen Fähigkeiten von den anderen anerkannt und hochgeschätzt werden und die Schaffung eines expressiven und solidarischen Bündnisses unter Kollegen stattfindet.

f) Es gibt natürlich auch sehr oft eine rein instrumentelle Arbeitsorientierung. Eine "gute" Arbeit soll: 1. genug Sicherheit der Beschäftigung garantieren, damit der erreichte Lebensstandard nicht bedroht wird; 2. genug Geld sichern, um das gewünschte Konsumniveau zu erreichen; 3. die Integrität der körperlichen und geistigen Kräfte gewährleisten, um noch Luft beim Genießen der Freizeit zu ermöglichen. Der Unterschied zum traditionellen Modell liegt hier in der Tatsache, daß der Ort der Selbstverwirklichung aus der Arbeit in die Freizeit verlagert wird. Wenn man in oder bei der Arbeit die eigene Individualität nicht ausdrücken kann, soll ein akzeptabler Kompromiß gefunden werden: die Arbeitsbedingungen, die Nachteile und die Vorteile der Arbeit dürfen nicht die ganze Identität des Individuums beanspruchen. Die Identität soll nicht ausschließlich an der Lohnarbeit ausgerichtet werden, damit die Normativität der Arbeit sich nicht auf alle Lebenssphären ausdehnt. Die Selbstverwirklichung kann anderswo erreicht werden: im religiösen, sozialen oder politischen Einsatz, in den Hobbies, in der Kunst, in der Musik, im Tanz, in der Körperpflege, im Abenteuer, im Motorradfahren, im Sporttreiben. Hauptsache ist, daß Chancen zum Ausdruck der eigenen Individualität vorhanden sind. Hier, so scheint es mir, liegt die Grundlage einer neuen "individualistischen Ethik" in der Massengesellschaft. Die Identität des Individuums kann nicht auf eine soziale Rolle (seine Leistungsfähigkeit) oder auf seine Zugehörigkeit zu einer Klasse, einem Stand oder einer Familie reduziert werden. Das "neue" ethische Gebot sagt: "Du sollst Du selbst sein, Du sollst Deine Individualität nicht preisgeben, Du hast Pflichten nicht nur den anderen, sondern auch Dir selbst gegenüber". Der "neue" Individualismus der Massengesellschaft hat nichts mehr mit einer Heldenmoral zu tun; nicht Selbstbeherrschung und Weltbeherrschung sind die höchsten Werte. Wertvoll sind die kleinen Tugenden (*minimae virtutes*), die dem einfachen Menschen erlauben, sich nicht als ein gesichtsloses Wesen in der *lonely crowd* zu fühlen.

Jugendkultureller Wandel in den Niederlanden

Manuela du Bois-Reymond

1. Gesellschaftlicher Wandel in den Nachkriegsjahrzehnten

In den Niederlanden wendet sich die Jugendforschung erst in den letzten Jahren der Frage zu, wie gesellschaftliche Individualisierungsprozesse sich auf die Jugendbiographie auswirken. Aktueller Anlaß, diese Frage zu stellen, ist eine breite gesellschaftliche Debatte über eine notwendige Modernisierung des weiblichen Lebenslaufs. Denn im Gegensatz zu anderen europäischen Ländern setzte der ökonomische und ideologisch-kulturelle Emanzipationsprozeß der holländischen Frauen verstärkt erst in den endsechziger/siebziger Jahren ein, und erst seit den achtziger Jahren haben Mädchen ihren Bildungsrückstand aufgeholt.[1] Jungen und Mädchen wurden bis in die jüngste Zeit von Schule, Familie und Arbeitsmarkt auf eine geschlechtsspezifische Normalbiographie orientiert. Eine reguläre Berufsausbildung und lebenslange Berufsarbeit für Frauen sind neue gesellschaftliche Werte, die erst für die heutige Generation Mädchen und junger Frauen Geltungskraft erhalten. In einer bis in die sechziger Jahre stark versäulten Gesellschaft dominierte ein Geschlechterideal, in dem die Berufung der Frau die Mutterschaft ist, die des Mannes, Familienhaupt und Ernährer zu sein. Hierauf war auch bis in die siebziger Jahre ein Bildungswesen abgestellt, das außerdem lange seine ständischen und versäulten Züge beibehielt.[2]

Jugendkultureller Wandel muß also vor dem Hintergrund gesamtgesellschaftlicher Modernisierungsprozesse diskutiert werden, und dann erhebt sich die Frage, wann diese einsetzten, bezw. wann und in welchen Bereichen es zu Modernisierungsschüben kam. Historiker und Sozialwissenschaftler haben hierüber verschiedene Meinungen. Lange Zeit schien Einigkeit zu herrschen, daß 'der große Sprung' in den endsechziger Jahren gemacht wurde. In jener Zeit vollzog sich 'die sexuelle und kulturelle Revolution', belebte sich die Frauenbewegung, wurden Studenten aufmüpfig und kristallisierte sich der moderne Wohlfahrtsstaat heraus. Die fünfziger Jahre wurden dagegen als Jahrzehnt der 'Askese, Zucht und Ordnung', als Zeit von Pflichtbewußtsein und Wohlanständigkeit

1 1960 nahmen 25,6% aller Frauen zwischen 15 und 64 Jahren am Arbeitsprozeß teil, 1985: 42,5%. In diesem Zeitraum stieg das Bildungsniveau, nahm die Durchschnittskinderzahl ab und fand eine Liberalisierung der Scheidungsgesetze statt. Trotzdem zählen die Niederlande neben Spanien, Irland und Griechenland zu den Ländern mit dem geringsten Anteil arbeitender Frauen. Das durchschnittliche Heiratsalter lag 1987 für Frauen bei 27 Jahren; die Geburtenrate per 1000 E. sank von 20,9 (1960) auf 12,7 (1987).

2 Unter Versäulung ist die Aufteilung der gesellschaftlichen Einflußssphäre über die katholische, die protestantisch-christliche, die sozialistische sowie die staatlich-liberale 'Säule' zu verstehen. Hierbei muß man nicht nur an Parteien denken, sondern an alle gesellschaftlichen Einrichtungen, wie Schulen, Verbände, Medien etc.

gesehen, von Sparsamkeit und Fleiß im Wiederaufbau des Landes nach den Kriegswirren und Akzeptanz christlicher Werte und Normen.
Jüngere Interpretationen nuancieren dieses statische Bild, indem sie nach der Rolle fragen, die der 'doorbraak' (Durchbruch) kurz nach Kriegsende gespielt hat; eine politisch-gesellschaftliche Bewegung, die das Säulensystem aus der Vorkriegszeit durchbrechen wollte zugunsten eines humanistisch-sozialistischen Einheitsstaates. Aus der Tatsache, daß diese Erneuerungsbewegung nur sehr kurz dauerte, können im Hinblick auf Modernisierungsprozesse verschiedene Schlüsse gezogen werden: einige Historiker betonen, daß der 'doorbraak' die 'kulturelle Revolution' der Endsechziger bereits ankündigte. Die Wiederaufbauperiode mit einer stark versäulten Gesellschaft ist in dieser Sicht keine Fortsetzung der Vorkriegszeit, sondern eher ein Rückfall in der Modernisierung der Gesellschaft, die mit dem 'doorbraak' einsetzte. Andere Historiker sehen die Modernisierung bereits in den dreißiger Jahren einsetzen. In jenen Jahren zeige sich bereits, daß die Säulenmentalität und eine konservative Gesellschaftspolitik die damals herrschende Wirtschaftskrise nicht mehr angemessen habe lösen können. Krieg und Besetzung des Landes unterbrachen diese Entwicklung, und beim Wiederaufbau konnten sich zunächst die alten Kräfte wieder durchsetzen, weil neue Gesellschaftskonzepte nicht hatten ausreifen können. Wieder andere Gesellschaftswissenschaftler sehen zwar eine Kontinuität zwischen der Periode vor und nach dem Krieg, aber nicht im Sinne eines bereits in den dreißiger Jahren einsetzenden Erneuerungsstrebens, sondern im Gegenteil als auch durch Krieg und Besatzung nicht wesentlich erschütterten Konservatismus: die Versäulung blieb trotz 'doorbraak' stark. Diese letzte Meinung unterstützt in gewisser Weise das Bild der fünfziger Jahre als Zeit der 'alten Werte', die erst in den sechziger Jahren umschlagen.
In allen Fällen geht es um eine Einschätzung der fünfziger Jahre. Kritisch ist zum 'Historikerstreit' anzumerken, daß der Alltagswelt, den konkreten Lebensverhältnissen und kulturellen Praxen wenig Aufmerksamheit gewidmet wurde; und schon gar nicht pädagogischen und Jugend- und Frauenfragen. Diese Forschungslücke wird in den letzten Jahren von verschiedenen Disziplinen gefüllt, von Frauenstudien und Sozialwissenschaftlern, die einen stärkeren Akzent auf eine Neubestimmung des Geschlechterverhältnisses und auf Lokalstudien legen, um eben diese Alltagsdimension in die 'große' Diskussion einzuziehen. Neuerdings beschäftigen sich auch Jugendforscher mit den fünfziger Jahren, sie werden sich dessen bewußt, daß Jugendanalysen ohne historischen Boden zu kurz greifen.[3]
Das Jahrzehnt Mitte fünfziger-sechziger Jahre kann in vielerlei Hinsicht als Übergangsperiode von einem traditionalistischen zu einem modernen Sozialwesen definiert werden, als Inkubationszeit, in der sich moderne Lebensstile entwickeln, die in den siebziger Jahren dominant werden. Empirische Indikatoren

3 G. Tillekens (Hg.): Nuchterheid en nozems. De gikomst van de jeugdcultuur in de jären vijftig. Muiderberg 1990.

für diese Annahme sind: stark ansteigenden Löhne ab 1958 bei abnehmender Arbeitszeit und zunehmenden Freizeit- und Konsumbedürfnissen, die seither für immer breitere Teile der Bevölkerung erfüllbar werden; ansteigendes Bildungsniveau und Ausbau des Berufsschulwesens; Schwächung der alten Säulenmentalität durch Professionalisierung der Mittelklassen, vor allem im Bildungs-, Gesundheits- und Kommunikationsbereich[4]; Zunahme des Wertepluralismus, auch innerhalb der Säulen.

2. Jugendbilder im Wandel

Welche Jugendbilder produziert dieses Übergangsjahrzehnt? Kurz nach dem Krieg war es das Bild einer verwilderten, 'vermassten' Jugend ('massajeugd'), von der zu befürchten stand, daß sie sich dem Zugriff ihrer Pädagogen entzöge. Ein großes, durch die Regierung gesponsertes Forschungsprojekt zur Lebenslage dieser 'Massenjugend' förderte weniger empirische Evidenz über die Existenz dieses Phänomens zutage als die ideologische Frage, ob ein normatives Ideal von Erwachsensein noch Gültigkeit habe, das geprägt sein soll von den christlich-humanistischen Werten einem dem Gemeinwohl verpflichteten Verantwortungsbewußtsein, körperlich-seelisch-geistiger Reife sowie der Verwirklichung mündiger Geschlechtsrollen im Sinne der Normalbiographie.[5] Jugend ist in dieser Sicht das Lebensalter der Vorbereitung auf den Erwachsenenstatus, ist das klassische Moratorium im Erikson'schen Sinn, auch wenn dies Moratorium realistischerweise nicht allen Jugendlichen offensteht und sich eben deshalb sozialpädagogische Initiativen auf diesen Teil der Jugend, die Kinder aus subproletarischen und proletarischen Milieus richten.

In diesem sozialpädagogischen Diskurs spielt die Modernisierung der Nachkriegsgesellschaft eine höchst ambivalente Rolle. Der nach dem Krieg einsetzende Industrialisierungsschub (mit Marshallplanhilfe) wird von einer Regierungspolitik begleitet, die großstädtische Ballungszentren verhindern will und statt dessen eine Konzeption durchsetzt, wodurch neue Industriezentren sich in ländlichen Regionen ansiedeln. Das führt zu einer 'Verstädterung' von lokalen Dorfgemeinschaften und dem Aufbrechen lokaler, stark traditonsgebundener Kulturen und Lebensweisen. Die Pädagogen befürchten das Eindringen moderner, amerikanisierter Lebensstile, vor allem in der Vergnügungs- und Freizeitkultur, die die Jugend von den christlich geführten Jugendorganisationen und den christlichen Elternhäusern entfremden. Fortschrittliche Pädagogen, vor allem der katholischen Säule, erkennen sehr wohl, daß sich die Jugend nicht mehr umstandslos in diesen traditionellen Rahmen einbinden läßt und daß

---

4 Ein Aspekt, auf den insbesondere De Swaan hinweist: A. de Swaan: Zorg en de staat. Amsterdam 1989.

5 M. du Bois-Reymond/F. Meijers: Das "Mass Youth Project". Auf der Suche nach einer 'modernen' pädagogischen Norm, in: W. Ferchhoff/Th. Olk (Hg.): Jugend im internationalen Vergleich. Sozialhistorische und sozialkulturelle Perspektiven. Weinheim und München 1988, S. 133-149.

pädagogische Konzepte modernisiert werden müssen. In dem Jahrzehnt der mittfünfziger und sechziger Jahre wird die auf Vorschrift, Gehorsam und Vorbild beruhende Säulenpädagogik umgebaut. Erziehung wird Dialog und Begleiten, christliche Jugendarbeit wird zur offenen Jugendarbeit.
Daß es Mitte der fünfziger Jahre auch in Holland zu Halbstarken-Krawallen kommt, scheint die Angst der Pädagogen vor dem Eindringen einer internationalisierten Massenkultur zu bestätigen. Die Halbstarken sind die Vorboten einer Jugendkultur, die sich lautstark den herrschenden Werten von Häuslichkeit, Zucht, Askese und Pflicht entzieht und eine Anti-Erwachsenenkultur entwikkelt. Eine Provokation für die Pädagogen. Die kühleren Soziologen zeigen aber, daß diese Jugendlichen nur auffälliger tun, was die meisten anderen Jugendlichen auch tun: sich einen Jugendraum schaffen, in dem sie jung sein können, dabei unterstützt von einer immer jugendfreundlicheren Konsumindustrie. Der Jugendsoziologe Van Hessen charakterisiert bereits Anfang der sechziger Jahre die moderne Jugend als experimentell-experimentierende Jugend: sie experimentiert in kleinen informellen Gruppen, wobei auf allen Gebieten nach neuen Möglichkeiten gesucht wird, um die alten bewährten Lösungen zu ersetzen.[6] In diese Charakterisierung wird bereits die Gegenwartsbezogenheit, die offene Zukunft aufgenommen, die für heutige Jugendforscher ein Indiz für Individualisierung und jugendkulturelle Lebensstile ist. Und auch die zweite auffallende Jugendgruppe im Nachkriegsholland, die Provos der sechziger Jahre, sieht Van Hessen als weitere Bestätigung dieser neuen, modernen Jugendform.

3. Durchbrüche

Schwieriger als Jugendbildern ist der Frage nachzugehen, welches Lebensgefühl Jugendliche in den Nachkriegsjahrzehnten hatten. In (autobiographischen) Romanen und Literatur aus und über diese Zeit, in den wenigen vorliegenden Jugendstudien mit Selbstzeugnissen und in retrospektiven Interviews wird diese Periode als eine Zeit geschildert, in der das Verhältnis zwischen Jugendlichen und Erwachsenen durch Abstand und Unverständnis charakterisiert ist. Diese um 1940 geborenen Jugendlichen haben die schwere ökonomische Krise der dreißiger Jahre nicht mitgemacht, und Krieg und Besatzungszeit haben sie nur als Kinder erlebt. Sie haben keine großen Hoffnungen auf den 'doorbraak' gesetzt, für sie ist die Spannung zwischen Tradition und Moderne keine normative Frage, sondern situativer Raum, in dem sie sich, ihren lebensbiographischen Umständen entsprechend, einrichten. Im Familienkontext erfahren sie das 'Häuslichkeitsideal' der Nachkriegsgesellschaft mit hart arbeitenden Vätern und kinder- und haushaltüberlasteten Müttern am eigenen Leib und unterwerfen sich ihm willig oder mit geheimen Wünschen nach dem aufregenden Draußen. Diese Häuslichkeit gipfelt in dem oft beschworenen Bild der trauten Fami-

6 J.S. van Hessen: Samen jong zijn. Een jeugdsociologische verkenning in gesprek met vorigen. Assen 1964.

liengemeinschaft unter der Wohnzimmerlampe mit der um den Tisch versammelten Familiengemeinschaft:

> "Samstagabend, dann wurden Erdnüsse auf einer Zeitung auf dem Tisch ausgebreitet, und eine Flasche Exota-Limonade... Und wenn man heute mit Leuten darüber spricht, das ist sehr schön, denn jeder hat damals abends Erdnüsse gepellt...Ich hatte eine schöne Jugend. Man durfte nicht viel, aber das galt für jeden."[7]

> "Die unbestrittene Autorität in dieser Gesellschaftsordnung war das Familienoberhaupt. Die männliche Führung im Mikrokosmos der damaligen Gesellschaft: die Familie. Daneben und oft darüber natürlich das Familienoberhaupt im übertragenen Sinn: der Priester, der Pastor, der Lehrer, der Vorsitzende, der Direktor, der Bürgermeister, der Minister, usw."[8]

"Es war echt Eltern-Kind, man schaute hoch..."; "Eltern mit Sie ansprechen natürlich..."; "Wir mußten immer gehorchen: du tust das, weil ich es sage..."[9]
Und doch beginnt sich in diesem Jahrzehnt die Jugend aus der Traditionsklammer zu lösen und sich eigene biographische Wege zu bahnen. Dabei kann nicht eindringlich genug auf die neuen Bilder und Töne und Lebensstile gewiesen werden, die 'von draußen', aus Amerika, England und Frankreich (Existentialismus) nach Holland hinüberwehen. Der Amerikanist R. Kroes sagt über diese Zeit und den Einfluß der amerikanischen Massenkultur:

> "A whole generation which were in their late teens at the end of the war were held in thrall by the radiance of vitality of American culture. Tuning in to the mesmerizing sounds of the American Armed Forces Network late at night, watching American movies in the solitary darkness, was their rites de passage; it would have a lasting sediment, layer upon layer over the years, a substratum of affection and affinity..."[10]

Umfragen aus den endfünfziger und dem Beginn der sechziger Jahren demonstrieren, daß sich eine modernere Auffassung von Körperlichkeit und Sexualität in breiteren Lagen der Bevölkerung durchzusetzen beginnt, und ganz gewiß bei der Jugend.
Es wäre aber falsch, von einer jugendkulturellen Revolte zu sprechen, die das Verhältnis zwischen den Generationen und Geschlechtern radikal veändert hätte. Angemessener erscheint es für die holländischen Verhältnisse, sich den Übergang von einem 'Befehls- zu einem Unterhandlungshaushalt'[11] als einen

---

7 M. du Bois-Reymond/M. van Elteren: Tweemaal tussen twee werelden, in: Tillekens (Hg.), S. 222-252, hier S. 225)
Empirisches Material zur Jugendgeneration der fünfziger Jahre wird auch in dem Leidener Projekt 'Jongeren en arbeid' erhoben.

8 P. Fortuyn: De zestiger jaren: een wonderkind of een total loss? Groningen 1988, zit. nach M. du Bois-Reymond: Huiselijkheid en onderhandeling, in: Tillekens (Hg.), S. 90.

9 du Bois-Reymond/van Elteren: Tweemaal tussen twee werelden, in: Tillekens (Hg.), S. 228.

10 R. Kroes: The nearness of America, in: ders. (Hg.): Image and impact. American influences in the Netherlands since 1945. Amsterdam 1981; zit. nach M. v. Elteren: I'm free and I do what I want, in: Tillekens (Hg.), S. 172.

11 A. de Swaan: Uitgangsbeperking en uitgangsangst. Over de verschuiving van bevelshuishouding naar de onderhandelingshuishouding, in: ders.: De mens is de mens een zorg. Amsterdam 1982.

gleitenden Prozeß vorzustellen, der in den fünfziger Jahren einsetzt (und auch keineswegs nur von der Jugend getragen wird) und der in die großen Demokratisierungsbewegungen (Erneuerung des Bildungswesens, der Sozialbürokratien, der Jugendarbeit; zweite feministische Bewegung in den siebziger Jahren) einmündet.

Den gleitenden Erneuerungsprozeß, die Verschiebung in der Machtbalance zwischen Jüngeren und Älteren, Männern und Frauen, stellt man sich am besten im intergenerationellen Verhältnis vor: Bis in die sechziger Jahre verkehrten Erwachsene und Jugendliche überwiegend in wenig individualisierten Beziehungen miteinander. Elterliche Macht und Kontrolle waren nicht auf das individuelle Kind gerichtet, sondern auf das (untergeordnete) Kind-im-Familienverband. Unter- und Überordnung herrschte auch in anderen pädagogischen Bezügen. Jugendleben außerhalb von Familie, Schule oder Arbeit war ein durch kirchliche oder parteigebundene Jugendorganisationen, Sportvereine etc. kontrollierter Raum. Die Pädagogen dieser Jugendgeneration sind in den zwanziger und dreißiger Jahren groß geworden, einer Zeit, in der die holländische Gesellschaft ganz besonders konservativ und christlich war. Die klassen- und geschlechtsspezifische Normalbiographie war nicht nur Norm sondern auch lebensbiographische Wirklichkeit und ist dieser Erziehergeneration in den fünfziger Jahren Richtschnur. In den fünfziger/sechziger Jahren kommt es unter dem Einfluß einer allgemeinen und allmählichen Öffnung der bis dahin geschlossenen nationalen Gesellschaft zu einer 'Kompromißbildung' zwischen alten und neuen Modellen im Umgang der Jüngeren und Älteren und zwischen den Geschlechtern. Die Jugend beginnt, kulturell-gesellschaftliche Räume zu erobern, die bis dahin von pädagogischen Initiativen besetzt waren. Die erwachsenen Pädagogen erfahren einen Wertekonflikt zwischen traditionell-christlichen Lebenshaltungen und modernen, internationalisierten Lebensstilen.

In den sechziger/siebziger Jahren liberalisieren sich die Verhältnisse in schnellem Tempo, es schlagen nun auch demographische Entwicklungen (abnehmende Kinderzahl und Aufschub des ersten Kindes; Frauenarbeit[12]) durch, eine neue Eltern- und Pädagogengeneration realisiert informellere Erziehungsstile. Diese Erneuerungsprozesse wirken in unterschiedlicher Weise und unterschiedlich schnell auf die verschiedenen sozialen Milieus ein, je nach der Stärke religiöser Bindungen, lokaler Verortung, Generationszugehörigkeit und Familientraditionen. In dieser Periode wird der Jugendraum außerhalb von Sozialisationsinstanzen unkontrollierter und die Haltung der Jugendlichen gegenüber ihren Pädagogen selbstbewußter.

In einer dritten Phase - den achziger Jahren - hat sich die neue Elterngeneration verbreitert, die bereits selbst eine liberalere Jugend hatte. Die Jugendlichen er-

12 Noch immer beenden Dreiviertel der Frauen ihr Arbeitsverhältnis bei der Geburt des ersten Kindes. Gleichzeitig steigt langfristig der Anteil der Frauen, die mit Kindern im schulpflichtigen Alter arbeiten. 1970 war das Durchschnittsalter von Frauen bei der Geburt des ersten Kindes 24.5 Jahre; 1987:27 Jahre. Es wird erwartet, daß 30% der Mädchen, die in den 80'er Jahren geboren sind, kinderlos bleiben werden.

obern sich auch innerhalb der pädagogischen Beziehungen in Schule und Familie mehr und mehr Freiheit. Die Kluft zwischen 'draußen' und 'drinnen' wird geringer. Die materiellen und immateriellen Ressourcen steigen und erlauben Jugendlichen in immer jüngerem Lebensalter, am Massenkonsum und an milieu-unabhängigen Jugendkulturen teilzunehmen. Dabei spielt die Schule als Ort der 'Gesellschaft der Altersgleichen'[13] eine immer wichtigere Rolle, auch wenn im europäischen Vergleich das holländische Bildungswesen später modernisiert wurde. Eltern und andere Pädagogen erfahren unkontrollierte Jugendräume immer weniger als bedrohlich, es kann nun von einer 'friedlichen Koexistenz' zwischen den Generationen gesprochen werden.[14] Und man kann, ohne daß hierzu neuere Vergleichsstudien vorlägen, davon ausgehen, daß sich jugendkulturelle Lebensstile immer mehr aus dem nationalen und lokalen Kontext lösen und sich 'internationalisieren'.

4. Jugendkulturelle Werte

Studien über Wertewandel und Lebensstile der holländischen Bevölkerung weisen ganz allgemein daraufhin, daß eine Einteilung der Bevölkerung nach Lebensstilen mehr und größere Unterschiede zu sehen gibt, als traditionelle Sozialindikatoren wie Geschlecht, Lebensalter, Ausbildungs- und Berufsniveau und Einkommen.[15] Dabei wird 'Lebensstil' als ein Muster zusammenhängender Verhaltensalternativen definiert, die eine soziale Position bestimmen.[16] Internationale Vergleiche zeigen, daß postmaterialistische Werte in der holländischen Gesellschaft besonders virulent und am stärksten in den jüngeren Jahrgängen vertreten sind, vermutlich gerade weil die holländische traditionelle Gesellschaft sich spät, dann aber sehr heftig modernisiert hat.[17] Die Abschwächung traditioneller Sozialindikatoren und die größere Aussagekraft von Lebensstilen kann ein Hinweis auf die Wirkungskraft von Individualisierungstendenzen sein, und diese müßten sich vor allem in der Jugendphase manifestieren. Veränderungen und Unterschiede in Werthaltungen und Lebensstilen sind aber bisher noch nicht systematisch von der Jugendforschung ermitttelt und über eine längere Zeit verfolgt worden.

13 J. Zinnecker: Die Gesellschaft der Altersgleichen, in: Jugendwerk der Deutschen Shell (Hg.): Jugend '81. Lebensentwürfe, Alltagskulturen, Zukunftsbilder. Opladen 1982, S. 422-671.

14 F. van der Linden: Orientierungs- und Beziehungsmuster von Jugendlichen: Eltern und Gleichaltrige. Eine Studie zur Lebenswelt von 12-21 Jährigen in den Niederlanden, in: M. du Bois-Reymond/M. Oechsle (Hg.): Neue Jugendbiographie? Zum Strukturwandel der Jugendphase. Opladen 1990.

15 H. Ganzeboom: Leefstijlen in Nederland. Sociaal Cultureel Planbureau 1988, nr. 60.

16 Ebenda, S. 37.

17 D. de Graaf/P.M. de Graaf: De samenhang tussen leeftijd en postmaterialistische waardenpatronen. Sociologische Gids, 35, (6), nov./dec. 1988, S. 397-417.

Raaijmakers[18] kommt aufgrund verschiedener Studien aus den letzten 15 Jahren zu dem vorsichtigen Schluß, daß Jugendliche durchgängig weniger konservative Werthaltungen haben als Erwachsene, daß sich diese Tendenz aber gleichzeitig vermischt mit dem ebenfalls konstatierten Trend in der holländischen Bevölkerung zu weniger konservativen kulturellen Werten; ein Trend, der, wie wir oben zeigten, seit den fünfziger/sechziger Jahren wirksam ist. Zu diesem kulturellen Wandel gehört auch eine Abnahme des alten Arbeitsethos generell, und unter der Jugend im besonderen. Arbeitsethos, so zeigt eine Studie von Raaijmakers unter 1600 Schulabgängern, ist Teil des gesamten Wertesystems Jugendlicher und vermutlich relativ resistent gegenüber Konjunkturschwankungen auf dem Arbeitsmarkt.

Er fand eine Beziehung zwischen Bildungsniveau und *Arbeitseinstellung*: je höher das Bildungsniveau, desto weniger traditionell die Arbeitseinstellung, desto stärker aber auch die Ablehnung von Hedonismus. Mädchen mit nicht-traditionellem Arbeitsethos sind weniger auf ein traditionelles Familienleben orientiert als Mädchen mit traditionellem Arbeitsethos. Raaijmakers interpretiert diese Ergebnisse nicht aus. Aufgrund unserer eigenen Studie[19] sind wir geneigt, die Herausbildung einer postadoleszenten Jugendphase für das erste Ergebnis verantwortlich zu machen: Postadoleszente erwerben viel und hohes Bildungskapital, bleiben dem Arbeitsmarkt lange fern und erwarten Berufe mit Möglichkeiten der Selbstverwirklichung. Das gilt vermutlich, und verstärkt, auch für Mädchen mit nicht-traditionellem Arbeitsethos: sie wollen einen anspruchsvollen Beruf, und dieser Wunsch widerspricht der traditionellen Frauenrolle. Leider sagt Raaijmakers nichts über den Inhalt der neuen Arbeitswerte. Wir kommen darauf bei unserer eigenen Studie noch zurück.

Eine kommerzielle Jugendumfrage von 1989[20] findet für 17-19 jährige Jugendliche bezüglich *Arbeitsethos*, daß 32% Jungen gegenüber 25% Mädchen ein 'starkes Pflichtgefühl' haben, 18% Jungen gegenüber 21% Mädchen ein 'schwaches Pflichtgefühl'. Die Autoren konstatieren gegenüber 1987 eine deutliche Zunahme des Pflichtgefühls. Viel ist mit diesen Ergebnissen nicht anzufangen, da nicht deutlich ist, ob 'starkes Pflichtgefühl' ein 'alter' oder 'neuer' Wert ist. Es kann sein, daß starkes Pflichtgefühl verbunden ist mit neuen Ansprüchen an Möglichkeiten der Selbstverwirklichung in der Arbeit. Aber ebenso gut ist möglich, daß 'schwaches Pflichtgefühl' der Ausdruck für diese Wünsche ist. Auch ist undeutlich, in wieweit es sich um einen durchgängigen Trend handelt oder nicht. Immerhin fällt auf, daß Mädchen weniger oft 'starkes Pflichtgefühl' angeben; ein auch in anderen Studien gefundener Hinweis darauf, daß sie ihre

18 Q. Raaijmakers: The work ethic of Dutch adolescents, in: J. Hazekamp u.a. (Hg.): European Contributions to Youth Research. Amsterdam 1988, S. 117-130.

19 S. weiter unten.

20 Nationaal Onderzoek Jongerenbladen (NOJ): Leesgewoonten, activiteiten/bezigheden, bezits-/gebruikspatronen, financiën, psychografie. Analyse van de Nederlandse Jongerenmarkt. Intomart, in opdracht van VNU Marktonderzoek. 1989

Identität nicht vorrangig in der Arbeit, sondern auch in Beziehungen und Familie suchen[21].

Dieselbe Studie findet, daß 46% der Jungen gegenüber 39% der Mädchen traditionelle *Auffassungen über Ehe und Familie* hegen und daß die Tendenz zu nicht-traditionellen Werten mit zunehmendem Alter nur bei den Mädchen ansteigt. Dies Ergebnis unterstützt die These, daß Mädchen und junge Frauen 'aktiver' sind in der Modernisierung des Geschlechterverhältnisses, daß aber die Normalbiographie in den Niederlanden noch einen hohen normativen Wert hat: nur 15% der Jungen und 17% der Mädchen hängen 'nicht-traditionellen' Werten über Ehe und Familie an. Auch hier freilich wieder die Frage, welche Assoziationen Jugendliche mit 'traditionellen' bzw. 'nicht-traditionellen' Ehe- und Familienvorstellungen verbinden. Gewiß nicht dieselben Vorstellungen wie ihre Eltern in den fünfziger Jahren, und das macht eine Einschätzung von diesen Ergebnissen so schwierig. Eine andere kommerzielle Jugendumfrage[22] unter 1 000 holländischen Jugendlichen von 12-24 Jahren attestiert fast der Hälfte der Jugendlichen eine 'bürgerliche' Werthaltung (*private Familienwerte*), 16% hingen *gesellschaftskritischen* Werten an, 16% seien *karriere- und konsumorientiert* und fast 40% *ich-orientiert*.

Daß die meisten Jugendlichen sich ein glückliches Familienleben wünschen, ist an sich wenig spektakulär. Viel entscheidender ist, welche Wünsche und Erwartungen sie an Ehe, Partner und Familie stellen, welche biographischen Vermischungen die verschiedenen Wertkomplexe miteinander eingehen, und zu welchen Lebensperspektiven sie führen. Diese und viele andere Fragen sind mit solchen flächendeckenden Umfrageergebnissen nicht zu klären, noch abgesehen von dem Problem, daß Zwölfjährige etwas anderes mit Familiengründung und Partnerschaft und mit 'ich-orientiert' verbinden als Vierundzwanzigjährige, junge Männer etwas anderes als junge Frauen. Trotzdem ist es vielleicht für die 'Wertediskussion' interessant, die Daten zu 'Karriere' und 'luxuriösem Leben' aufzuschlüsseln: Karriere finden 60% aller Jugendlichen (sehr) wichtig, 20% (völlig) unwichtig; ein luxuriöses Leben finden 42% (sehr) wichtig, 32% (völlig) unwichtig. Die Berufssphäre steht also bei viel mehr Jugendlichen zentral als die Konsumsphäre, obgleich auch hier wieder offen bleibt, wie beide Sphären im konkreten Lebensentwurf zusammenhängen.

Eine repräsentative Jugendstudie von 1989 zur Lebenssituation holländischer 12-21 jähriger Jugendlicher des Hoogveld Instituuts[23] stellte 40 Begriffe auf einer 7-Punkte Skala mit den Polen 'wichtig-unwichtig' zusammen und legte diese den befragten Jugendlichen vor. Die höchst besetzten Werte waren:

---

21 E. Offers/A. Jorna.: Het toekomstbeeld van meisjes: werkneemster en/of moeder, in: M. du Bois-Reymond/L. Eldering (Hg.): Nieuwe oriëntaties op school en beroep: de rol van sexe en etniciteit. Lisse 1990, pp.15-24.

22 Jeugd '89. Levensstijlen en Psychografische stijlen van jongeren. Amsterdam: Interview Nederland B.V.

23 F. van der Linden/Th.A. Dijkman: Jong zijn en volwassen worden in Nederland. Nijmegen, Hoogveld Instituut 1989.

- 'meine Zukunft'
- 'Freundschaft'
- 'Freizeit'
- 'meine Mutter' (Platz 4; 'mein Vater' Platz 10!)
- 'mein Leben jetzt'

Weit unten rangieren:
- 'verheiratet sein' (31)
- 'Lehrer' (33)
- 'Regierung' (34)
- 'Macht' (37)
- 'Politik' (40)

In der (oberen) Mitte:
- 'Beruf haben' (9)
- 'Qualifikationszertifikate erwerben' (11)
- 'Geld verdienen' (13)

Clustering der Werte und Differenzierung nach Lebensalter und Sozialmilieu zeigen, daß bei älteren Jugendlichen und in höheren Sozialmilieus die *Orientierung auf Familie* (Herkunftsfamilie und eigene Familiengründung) abnimmt. In höheren Sozialmilieus nimmt außerdem die *Orientierung auf Arbeit*, Beruf und Autoritätsgebundenheit (Macht, Mann-sein, an Gott glauben, Militär) ab; wiederum ein Hinweis auf die Herausbildung einer postadoleszenten Lebensphase vorwiegend in den höheren Sozialmilieus mit neuen Wertehaltungen. Die höchsten Werte für *Selbstentfaltung* liegen in der Gruppe der 16-18 Jährigen, und zwar im Zusammenhang mit 'Freundschaft' und im Kontext von Freizeit. Diese Ergebnisse verweisen auf die große Bedeutung der Peergroup im Jugendleben, wie auch andere Studien ermittelten[24]. Außerdem hängen die Wertegebiete 'Arbeit/Beruf' und 'sozio-sexuelle Gefühle' (Verliebtsein, Sex, Erwachsensein, Frau-Sein) stark zusammen mit 'Selbstentfaltung', woraus man schließen könnte, daß eine strikte Trennung zwischen privatem und nicht privatem Leben (Arbeit) abgewiesen wird. Mädchen sind, im Gegensatz zu Jungen, stärker auf sozio-sexuelle Gefühle orientiert, weniger auf Autorität, stärker auf Selbstentfaltung.

Schauen wir uns nun die Werte im einzelnen an. Im "oberen Bereich" liegen: 'Meine Zukunft', ein lebensbiographischer Wert, der angibt, daß diese *Zukunft* offen ist, fragwürdig ist, definiert werden muß. Meine Zukunft, nicht eine normalbiographisch festgelegte Zukunft. 'Freundschaft', 'Freizeit', 'mein Leben jetzt', daraus geht der Einfluß jugendkultureller Werte und *Gegenwartsbezogenheit* hervor. Die vorrangige Stellung von 'meine Mutter' auf der Werteleiter könnte im Sinne neuer Werte von *Gefühlsbetontheit*, von Weiblichkeit und von einem intimisierten Familienleben interpretiert werden. ('Mann sein' hat den viertvorletzten Platz!). Empirische Belege für ein entspannte(re)s Verhältnis

24 W. Meeus: Parental and Peer Support in Adolescence, in: K. Hurrelmann/U. Engel (Hg.): The Social World of Adolescents. Berlin/New York 1989, S. 167-184.

zwischen Eltern und Kindern sind in den letzten Jahren von der Jugendforschung produziert worden: Van der Linden und sein Team konstatieren diese Tendenz seit den späten siebziger Jahren und gehen soweit zu behaupten, daß Dreiviertel der holländischen Familien 'Unterhandlungshaushalte' seien[25]. Dieser allzu optimistischen Einschätzung widersprechen allerdings Daten aus dem Leidener Projekt.[26]

Die '*offizielle Lebenssphäre*' ist in der Werteskala auf die letzten Plätze abgehängt: 'Verheiratet sein' an sich ist nicht (mehr) interessant (eine Relativierung der 'bürgerlichen Werthaltung'); 'Lehrer' (Schule als offizielles Curriculum) sind keine 'significant others' im jugendkulturellen und -biographischen Selbstverständnis (ein Ergebnis, das die Leidener Studie bestätigt); 'Regierung, Macht und Politik' sind irgendwo oben und weit weg, sind keine Größen, die für die Lebensgestaltung hilfreich oder hinderlich wären; eine Bestätigung auch anderer Studien über die "Politikferne" Jugendlicher.

'Beruf, Qualifikation, Geld' besetzen (obere) Mittelwerte, vermitteln also in der jugendkulturellen Wertehierarchie zwischen 'privaten' und 'offiziellen' Werten: sie sind nötig, ein Leben ohne sie undenkbar, aber sie sind nicht die Werteträger, die das unmittelbare Lebensgefühl repräsentieren.

5. Lebensentwürfe Jugendlicher; das Leidener Projekt

Qualitative Längsschnittstudien zur Lebenssituation und Statuspassage, die die Mängel von Einstellungsstudien kompensieren könnten, sind in der holländischen Jugendforschung noch weitgehend Programm. Unsere Leidener Studie 'Jongeren, ouders en arbeid' (Jugendliche, Eltern und Arbeit) hat hiermit einen Anfang gemacht.[27] Es handelt sich um eine 1988 begonnene Studie, in der 120 Jugendliche - 60 Mädchen und 60 Jungen - seit Abschluß ihrer Sekundarschulzeit (1988 16-19 Jahre alt) jährlich in biographischen Interviews zu ihren Lebensvorstellungen und Handlungsstrategien befragt werden.[28] Anders als in den oben referierten Umfragen spielen 'alte' und 'neue' Lebenswerte in unserem Ansatz keine isolierte Rolle, sondern sollen im Zeitschritt strukturell-biographisch mit dem Lebensentwurf und seiner Ausarbeitung in der Statuspassage ins Erwachsenen- und Berufsleben verbunden werden. Das Projekt will einen empirisch unterbauten Beitrag zu dem unterstellten Wandel von einer an der Normalbiographie orientierten Lebensplanung zu einer stärker individualisier-

---

25 van der Linden: Orientierungs- und Beziehungsmuster von Jugendlichen.

26 M. du Bois-Reymond/H. Guit/E. van Rooijen: Life perspectives of adolescents. A study from the Netherlands, in: W. Heinz (Hg.): Life Course and Social Change: Comparative Studies in Labour Market and Social Policy. 1990. (im Druck).

27 Der Forschungsgruppe gehören außer der Autorin an: H. Guit, E. Peters, J. Ravensloot und E.v.Rooijen; H. v. Houten und F. Meijers bis Mai 1990.

28 Die Sozialmilieus sind über die Rekrutierung aus allen Schultypen (von Hauptschule, Berufs-, und Sonderschule bis Gymnasium) vertreten. Untersuchungsraum ist der Einzugsbereich Leiden, einer mittelgroßen niederländischen Stadt (1000.000 E.) im industrialisierten Westen des Landes.

ten Jugendbiographie leisten. Konkret fragen wir, welchen Stellenwert Arbeit im Lebensentwurf der Jugendlichen hat, wie sie in ihren Vorstellungen die Berufs- mit der Privatsphäre verbinden wollen, wie offen bzw. determiniert sie ihre eigene Zukunft sehen, und welche Rolle Peers und erwachsene Bezugspersonen in ihrem Leben spielen.[29] Wir beschränken uns im Folgenden auf die Ergebnisse aus der ersten Befragung.

5.1. Arbeit und Familie

Interpretieren wir unsere Daten unter dem Blickwinkel der Lebensorientierung Jugendlicher auf die Berufswelt und auf Familiengründung, so taucht daraus zunächst das Bild einer Jugend auf, die sich stark an den normalbiographischen Eckpfeilern von Berufsarbeit und Familie ausrichtet. Alle Jugendlichen wollen arbeiten und wollen auf lange Sicht eine feste Partnerbeziehung, die überwiegende Mehrheit will auch Kinder. Eine Jugend also, die sich den klassischen Entwicklungsaufgaben des Erwachsenwerdens stellt. Eine Analyse der Berufswünsche der Jugendlichen zeigt aber, daß der Weg in die Erwachsenenbiogaphie nicht eben verläuft. Vorstellungen über Arbeit und Berufseinstieg sind mit vielen Unsicherheiten und Undeutlichkeiten verbunden. Dabei spielen Geschlecht und Sozialmilieu eine je verschiedene Rolle.

80% der Jugendlichen aus unteren Sozialmilieus schließen einen Beruf mit niederigerem Status als derzeitig gewünscht nicht aus. Gleichzeitig sind es gerade diese Jugendlichen, die klare, dabei aber traditionelle Berufswünsche haben. Sie stellen sich bereits am Anfang ihrer Berufslaufbahn auf eine wahrscheinliche, vom Arbeitsmarkt geforderte Flexibilisierung ein.[30] Keinesfalls ziehen sie daraus den Schluß, die Übernahme erwachsener Berufsrollen auszustellen, sondern sie wollen im Gegenteil schnell erwachsen werden: 65% von ihnen hat ein Lebenstrajekt vor Augen, in dem auf die (relativ kurze) Jugendphase die der 'Jungerwachsenheit' folgt.[31] Demgegenüber antizipieren die meisten Jugendlichen aus höheren Sozialmilieus und eine große Anzahl aus den mittleren Milieus eine postdoleszente Phase, die zwar keineswegs dadurch charakterisiert ist, daß Arbeit als Lebenswert etwa unwichtig wäre, wohl aber mehr 'Lebensspielraum' eröffnet, um (auch) berufliche Alternativen auszuprobieren. Auch Jugendliche aus diesen Schichten sind mehrheitlich dazu bereit, ihre Berufswünsche notfalls an die Realität anzupassen. Mit steigendem Sozialmilieu nimmt diese Bereitschaft allerdings ab.

---

29 F. Meijers (Hg.): Jongeren op weg. Eerste onderzoeksverslag uit het projekt 'Jongeren, Ouders en Arbeid'. Rijksuniversiteit Leiden 1989; M. du Bois-Reymond/E. Peters (Hg.): Jongeren verder op weg. Tweede onderzoeksverslag uit het project 'Jongeren, Ouders en Arbeid'. Rijksuniversiteit Leiden 1990.

30 W. Heinz/H. Krüger u.a.: 'Hauptsache eine Lehrstelle' Jugendliche vor den Hürden des Arbeitsmarkts. Weinheim und Basel 1985.

31 Für eine genauere Besprechung unseres Konzepts von Jugendphasen s. du Bois-Reymond/Guit/-Rooijen: Life perspectives of adolescents.

Unterschieden nach Geschlecht zeigt sich, daß Mädchen viel eher als Jungen bereit sind, einen 'niedrigeren' Beruf zu akzeptieren, wenn der heutige Berufswunsch nicht realisiert werden kann. Zwar spielt auch hier das Sozialmilieu eine differenzierende Rolle, aber weniger stark als bei den Jungen. Bereits am Ende der Schulzeit beschäftigt Mädchen ihre Zukunft mindestens ebenso stark in Bezug auf Partnerschaft und Familie. Während sie sich in ihren Lebenstrajekten nicht von den Jungen unterscheiden - Mädchen aus den unteren Sozialmilieus erwarten eher, erwachsen zu sein bzw. fühlen sich bereits (jung)erwachsen, Mädchen aus den mittleren und höheren Milieus antizipieren eine postadoleszente Phase -, so denken viel mehr Mädchen als Jungen bereits jetzt über eine feste Partnerbeziehung nach bzw. hatten oder haben sie. Der Geschlechterunterschied kommt besonders prägnant in den 'Lösungen' zum Ausdruck, die sich die Jugendlichen für eine Kombination Beruf/Kind vorstellen. Während Dreiviertel der Jungen unbefangen davon ausgeht, eine Vollzeitarbeit mit Familie zu kombinieren, viele sich über dies Problem auch überhaupt noch keine Gedanken machen, so trauen sich nur die wenigsten Mädchen (aus höheren Sozialmilieus) eine Vollzeitarbeit mit Kindern zu, viele (ein Drittel) denken an Halbtagsarbeit oder gar an Berufsaufgabe (fast ein Drittel!) bezw. Berufsunterbrechung (14%).

Ob wir aber berechtigt sind, hieraus, wie Umfragestudien dies möglicherweise vorschnell tun, auf die Konstanz bürgerlicher Familienwerte zu schließen, erscheint uns sehr fraglich. Von generativer Kontinuität kann angesichts der 'Nur-Hausfrauengeneration' der Mütter gerade in den Niederlanden ohnehin keine Rede sein. Unsere Mädchen setzen sich vehement vom Lebensmodell ihrer Mütter ab. Daß sie trotzdem nicht ebenso unbefangen wie Jungen einen Vollzeitberuf anstreben, ist eher ein Hinweis auf die lebensbiographische Bedeutung, Kind und Beruf zu vereinigen, als Indiz für Traditonalität. Für holländische Mädchen ist diese Lebensaufgabe doppelt widersprüchlich: sie nehmen, im Vergleich zu anderen europäischen Ländern, an einer Nationalmentalität teil, die die Frau lange auf die Mutterrolle festgelegt hat. Andererseits betreibt die holländische Regierung in den letzten Jahren forciert eine Emanzipationspolitik, die Mädchen und junge Frauen in den Arbeitsmarkt integrieren will. Bereits auf den Schulen werden Kampagnen geführt, um Mädchen zu ermuntern, naturwissenschaftlichen Fächerkombinationen zu wählen. Die Mütter dieser Mädchen gehören einer Generation an, die wir als 'Umschlaggeneration' typisieren können: sie konnten selbst noch keine Berufskarriere aufbauen, sind aber seit den siebziger Jahren zu 'modernen' Frauen und Müttern geworden, die versuchen, sich selbst (wieder) ins Berufsleben einzuklinken oder zumindest eine befriedigende ehrenamtliche Tätigkeit auszuüben. Ihren Töchtern wünschen sie die ökonomische Selbständigkeit, die sie selbst nicht hatten.

Die Emanzipationspolitik der Regierung hat bis jetzt noch zu keinem ausgebauten Kindertagesstättenangebot geführt. Mädchen (und auch Jungen) können sich also absolut nicht vorstellen, wie Frauen als Mütter einen Vollzeitberuf ausüben können. Gleichzeitig partizipieren die heutigen Jugendlichen an den 'neuen'

Werten einer kindgerichteten Gesellschaft und an der neuen (weiblichen) Wahlbiographie, die die Planung von Kindern auf Maß nicht nur zuläßt, sondern in gewisser Weise sogar fordert, um Anforderungen der Berufsqualifikation und der Familiengründung auszubalancieren. Mädchen aus allen Milieus sagen: wenn ich Kinder haben will, dann will ich sie auch selbst erziehen und Zeit für sie haben und sie nicht in Krippen abschieben - sonst brauche ich sie gar nicht erst zu kriegen. Mädchen aus unteren Sozialschichten mit objektiv schlechten Chancen auf dem Arbeitsmarkt, die ihnen auch subjektiv bewußt sind, wie ihre Bereitschaft zeigt, ihre Berufswünsche anzupassen, bündeln all diese Anforderungen und Widersprüche in einem Lebensentwurf mit relativ kurzer Berufszeit, früher Heirat und selbst-plausibler Arbeitsaufgabe bzw. Unterbrechung. Mädchen aus höheren Sozialschichten sehen eine Lösung eher in einem Aufschub von sowohl früher Berufsfestlegung als von Kindern. Zusammenfassend und abstrahierend von vielen Zwischenformen könnte man also sagen, daß die weibliche Normalbiographie, noch von den Müttern vorgelebt, von ihnen aber zunehmend relativiert, die heutige Generation (holländischer) Mädchen in zwei Gruppen spaltet: eine, die sich mental noch stark an dieser Normalbiographie orientiert, und eine, die einen 'postadoleszenten Weg' einschlägt.

Für *eine geschlechtsspezifische Normalbiographie* ist die Antwort eines Realschulmädchens typisch, das Stewardess, und wenn das nicht glückt, Sekretärin werden will: 'Ja, Jungen müssen natürlich später Ernährer und Vater sein, und die Mädchen Hausfrau und Mutter, das wird immer noch erwartet. Obgleich, das ändert sich in der letzten Zeit...'. Sie selbst will aufhören zu arbeiten, wenn sie Kinder kriegt: 'Berufstätige Mütter - nein!' Sie will heiraten und Kinder kriegen, 'die Frau bleibt dann zuhause, weil sie die Kinder versorgen muß, und der Mann muß dann für die Ernährung sorgen.' Sie findet das in Ordnung. Erst wenn die Kinder in der Schule sind, kann die Frau eine Halbtagsarbeit annehmen. - Das klingt alles sehr traditionell, aber dies Mädchen, geb. 1969 und aus ausgesprochen 'kleinen Verhältnissen' (Mutter Hausfrau, Vater Hausmeister), will nicht vor ihrem 25. Jahr heiraten und erst mit 28, 29 Jahren Kinder kriegen. Und was die Arbeit angeht, so will sie selbstverständlich Geld verdienen - vor allem aber soll die Arbeit 'gesellig' sein, 'nette Menschen um einen'.

Dagegen die Zukunftsvorstellungen eines Mädchens mit Hauptschulabschluß und der Absicht, auf die Realschule überzuwechseln. Sie findet ökonomische Unabhängigkeit für ihr Leben von größter Wichtigkeit: 'Man muß sich selbst ernähren können.' Von einem Partner kann und sollte man jedenfalls keine ökonomische Absicherung erwarten: 'Man sollte sich nicht von seinem Freund abhängig machen.' Dieses Mädchen hat einen ganz und gar *offenen Zukunftsentwurf*, das beginnt schon bei ihren Berufswünschen. Hintereinander nennt sie: Feuerwehrmann (mit 4 Jahren), Polizist (mit 5 Jahren), Krankenschwester (wie ihre Mutter, mit 6 Jahren). Diesen Berufswunsch läßt sie fallen, als ihre Konflikte mit der Mutter immer stärker werden. Mit sieben, acht Jahren will sie Fahrradhändler werden, mit 9 Jahren TV Kabaretist (sie nennt einen bekannten holländischen Kabarettisten). Mit 10 Jahren denkt sie an technische Photographie oder Kunstphotographie, bis sie schließliche bei ihrem heutigen Berufswunsch anlangt, dem sie ab ihrem 12. Lebensjahr treu bleibt: Bildhauerin. Ganz untypisch, waren fast alle ihre früheren Berufswünsche ausgesprochen männlich. - Das Wichtigste an der Arbeit findet sie: 'Einen Beruf, der zu einem paßt, wo man sich gut bei fühlt. Geld ist nicht wichtig...'. Und sie stellt sich auch keine klassische Künstlerkarriere vor, sondern sie will in einer Gruppe Gleichgesinnter arbeiten, 'mit gegenseitiger Kritik und Anerkennung.' Sie will zwar unbedingt ökonomisch selbständig sein, eine Berufslaufbahn ist dazu aber nicht nötig: 'Das funktioniert schon irgendwie, schlimmstenfalls mit Stütze.' Ähnlich offen denkt sie über eine Partnerbeziehung. Im Gegensatz zu den allermeisten anderen Jugendlichen schließt sie eine gleichgeschlechtliche Partnerschaft nicht aus. Auf die Dauer will sie zwar eine feste Beziehung, aber sie will sich auf jeden Fall ihre Unabhängigkeit bewahren, z.B. allein in die Ferien fahren, ihren eigenen Freudenkreis haben. Ebenfalls im Gegensatz zu fast allen anderen Jugendlichen besteht sie nicht auf Monogamie, es könnte sein, daß ihr Partner 'eine gewisse körperliche Wärme, die ich ihm nicht geben kann, bei jemand anderem findet', und sie fände das akzeptabel, wenn er ihr gegenüber freundlich und zugewandt bliebe. Sie will zusammen wohnen, nicht heiraten. Erstaunlicherweise will sie Kinder nicht auf ein späteres Lebensalter verschieben, sondern das erste Kind bereits mit 21, 22 Jahren - und sie will viele Kinder, drei oder sogar mehr! Ihren Beruf will sie auch mit Kindern ausüben, irgendwie wird das gehen, sie wird alle Pflichten mit ihrem Partner teilen. Wie stellt sie sich ihr Leben in fünf Jahren vor? 'Keinen Schimmer. Vielleicht sitz' ich im Gefängnis, oder ich bin süchtig, oder alles läuft phantastisch, ich hab keine Idee...'. Wichtig an dieser "Wahlbiographie" ist nicht so sehr, ob diese junge Frau wirklich alle Optionen gleichermaßen ernsthaft in Erwägung zieht, sondern vielmehr, daß sie sich überhaupt ein so breites Spektrum offenhält. Gerade in diesem extremen Fall wird es interessant sein, zu verfolgen, wie sich diese "unkonventionelle Mädchenbiographie" weiter entwickelt.

Kann man demgegenüber sagen, daß die Jungen insgesamt 'normalbiographischer' eingestellt sind, weil sie sich mit dem Problem Kind-Beruf nicht in ähnlicher Weise auseinandersetzen wie die Mädchen? Uns sind keine Studien bekannt, die dieser Frage für *Jungen* gezielt nachgeht. Unsere Gesprächsprotokolle enthalten hierzu Aussagen. Noch sind das unverbindliche Aussagen: "Wenn meine (zukünftige) Frau unbedingt arbeiten will, muß sie das tun, das muß sie selbst entscheiden, aber ich will auf jeden Fall einen Vollzeitjob". Oder: "Nein, das fände ich nicht so gut, sie muß für die Kinder sorgen". Oder: "Hab ich noch nicht drüber nachgedacht, das kommt schon irgendwie". Oder auch: "Ja, durchaus, ich wäre sogar im Zweifelsfall bereit, Hausmann zu sein". Eins ist deutlich: die männliche Normalbiographie 'spaltet' die Gruppe der Jungen nicht in gleicher Weise wie die Mädchen: in der großen Gruppe derer, die Vollzeit arbeiten wollen, sind auch die meisten Postadoleszente enthalten. Für die folgenden Jahre erwarten wir, daß nicht nur die jungen Frauen, sondern auch die jungen

Männer stärker mit der Aufgabe konfrontiert werden, die Erwachsenenrollen Beruf und Eltern miteinander zu kombinieren. Die Frauen werden dabei vermutlich 'aktiver' als die Männer sein, aber die jungen Männer werden sich den Diskussionen über 'Kind-Beruf' nicht entziehen können und möglicherweise auch nicht wollen, wenn sie in festen Partnerverhältnissen leben. Aus unserer Väterbefragung[32] wird deutlich, daß diese nicht, wie ihre Frauen, eine 'Umschlaggeneration' sind und das aufgrund der beruflichen Kontinuität ihrer Biographie auch nicht sein können. Aber auch die Väter wollen für ihre Töchter ökonomische Selbständigkeit und finden es inzwischen selbstverständlich, daß Mädchen einen Beruf erlernen. Viele von ihnen gehen selbst einen Schritt weiter und sagen: ob meine Tochter auch mit Kindern weiterarbeiten will - das muß sie selbst mit ihrem Partner ausmachen (viele freilich auch mit der Einschränkung: aber eigentlich finde ich...).
Der Frage, welche Lebensvorstellungen Jugendliche mit Arbeit verbinden, haben wir uns auch noch von einer anderen Seite her genähert: wir fragten, was Jungen und Mädchen in Bezug auf Arbeit wichtig finden (erst offene Frage, dann Nachfragen). Dabei kam heraus, daß mehr Mädchen als Jungen den Aspekt von *Kommunikation* (viel) wichtiger finden (79% vs. 58%) - ein Ergebnis, das auch andere Studien bestätigen[33]. Weniger Mädchen als Jungen erstreben im Beruf eine leitende Funktion; ein Ergebnis, das seine Entsprechung in der durchgängig schlechteren Stellung von Frauen auf dem Arbeitsmarkt findet. Für den Aspekt Geld liegen die Verhältnisse erwartungsgemäß umgekehrt: mehr Jungen als Mädchen (87% vs. 62%) finden Geld (viel) wichtiger. Interessanter als diese bekannten und aus der unterschiedlichen Sozialisationsbiographie erklärlichen Geschlechterunterschiede scheint uns zu sein, daß auch so viele Jungen Kommunikation eine wichtige oder sogar die wichtigste Seite von Arbeit finden. Es ist ohne vertiefende Daten noch schwer zu sagen, ob die erstaunlich hohe Anzahl Jugendlicher (57% Jungen; 92% Mädchen), die 'gesellschaftliches Ansehen' von keiner oder geringer Bedeutung beim Beruf findet, die andere Seite der Medaille ist; ob also 'Kommunikation' einen 'neuen' Arbeitswert anzeigt, gegen den 'gesellschaftliches Prestige' als ein traditioneller Wert abgesetzt wird. Die reale Berufsgeschichte wird zeigen müssen, wie sich diese beiden Werte zueinander verhalten. Dabei ist eine Trennung gerade in höheren Berufen schwierig, wo Kommunikation und gesellschaftliches Ansehen oft zusammengehen. Es erscheint plausibel, daß die männliche Normalbiographie eher über die Arbeitsverhältnisse aufgebrochen wird - neue Ansprüche an Selbstverwirklichung auch und gerade in der Arbeit - als über den Familienbereich, während Mädchen die Selbstverwirklichung sowohl in Beruf als Partner-

32 Außer den Jugendlichen werden auch 60 Väter und 60 Mütter interviewt. Die Eltern werden einerseits als Jugendliche der 50'er Jahre 'definiert', andererseits als Erzieher der heutigen Jugendlichen.

33 Oechsle, M.: Von Selbstverleugnung zur Selbstverwirklichung - ein neues kulturelles Modell, in: du Bois-Reymond/Oechsle (Hg.): Neue Jugendbiographie?

beziehung suchen (und im Zweifelsfall mehr in der Partnerbeziehung als in der Arbeit).

5.2. Gegenwartsbezogenheit

Wir haben bereits bei der Besprechung anderer holländischer Jugendstudien einiges Material zur Gegenwartsbezogenheit Jugendlicher zusammengetragen: die große Bedeutung der Peergruppe; der hohe Stellenwert des Wertes 'Mein Leben jetzt'; die relative Untergeordnetheit der 'offiziellen Lebenssphäre' sowie die große Anzahl Jugendlicher, die nicht das Gefühl haben, Zugriff auf ihre Lebensumstände zu haben und deswegen vermutlich wenig auf die Zukunft gerichtete Planungsstrategien entwickeln. Aber wie gesagt, dies sind unzusammenhängende und z.T. widersprüchliche Befunde. Gerade wenn man sich dem Thema Jugend und Veränderungen der Jugendphase von diesem Thema her nähert, sitzt man mit Einzeldaten und zuwenig gruppenspezifischen Differenzierungen schnell auf dem Trockenen.
Wie Jugendliche mit Zeit umgehen, welche Vorstellungen sie vom Zusammenhang (oder gerade von Brüchen) zwischen Gegenwart und Zukunft haben, ist ohne biographische Vertiefungen kaum zu ermitteln.
Die Frage, inwieweit Jugendliche das Gefühl haben, ihr Leben in eigenen Händen zu haben, haben auch wir gestellt. Es zeigt sich dann, daß Geschlecht im Gegensatz zu Sozialmilieu hierfür keine Rolle spielt. Das ist erstaunlich, wenn wir an die Diskussion über die (nur) für Mädchen so wichtige Frage, wie Kind und Beruf zu vereinbaren sind, denken. Ganz offenbar beschäftigt diese Frage Mädchen zwar mehr, vermittelt ihnen aber nicht stärkere Gefühle van Abhängigkeit und 'Ohnmacht' als Jungen. Daraus den Schluß zu ziehen, daß Mädchen emanzipiert (genug) sind, um dies Problem aktiv zu lösen, wäre allerdings voreilig. Ebenso gut vorstellbar ist, daß sie es zwar schon jetzt anvisieren, sich um die Lösung aber noch nicht zu bekümmern. Umso interessanter wird es sein, im Laufe der nächsten Jahre zu erforschen, ob sich Geschlechtsunterschiede bezüglich Gefühlen von Abhängigkeit bzw. Autonomie herausbilden werden, und ob dabei das 'Kind-Beruf Problem' eine Rolle spielt. Viel deutlicher als Geschlecht diskriminiert Sozialmilieu: doppelt so viele Jugendliche aus niedrigen Sozialmilieus haben das Gefühl, ihr Leben nicht in eigenen Händen zu haben, wie aus höheren Sozialmilieus. Aber kein Jugendlicher hat das Gefühl, sein Leben ganz und gar in eigenen Händen zu haben, und nur wenige: einigermaßen.
Auch wenn alle Jugendlichen Arbeit in ihren Lebensentwurf als einen Grundstein einbauen, so befinden sie sich in ihrem Selbstverständnis in einer Lebensphase, die sich gerade nicht durch Arbeit, Pflicht und Bindung auszeichnet: Ungebundenheit und 'Spaß haben' (Peergruppenleben) wird am stärksten mit der ersten Jugendphase (etwa 12-15 J.) und der zweiten (etwa 15-18 J.) assoziiert, Pflicht, Bindung und Arbeit hingegen mit der Erwachsenenphase. 'Jungsein' als Wert hat nichts mit der Erwachsenenwelt zu tun, sondern ist eine Lebenshaltung, die ebenfalls den beiden Jugendphasen zugeschrieben wird. Ganz offenbar

ist der Gedanke, daß auch Erwachsene jung sein können, daß auch in ihrem Leben Pflicht und Bindung nicht unbedingt an erster Stelle stehen oder wenn, auch positiv besetzt sein können, den Jugendlichen fremd. Die meisten von ihnen finden das Leben von Erwachsenen 'langweilig'. Über die Hälfte der Jugendlichen aus den mittleren und unteren Sozialmilieus hat über das Leben von Erwachsenen in dieser Hinsicht überhaupt keine Vorstellungen, während sich die Jugendlichen aus den höheren Milieus hierzu dezidiert negativ äußern. Es scheint also so zu sein, daß alle Jugendlichen mehr oder weniger eine Kluft zwischen ihrem Leben und dem von Erwachsenen erfahren, daß sie im jugendkulturellen Raum auf eine Gegenwart orientiert sind, an der Erwachsene keinen Anteil haben. Daß gerade Jugendliche aus höheren Milieus dies besonders stark empfinden, ist auf's erste erstaunlich, denn es sind diese Jugendlichen, die häufiger als andere in 'Unterhandlungshaushalten' leben, die also mit ihren Eltern intensiver kommunizieren und vermutlich auch Eltern (Väter) mit interessanteren Berufen haben. Andererseits sind dies auch die Postadoleszenten; sie wollen sich nicht schnell auf Erwachsenenrollen festlegen und sehen bei ihren Eltern ja auch weniger 'alternative' als vielmehr 'klassische' Lebensentwürfe.

5.3. Offene oder geschlossene Zukunft?

Gegenwartsbezogenheit hat etwas mit Zeitbewußtsein und mit Zukunft und Lebensplanung zu tun, wie wir oben mit dem 'offenen' bzw. 'geschlossenen' Zukunftshorizont in zwei Mädchenbiographien illustrierten. Empirische Aussagen aus der Jugendforschung zu diesem Thema sind widersprüchlich. Die 'bürgerlichen' Lebensvorstellungen, die neuere Studien den Jugendlichen attestieren, scheinen ein Kontinuitätsbewusstsein zwischen den Generationen zu dokumentieren; normalbiographische Vorstellungen orientieren sich an einer solchen intergenerationellen Kontinuität. Andererseits sind Brüche unübersehbar. Es ist aber nicht der klassische Generationskonflikt, der eine Kluft aufreißt zwischen Jugendlichen und Erwachsenen, also zwischen verschiedenen Altersgruppen; das Verhältnis zwischen Eltern und anderen Pädagogen und Jugendlichen ist im wesentlichen entspannt. Jugend ist immer weniger eine Kategorie des Lebensalters und wird immer mehr eine Kategorie des Lebensstils. Das heißt, Jugendliche zerfallen in verschiedene Teilgruppen.[34] Cavalli, Leccardi u.a.[35] haben Vorschläge zu einer Jugendtypologie gemacht, in der verschiedene Modi von Zeit- und Zukunftsbewußtsein bei Jugendlichen unterschieden werden. Es entstehen Trennungslinien zwischen Jungen und Mädchen und zwischen 'Strukturierten' und 'Destrukturierten'. Das Leidener Team hat die Geschlechtsgebundenheit der Typologie bestritten und Ergebnisse vorgelegt, die

34 Lenz spricht von 'Jugend im Plural': K. Lenz: Jugend im Plural. Theoretische Grundlagen, Methodik und Ergebnisse aus einem Forschungsprojekt, in: du Bois-Reymond/Oechsle (Hg.): Neue Jugendbiographie?

35 s. C. Leccardi: Die Zeit der Jugendlichen: Was heißt männlich und weiblich in der Zeiterfahrung?, in: du Bois-Reymond/Oechsle (Hg.): Neue Jugendbiographie?

den Milieufaktor stärker betonen.[36] Andere Jugendforscher setzen sich ebenfalls mit dieser Typologie auseinander: Jugend als altes oder neues Modell? Wir sind der Meinung, daß nur Längsschnittstudien valide Aussagen zu diesen Fragen machen können, Studien also, die im lebensbiographischen Gesamtkontext zeigen, wie Lebensentwürfe zu Lebenspraxis werden, und welches Gegenwarts- und Zukunftsbewußtsein damit einhergeht. Es könnte sich dann zeigen, daß ein "offenes" Zeitbewußtsein gar nicht so jugendspezifisch ist. Eine zweite, ebenfalls notwendige Strategie sind interkulturell vergleichende Jugendstudien, um nationalen und regionalen Unterschieden und historischen Ungleichzeitigkeiten auf die Spur zu kommen. Bereits so elementare Faktoren wie die Teilnahme von Frauen am Arbeitsmarkt haben, wie wir zeigten, sehr weitgehende Einflüsse auf die Zukunftsvorstellungen von Jugendlichen. Ob eine "normalbiographische" Lebensorientierung bei holländischen Jugendlichen ausgeprägter ist als bei deutschen oder italienischen jungen Männern und jungen Frauen, und ob sich ein "postadoleszenter Lebensstil" auf breiter Grundlage durchsetzt - dies sind noch immer offene Fragen.

Literatur

Bois-Reymond, M. du/Meijers, F.: Das "Mass Youth Project". Auf der Suche nach einer 'modernen' pädagogischen Norm, in: W. Ferchhoff/Th. Olk (Hg.): Jugend im internationalen Vergleich. Sozialhistorische und sozialkulturelle Perspektiven. Weinheim, München 1988, 133-149.

Bois-Reymond, M. du: Huiselijkheid en onderhandeling, in: G. Tillekens (Hg.): Nuchterheid en nozems. De gikomst van de jeugdcultuur in de jären vijftig. Muiderberg 1990.

Dies./Guit, H./Rooijen, E. van: Life perspectives of adolescents. A study from the Netherlands, in: W. Heinz (ed.): Life Course and Social Change: Comparative Studies in Labour Market and Social Policy. (im Druck 1990).

Dies./Elteren, M. van: Tweemaal tussen twee werelden, in: G. Tillekens (Hg.): Nuchterheid en nozems. De gikomst van de jeugdcultuur in de jären vijftig. Muiderberg 1990, S. 222-252.

Dies./Peters, E. (Hg.): Jongeren verder op weg. Tweede onderzoeksverslag uit het project 'Jongeren, Ouders en Arbeid'. Rijksuniversiteit Leiden 1990.

Dieleman, A.: De late jaren vijftig of de vroege jaren zestig?, in: G. Tillekens (Hg.): Nuchterheid en nozems. De gikomst van de jeugdcultuur in de jären vijftig. Muiderberg 1990.

Elteren, M. v.: I'm free and I do what I want, in: G. Tillekens (Hg.): Nuchterheid en nozems. De gikomst van de jeugdcultuur in de jären vijftig. Muiderberg 1990.

Fortuyn, P.: De zestiger jaren: een wonderkind of een total loss? Groningen 1988.

Ganzeboom, H.: Leefstijlen in Nederland. Sociaal Cultureel Planbureau 1988, nr. 60.

Goudsblom, J.: De nieuwe volwassenen. Amsterdam 1959.

Graaf, D. de/Graaf, P.M. de: De samenhang tussen leeftijd en postmaterialistische waardenpatronen, in: Sociologische Gids, 35, (6), nov./dec 1988, S. 397-417.

Guit, H./Rooijen, E. van: Zeitstrukturierung bei Jugendlichen. Eine Studie aus den Niederlanden, in: M. du Bois-Reymond/M. Oechsle (Hg.): Neue Jugendbiographie? Zum Strukturwandel der Jugendphase. Opladen 1990.

Heinz, W./Krüger, H. u.a.: 'Hauptsache eine Lehrstelle' Jugendliche vor den Hürden des Arbeitsmarkts. Weinheim, Basel 1985.

36 H. Guit/E. van Rooijen: Zeitstrukturierung bei Jugendlichen. Eine Studie aus den Niederlanden, in: du Bois-Reymond/Oechsle (Hg.): Neue Jugendbiographie?

Hessen, J.S. van: Samen jong zijn. Een jeugdsociologische verkenning in gesprek met vorigen. Assen 1964.

Jeugd '89. Levensstijlen en Psychografische stijlen van jongeren. Amsterdam: Interview Nederland B.V.

Kroes, R.: The nearness of America, in: R. Kroes (Hg.) Image and impact. American influences in the Netherlands since 1945. Amsterdam 1981.

Leccardi, C.: Die Zeit der Jugendlichen: Was heißt männlich und weiblich in der Zeiterfahrung?, in: M. du Bois-Reymond/M. Oechsle (Hg.): Neue Jugendbiographie? Zum Strukturwandel der Jugendphase. Opladen 1990.

Lenz, K.: Jugend im Plural. Theoretische Grundlagen, Methodik und Ergebnisse aus einem Forschungsprojekt, in: M. du Bois-Reymond/M. Oechsle (Hg.): Neue Jugendbiographie? Zum Strukturwandel der Jugendphase. Opladen 1990.

Linden, F. van der: Orientierungs- und Beziehungsmuster von Jugendlichen: Eltern und Gleichaltrige. Eine Studie zur Lebenswelt von 12-21 Jährigen in den Niederlanden, in: M. du Bois-Reymond/M. Oechsle (Hg.): Neue Jugendbiographie? Zum Strukturwandel der Jugendphase. Opladen 1990.

Ders./Dijkman, Th.A.: Jong zijn en volwassen worden in Nederland. Nijmegen, Hoogveld Instituut 1989.

Meeus, W.: Parental and Peer Support in Adolescence, in: K. Hurrelmann/U. Engel (eds.): The Social World of Adolescents. Berlin/New York 1989, pp. 167-184.

Meijers, F. (Hg.): Jongeren op weg. Eerste onderzoeksverslag uit het projekt 'Jongeren, Ouders en Arbeid'. Rijksuniversiteit. Leiden 1989.

Nationaal Onderzoek Jongerenbladen 1989. Leesgewoonten, activiteiten/bezigheden, bezits-/gebruikspatronen, financiën, psychografie. Analyse van de Nederlandse Jongerenmarkt. Intomart, in opdracht van VNU Marktonderzoek.

Oechsle, M.: Von Selbstverleugnung zur Selbstverwirklichung - ein neues kulturelles Modell, in: M. du Bois-Reymond/M. Oechsle (Hg.): Neue Jugendbiographie? Zum Strukturwandel der Jugendphase. Opladen 1990.

Offers, E./Jorna, A.: Het toekomstbeeld van meisjes: werkneemster en/of moeder, in: M. du Bois-Reymond/L. Eldering (Hg.): Nieuwe oriëntaties op school en beroep: de rol van sexe en etniciteit. Lisse 1990, pp.15-24.

Peetsma, Th.: Toekomstperspectieven van meisjes en gemotiveerdheid voor school, in: M. du Bois-Reymond en L. Eldering (Hg.): Nieuwe oriëntaties op school en beroep: de rol van sexe en etniciteit. Lisse 1990, pp. 15-24.

Raaijmakers, Q.: The work ethic of Dutch adolescents, in: J. Hazekamp u.a. (Hg.): European Contributions to Youth Research. Amsterdam 1988, 117-130.

Swaan, A. de: Zorg en de staat. Amsterdam 1989.

Ders.: Uitgangsbeperking en uitgangsangst. Over de verschuiving van bevelshuishouding naar de onderhandelingshuishouding, in: A. de Swaan, De mens is de mens een zorg. Amsterdam 1982 .

Tillekens, G. (Hg.): Nuchterheid en nozems. De gikomst van de jeugdcultuur in de jären vijftig. Muiderberg 1990.

Zinnecker, J.: Die Gesellschaft der Altersgleichen, in: Jugendwerk der Deutschen Shell (Hg.): Jugend '81. Lebensentwürfe, Alltagskulturen, Zukunftsbilder. Opladen 1982, S. 422-671.

"Nicht so wie manche Eltern für manche Jugendliche". Überlegungen zum "neuen kulturellen Modell"

Phil Brown, Lynne Chisholm[1]

1. Vorbemerkungen

Es wäre absurd zu behaupten, zur Zeit vollziehe sich kein sozialer Wandel. Im Gegenteil - die achtziger Jahre brachten uns politische und technologische Umwandlungsprozesse großen Ausmaßes, die sich sowohl ökonomisch als auch sozial deutlich bemerkbar mach(t)en, und sie endeten mit dem Kollaps der wirtschaftspolitischen Nachkriegsordnung in Osteuropa. In Großbritannien sprechen wir diesbezüglich von "New Times", deren Charakter unter Thesen wie "Ende des organisierten Kapitals"[2], "Aufbruch ins zweite industrielle Zeitalter"[3] oder "Spaltung zwischen Fordismus und Post-Fordismus"[4] wiedergegeben wird. Sie liefern die Merkmale jenes Wandlungsprozesses, die in der Zoll'schen Kulturanalyse aus einem anderen Blickwinkel betrachtet werden. Wir können diesen Wandel in Form einer simplifizierten Dichotomie folgendermaßen darstellen:

Was bisher war	*Wie es wird*
tariflich geschützte Nationalmärkte	weltweite Konkurrenzmärkte
massengefertigte Standardprodukte	flexibel angelegte Systeme für konsumgruppenorientierte Kleinserienprodukte
bürokratisch-hierarchische Organisationssysteme	aufgabenorientierte und kollegiale Arbeitsstrukturen
Zentralismus	Dezentralismus
Routinisierung und Entqualifizierung	flexible Spezialisierung
klassenverankerte politische Orientierungen	Auflösung der Bindung zwischen Politik und Klassenzugehörigkeit

1 Dieser Beitrag wurde gemeinsam konzipiert. Phil Brown lieferte die Einleitung, Teil 3 und die Schlußbemerkungen. Lynne Chisholm ist für die Teile 1, 2 und 4 verantwortlich. Zudem redigierte und übersetzte sie den Text von Phil Brown.

2 S. Lash/J. Urry: The End of Organized Capitalism. Oxford 1987.

3 M.J. Piore/C.F. Sabel: The Secon Industrial Divide. New York 1984.

4 C.F. Sabel: Work and Politics. Cambridge 1982; S. Hall/M. Jacques: New Times. London 1989.

Gewerkschaftssolidarität	Mitgliederschwund bei den Gewerkschaften
klassen-/geschlechtsspezifische und ortsgebundene Lebensweisen und Kulturräume im "gobal village"	kulturelle Fragmentierung und Pluralisierung der Lebensstile
Erwerbstätigkeit in verarbeitender Industrie bzw. in manuellen Tätigkeiten	Erwerbstätigkeit im Dienstleistungssektor bzw. in nicht-manuellen Tätigkeiten

Insofern ist die Frage nach den Auswirkungen solcher Wandlungsprozesse als Boten der Zukunftsgesellschaft auf die Arbeits- und Lebensorientierungen von Jugendlichen durchaus eine naheliegende und sinnvolle. Es ist aber nie einfach, solche Makro-Erscheinungen in überzeugende Artikulation mit dem Alltagsleben und seiner spezifischen Deutung in den Köpfen der Subjekte zu bringen. Zoll u.a.[5] liefern fruchtbare Ansätze in ihrem Versuch, die bundesdeutsche Jugend der 80er Jahre in ihrer soziokulturellen Lage zu erfassen und zu verstehen. Es besteht jedoch die Gefahr, daß die Vitalität der These - insbesondere bei der Rezeption - in einen Universaltätsanspruch umschlägt.
In diesem Beitrag dagegen wird das "neue kulturelle Modell" aus einer Sichtweise kritisch betrachtet, die die Situation in Großbritannien und die entsprechenden Debatten als Hintergrund hat, die aber u. E. genauso für die bundesdeutschen - sprich europäischen - Realitäten von Relevanz ist. Wir sind der Meinung, daß die Schlüsselfragen zu diesem Komplex empirisch noch nicht überzeugend zu beantworten sind und zudem die These des "neuen kulturellen Modells" insgesamt einer Differenzierung in verschiedenen Hinsichten bedarf. Es ist in diesem Rahmen kaum möglich, auf alle Aspekte der These einzugehen, wir wollen uns deshalb auf diejenigen beschränken, die uns aufgrund unserer eigenen Forschungsschwerpunkte besonders interessieren.

2. Ein *altes* kulturelles Modell?

Veränderungen haben von Natur aus einen *relativen* Charakter. Worin also bestand (und besteht noch) das "alte kulturelle Modell"? Im Kern lassen sich folgende Merkmale festhalten:
bei Zoll u.a., ebenso wie bei Yankelovich[6]:
- die säkularisierte Version der protestantischen Ethik als Leitprinzip der Lebensführung, die auf den Werten der Selbstverleugnung, Zweckrationalität und Verantwortung für andere basierte

5 R. Zoll u.a.: Nicht so wie unsere Eltern! Ein neues kulturelles Modell? Opladen 1989.
6 D. Yankelovich: New Rules - Searching for Self-Fulfillment in a World Turned Upside Down. New York 1981.

- ein normatives Bezugssystem mit allgemeiner Gültigkeit und institutionalisiertem Charakter, das sowohl Kommunikations- und Verhaltensregeln wie auch soziale Deutungsmuster

lieferte insbesondere bei Zoll u. a.:

- eine kollektive Interessensorientierung auf Seiten der Arbeiterschaft, die durch klassengetrennte Lebenswelten kulturell unterstützt wurde
- ein Ideal von Beruf und Berufung, wie es der "klassische Facharbeiter" gekannt hat, das durch eine Arbeitsorientierung gekennzeichnet war, die Arbeit sowohl instrumentell wie auch expressiv als sinngebend wahrnahm
- die fehlende Integration der Frauen in die Lohnarbeit, weil sie auf die reproduktive Rolle in der Familie beschränkt waren und sich dahingehend orientierten

Die Frage wäre nun: Für wen und unter welchen Umständen gelten diese Postulate? Die Protagonisten des "neuen kulturellen Modells" behaupten nicht, daß diese früher für alle im gleichen Maß galten, auch nicht, daß sie heute keine Gültigkeit mehr besitzen. Es ist aber durchaus wichtig, nicht von *bestimmten* Gruppen als stellvertretend für die ganze Gesellschaft auszugehen. Widersprüche sind hier sowohl in der Zoll'schen Version als auch in den Thesen von Yankelovich zu erkennen.
Yankelovich definiert die Selbstverleugnung und Opferbereitschaft der protestantischen Ethik als maßgeblich für alle Amerikaner früher. Er fragt sich also nicht, ob z.B. die Afro-Amerikaner und Latinos vielleicht eine qualitativ andere Einstellung zum Leben und zur Lohnarbeit hatten. Schließlich hatten sie eine völlig andere Kulturgeschichte hinter sich, ganz abgesehen von den Gegebenheiten ihrer spezifischen materiellen und sozialen Lebenslage. Die Universalität seiner These bezieht sich schließlich auf die Rolle einer gebildeten Elite als der gesellschaftlichen Avantgarde - eine Behauptung, die ein (vertikales) Diffusionsmodell von oben nach unten einbezieht. Die Sinnfälligkeit dieses Modells des sozialen Wandels ist u. E. nur in dem analytischen Rahmen des Hegemoniebegriffes zu bewerten, wie es Bourdieu[7] im weiteren Sinne unternimmt, während Yankelovich soziale Machtverhältnisse gänzlich außer acht läßt. Die Position des Subjekts im Bezug auf derartig strukturierte und strukturierende Machtverhältnisse, die auf sehr komplexe Weise miteinander artikulieren, ist aber maßgebend für die Herausbildung sozialer Identitäten und Biographien.
Im Gegensatz dazu bringen Zoll u. a. diese Erkenntnis sowohl für das "alte" wie auch für das "neue kulturelle Modell" deutlich zum Ausdruck. Nur spielen in ihrer Vision der Vergangenheit der (sic) "klassische Facharbeiter" und die traditionelle Arbeiterkultur eine dominante Rolle. Die Lohnabhängigen waren aber nie in der Mehrzahl Facharbeiter im eigentlichen Sinn; sie verrichteten vielmehr eine Reihe ziemlich entwürdigender und nervtötender Tätigkeiten. Das Bergarbeiterdorf oder die Stahlarbeiterbezirke von Sheffield waren zwar rich-

7 Z.B. P. Bourdieu: Die feinen Unterschiede. Kritik der gesellschaftlichen Urteilskraft. Frankfurt/Main 1982.

tungsweisend für die Entwicklung der Arbeitersolidarität und ihre kulturelle Erhaltung bis zum heutigen Tag, sie repräsentieren dennoch nicht das Gros der Lebenswelten der Bevölkerung, die im Schnitt ökonomisch und sozial noch schlechter gestellt war.

Wenn wir an traditionelle Lebenswelten der Arbeiterklassefraktionen denken, dann eher im Sinne von Elizabeth Botts[8] Liverpool-Studie der 60er Jahre. Hier ist weniger von sinngebender Lohnarbeit die Rede, eher von dem familiären "Community"-Netzwerk der persönlichen Beziehungen und gegenseitigen Hilfe als dem Angelpunkt der Identität und des Lebensinteresses. Frauen und Männer gingen oft ihre eigenen sozialen Wege, es war aber nicht der Fall, daß für Männer der "Sinn des Lebens" sondern eher der "Sinn des Mannes" in der Lohnarbeit bestand.[9]

In den kapitalistischen Industriegesellschaften übernahmen sicher die Facharbeiter und z.B. die Bergarbeiterkultur eine politisch und kulturell oppositionelle Leitpartie. Hegemonial betrachtet vertreten sie eine partiell autonome Kulturtradition. Aber ihre spezifische Relation zur protestantischen Ethik, zum normativen Bezugssystem, zur Lohnarbeit usw. kann ja nicht als der "Urmaßstab" des (relativen) sozialen Wandels für alle gelten. Genausowenig dürfen Yankelovichs "Proto-Yuppies" als Maßstab des Neuen für alle herangezogen werden. Es mag sein, daß laut Meinungsumfragen ca. 60% der US-Bevölkerung "schwache Selbstverwirklicher" sind. Sie sind die "Möchtegerne", die ihre Äußerungen nicht in die Tat umsetzen. Insofern sind sie genauso wie die 75% der Männer in seinen Umfragen, die zwar die Gleichberechtigung der Frauen befürworten, meist jedoch ihren Worten keine Taten folgen lassen, und insbesondere nicht in ihrem häuslichen und intimen Leben. Wir sehen in solchen Tatsachen noch keinen tatsächlichen sozialen Wandel. Wenn das neue kulturelle Modell zu einem universellen Phänomen wird oder schon geworden ist, müssen wir nicht nur fragen, ob alle in die gleiche Richtung marschieren, sondern ebenfalls, *von woher* sie marschieren und *warum* sie in diese Richtung losmarschiert sind. Ansätze in diese Richtung finden wir bei Zoll u.a. in dem Versuch, geschlechtsspezifisch vorzugehen; dazu siehe weiter unten.

3. Individualisierungstendenzen und Wohlstandsgesellschaften

Die Individualisierung von sozialen Chancen und Risiken ist für die meisten nichts Neues. Sie deckt seit langem die Chancenungleichheit, weil sowohl Erfolg wie auch "Versagen" als gerechte Folgen innerhalb einer Meritokratie ausgelegt werden. Geändert haben sich wohl der wirtschaftliche Kontext und ebenso die Legitimationsmechanismen der Chancenungleichheit - Veränderun-

8 E. Bott: Family and Social Network. London 1971.

9 Insofern hat Yankelovich auch recht, wenn er wehmütig auf die momentane Krise des Mannes und der Männlichkeit verweist. Ob aber Männer sich primär als Opfer für ihre Familien darstellen lassen, ist zu bezweifeln - sowohl im Bezug auf früher wie auch auf heute.

gen, die sich sehr wohl in den Deutungsmustern und Verhaltensweisen der heutigen Jugend widerspiegeln. Was wir dann beobachten ist zuallererst eine Ausweitung der *Wahrnehmung* von sozialen Risiken auf Seiten der Mittelstandsjugend. Sie ist nun aufgefordert, sich *auf jeden Fall* im offiziellen Übergangssystem zu behaupten - eine Art *sine qua non* des biographischen Erfolgs. Schon deswegen ist es kein Zufall, daß die soziale Distinktion von der LACOSTE-Jugend vorangetrieben wird.

Agglestons[10] Ethnographie von Jugendlichen in Südengland Ende der 70er Jahre liefert praktisch die einzige britische Studie der Mittelstandsjugend neueren Datums. Seine Abiturienten waren die Sprößlinge einer bestimmten Mittelstandsfraktion, nämlich Bernsteins[11] "agents of symbolic control", d.h. hochqualifizierte Akademiker in pädagogischen, sozialen, wissenschaftlichen und kulturellen Berufen des öffentlichen und privaten Dienstleistungssektors.[12] Sie erkennen wir genau in der Zoll'schen Studie wieder: Sie betonen expressive Werte, sie wollen sich beruflich und privat verwirklichen, sie wirken in und an einer Vorstellung der herrschaftsfreien Kommunikations-Kultur, sie wollen nicht von der Arbeitsgesellschaft aufgefressen werden, sie verlangen und genießen teilweise eine normative Freisetzung usw.

Sie sind in Ansätzen auch zu erkennen in einer Studie über Londoner Mädchen Mitte der 80er Jahre[13], wenn auch nur zum Teil, und zwar für Mädchen, die einer ähnlichen Klassenfraktion entstammen. Sie waren die Töchter sogenannter "professioneller" und "liberaler" Eltern (Lehrer, Steuerberater, Wirtschaftsprüfer, Verlagsmanager, Universitätsdozenten), die ihre Kinder bewußt nicht auf die Privatschule schickten. Sie waren keine kapitalkräftigen Familien, denn sie hatten sich über Bildungsleistung in den Mittelstand hochgearbeitet. Sie nahmen an, ihre Kinder könnten genauso erfolgreich werden, insbesondere, wenn sie außerschulische Zusatzressourcen bereitstellten.[14]

Sowohl diese Mädchen als auch jene, die (vornehmlich) aus der aufstrebenden "neuen Arbeiterklasse" stammten und in der Schule Erfolg zeigten, waren der Meinung, daß Chancen und Risiken als individualisiert zu betrachten sind. Sie konnten sich vorstellen, daß sie sich erfolgreich ihre Lebensziele stecken und

---

10 P. Aggleston: Rebels Without A Cause. Middle-Class Youth and the Transition from School to Work. Lewes 1987.

11 B. Bernstein: Class, Codes and Control. Volume III. London 1977.

12 Siehe hier auch H. Perkin: The Rise of Professional Society. England Since 1880. London 1989.

13 L.A. Chisholm: Beyond Occupational Choice. A Study of Gendered Transitions. London 1991.

14 Zu diesem Thema für die BRD siehe Büchner, P.: Aufwachsen in den 80er Jahren - Zum Wandel kindlicher Normalbiographien in der Bundesrepublik Deutschland, in: P. Büchner/ H.-H. Krüger/L. Chisholm (Hg.), Kindheit und Jugend im interkulturellen Vergleich. Opladen 1990.
In staatlichen Gesamtschulen, insbesondere in den Metropolen, finden wir übrigens relativ selten die Kinder anderer Mittelstandsfraktionen. Das "etablierte" Bürgertum bevorzugt immer noch Privatschulen, bzw. wenn verfügbar "Direct-Grant"-Gymnasien mit Tradition, die gewisse Privilegien für den höheren Bildungsweg und den Berufseinstieg gewährleisten. Nicht einmal das soziale Übergangssystem ist in Großbritannien formal einheitlich, obwohl wir daraus nicht schließen sollten, daß das "neuere" Legitimationssystem dort nicht greift. Beide Systeme existieren nebeneinander.

diese auch erreichen könnten und würden. Sie meinten, im wesentlichen sei die Chancengleichheit hergestellt, es komme lediglich darauf an, ob Individuen die Talente und die Willenskraft besitzen, ihre Ziele durchzusetzen. Es waren aber die Mittelstandsmädchen, die expressive und sinngebende Aspekte ihrer zukünftigen Berufe ausdrücklich betonten. Die leistungsstarken Mädchen aus der Arbeiterklasse legten eine viel ausgeprägtere instrumentelle Perspektive an den Tag, obwohl sie mindestens genauso anspruchsvolle Berufe anstrebten und eher geneigt waren, Berufe außerhalb der Grenzen des Geschlechtsspezifischen auszuwählen. Beide Gruppen von Mädchen waren sich im klaren, daß Männer auf allen Ebenen der Produktionssphäre (noch) einen Vorzug genießen, sie selbst aber würden durch ihre Leistung überzeugen und bestehende Vorurteile überwinden.[15]

Solche Mädchen bildeten aber eine Minderheit in dieser an staatlichen Gesamtschulen durchgeführten Untersuchung. Sie stellen ebenfalls eine (etwas größere) Minderheit der Jugend im allgemeinen dar. Die Mehrheit der Mädchen dieser Studie gehörte verschiedenen Fraktionen der Arbeiterklasse an, und sie waren schulisch nicht erfolgreich. Sie alle wollten die Schule mit 16 verlassen. Sie erwarteten von der (erhofften und zu ergatternden) Lohnarbeit nichts außer Geld und Zeitvertreib, ohne auch nur zu denken, daß Lohnarbeit etwas anderes bedeuten könnte.

Es waren einige dabei, die zweifelsfrei aus klassischen Arbeiterfraktionskulturen stammten und und somit ins Zoll'sche Bild des alten kulturellen Modells hineinpaßten. Diese Mädchen wußten nur zu gut, daß sich ihr Milieu langsam zersetzt, und sie wußten zudem, daß der Zerfall durch den Niedergang der traditionellen wirtschaftlichen Infrastruktur verursacht ist (z.B. auf den Werften, in der Textilverarbeitung, im kleinen Einzelhandel und im Dienstleistungssektor). Aber sogar hier sollte unterstrichen werden, daß ihre Mütter selbstverständlich erwerbstätig waren, obwohl ihre Lohnarbeit der des Mannes in klassischer Weise untergeordnet war.

Viele, wenn nicht gar die Mehrheit der Mädchen wären aber weder dem neuen noch dem alten kulturellen Modell zuzurechnen. Sie waren gerade diejenigen, denen "[...] nicht ausreichend ökonomische, soziale und kulturelle Ressourcen zur Verfügung stehen, [um] einen zeitweiligen Ausbruch aus der Normalität zu kompensieren oder in eine eigenständige Perspektive jenseits der Normalbiographie zu transformieren. [...], [stattdessen] greifen die Selektionsmechanismen des Arbeitsmarktes und der Institutionen und drängen die Jugendlichen in die Marginalität prekärer Beschäftigung oder Arbeitslosgkeit."[16]

Es steht außer Frage, daß die Bundesrepublik besonders im Vergleich mit Großbritannien einen höheren Wohlstand genießt. Yankelovich konstatiert,

15 Diese Mädchen der Arbeiterklasse hatten aber in dieser Hinsicht einen schärferen (Durch-) Blick für die Wechselbeziehungen zwischen Produktion - Reproduktion. Sie waren sich sehr sicher, daß sie weder jemals heiraten noch Kinder haben wollten. Die Mittelstandsmädchen hingegen wollten Heirat und Kinder eher hinauszögern.

16 R. Zoll u.a.: Nicht so wie unsere Eltern, S. 227,

daß der US-Wohlstand deren vermutete kulturelle Revolution wenn auch nicht direkt verursacht, so doch vorangetrieben hat. Wahr ist zudem, daß die Bundesrepublik infolge der Nachkriegszeit mehr als andere europäische Länder von der nordamerikanischen Kulturtradition übernommen hat. Insofern lassen sich spezifische Faktoren erkennen, die in manchen Ländern ein neues kulturelles Modell dieser Art Gestalt annehmen lassen. Zusätzliche Faktoren mögen für andere Länder in ähnlicher Weise wirksam werden. Aber aus britischer Sicht mutet es sehr befremdlich an zu behaupten, daß "Jeder Jugendliche [...] sich 'irgendwie' ein Auto beschaffen [kann], und es [...] dann nur noch ein quantitativer Unterschied zwischen seiner 'Rostlaube' und dem neuen Mercedes 280 SE des Topmanagers [ist]".[17]
Angesichts der belegbaren Polarisierungsprozesse des letzten Jahrzehnts auch unter den Jugendlichen[18] scheint es sinnvoll, etwas vorsichtiger mit Becks[19] Spekulation umzugehen, nach der die Klassengesellschaft von der Risikogesellschaft überlagert wird. Im Moment sprechen wir sicher von einer Erweiterung der sozialen Risiken auf die Mittelstandsjugend, aber nicht unbedingt von einer *positiven* Demokratisierung der sozialen Chancen. Parallel dazu erleben wir eine *Ausdifferenzierung* der Normalität, was aber nicht mit einem *Verfall* der Normalität zu verwechseln ist. Zoll u. a. weisen ausdrücklich darauf hin, daß es doch eine Normalität biographischer Verläufe gibt, die vor allem dann sichtbar wird, wenn jemand aus dem sozialen Gefüge herausfällt oder im Gefüge "versagt".[20]

4. Selbstverwirklichung und ihre Rahmenbedingungen

Im neuen kulturellen Modell wird Selbst*verleugnung* durch Selbst*verwirklichung* ersetzt, man ist *selbst*-verantwortlich (statt Verantwortung für andere tragen zu müssen), und die Gemeinschaft löst sich in eine Krise der Normalität auf. Problematisch wird es schon in der Definition: Wer hat sich früher für wen geopfert? Opfern sich Leute heutzutage weniger als früher? Vermutlich nicht, aber sie nehmen es möglicherweise anders wahr (was nicht unerheblicher ist). Auf jeden Fall hat Selbstverwirklichung geringen sozialwissenschaftlichen Nutzwert ohne eine spezifisch historisch verankerte Analyse individueller und gruppenbezogener Realisierungsmöglichkeiten.
Die Frage der Balance zwischen Verantwortung für sich selbst und für andere ist auch nicht ohne ihre Rahmenbedingungen zu bewerten. Die achtziger Jahre brachten mit dem Dahinsiechen der alten Industrieviertel eine zunehmende

17 Ebenda, S. 215.
18 Siehe hier L.A. Chisholm: Auf der Suche nach einem schärferen Objektiv: Jugendforschung, Jugendliche und sozialer Wandel in Großbritannien, in: Büchner/Krüger/Chisholm (Hg.): Kindheit und Jugend im interkulturellen Vergleich. Opladen 1990; G. Jones/C. Wallace: Jenseits von Individualisierungstendenzen - Zum aktuellen Wandel der Lebenslaufmuster von Jugendlichen in Großbritannien, in: ebenda.
19 U. Beck: Risikogesellschaft. Auf dem Weg in eine andere Moderne. Frankfurt/Main 1986.
20 Zoll u.a.: Nicht so wie unsere Eltern, S.227.

Privatisierung der Lebensweisen der Arbeiterschichten. Der Rückzug aus den alten Formen gemeinschaftlichen Lebens und kollektiver Solidarität war damit programmiert. Hier könnten wir ohne Zweifel behaupten, daß Gefühle der Verantwortung oder die Bereitschaft zum Solidarbeitrag gegenüber Nachbarn und Arbeitskollegen abgenommen haben. Relativ gesehen hat so die Selbstbezogenheit automatisch an Gewicht gewonnen - und dies nicht nur bei den Jugendlichen. Gleichzeitig wäre zu erwähnen, daß eine derartige Privatisierung Rückkoppelungseffekte mit sich bringt, nämlich die Verantwortung für *spezifisch* andere, d.h. für Familien-/Haushaltsmitglieder, erhöht, wobei der Staat bei dieser Entwicklung aktiv mitwirkt.[21] Vielleicht gibt es hier auch in der Tat "nationalkulturelle" Unterschiede: Verkörpern etwa die Engländer seit jeher einen ausgeprägten Individualismus, der nun in erneuerter Form zum Tragen kommt?[22] Andererseits gibt es neuerdings vermehrte Anzeichen dafür, daß die deregulierte Ellenbogengesellschaft der "I'm alright, Jack"-Philosophie wenig Zustimmung bei der Mehrheit der Briten findet.
Eine Krise der Normaltät muß nicht heißen, daß Individuen bei ihrer Identitätsfindung alleine gelassen werden und sich ihre Lebensziele und -wege ohne jede Orientierung stecken müssen. In Großbritannien haben die wirtschaftliche Umstrukturierung und die hohen Arbeitslosenquoten der achtziger Jahre erhebliche Probleme sicher (mit)verursacht. Die männliche Arbeiterjugend zum Beispiel verlor mit dem Verschwinden des apprenticeship-Systems ihren traditionellen Zugang zum Arbeitsmarkt und damit zum Erwachsenenstatus. Das Handwerk und die gewerblich-technischen Facharbeiterberufe garantierten auch früher einen sicheren Arbeitsplatz: "a job for life". Die Betroffenen spürten den Wandel nicht nur als individuellen sondern auch als kollektiven Verlust, der ihre Ressourcen als hilfreiche Deutungsmuster in Frage stellte.[23] Aber *gerade* in Krisenzeiten rekurieren die Gebeutelten auf etablierte Weltanschauungen; sie bestehen auf den alten Werten ihrer Lebenswelt, die von Natur aus ohnehin vergangenheitsbezogen sind. Es ist wie in einem Kater-und-Maus-Cartoon: Beide rasen auf den Abgrund zu, die Maus bremst ab, doch der Kater rennt weiter, bis er plötzlich hinunterschaut. Erst dann erkennt er, daß er nichts mehr unter den Füßen hat, hält ratlos inne und stürzt in die Tiefe. Die Analogie taugt: Im Großbritannien des letzten Jahrzehnts klammerte man sich an die alten kulturellen Ressourcen und Deutungsmuster, obwohl und gerade weil sich die wirtschaftlichen und politischen Rahmenbdingungen rapide veränderten. Der bemerkenswerteste Erfolg der "New Right"- Politik des Thatcherismus hat darin bestanden, ideologische Elemente der Traditionswerte an seine eigenen zu binden, um dann mit den tatsächlichen Sorgen der Mehrheit

---

21 P. Brown/R. Sparks (Hg.): Beyond Thatcherism. Milton Keynes 1989.
22 A. MacFarlane: The Origins of English Individualism. Oxford 1978.
23 P. Brown: Schooling Ordinary Kids. London 1987.

politische Handlungsräume zu gewinnen. Nirgendwo ist dieser (fragwürdige) Erfolg deutlicher zu verzeichnen als im Fall der Bildungspolitik.[24]
Erst jetzt dämmert es vielen, daß diese alten Weltanschauungen für unsere ökonomische und geopolitische Lage nicht mehr zeitgemäß sind. Dennoch fallen wir nicht in eine nur hochindividualisierte Tiefe, zumal jeder Bruch mit der Vergangenheit immer auch Kontinuitäten, nicht nur Diskontinuitäten, aufweist. Die analytische Perspektive des neuen kulturellen Modells hebt letzteren Aspekt hervor. Wir betonen jedoch den ersteren, nicht weil auch wir uns an die Vergangenheit klammerten, sondern weil wir die grundlegenden Strukturmerkmale der Gesellschaft als weiter bestehend betrachten. Zentrales Merkmal bleibt das soziale Gefälle: Im letzten Jahrzehnt hat sich diese Kluft, allem Anschein des vielbeschworenen Aufschwungs zum Trotz, noch vertieft[25] - und dies nicht nur in Großbritannien[26]. Unter diesen Umständen ist es zu erklären, daß sich die sozialwissenschaftlichen Gemüter in Großbritannien mehr mit der Entwicklung einer Unterklasse beschäftigt haben als mit der Lage einer psychisch überforderten Wohlstandsjugend.[27] Auf jeden Fall aber sind die Chancen zur Selbstverwirklichung ziemlich *ungleich* verteilt.

5. Angleichung, aber wie?

Wir wollen uns jetzt mit den geschlechtsspezifischen Aspekten der Zoll'schen These auseinandersetzen, die u. E. eine gestrandete Position zwischen der sehr populären Angleichungsthese der gegenwärtigen bundesrepublikanischen Jugendforschung[28] und dem Versuch einer eher feministisch orientierten Analyse einnimmt.[29] Im Kern werden hier Arbeitsorientierungen nicht gleichwertig angegangen, vielmehr wird erst über junge Männer *per se* nachgedacht. Die Arbeitsorientierungen junger Frauen werden vorerst aus der Diskussion ausgeklammert (weil sie irgendwie doch "anders" sind), und es wird so die "Basisthese" erarbeitet. Dadurch wirft sich die Frage zwangsläufig auf, inwieweit junge Frauen "anders" sind, d. h. ihre Arbeitsorientierungen werden in *untergeordnete Relation* zu denen der jungen Männer gebracht, demgegenüber aber

24 Siehe hier inbesondere K. Jones: Right Turn. The Conservative Revolution in Education. London 1989.
25 Siehe R. Hudson/A.M. Williams: Divided Britain. London 1989.
26 Siehe ISSAS (Institute of Social Studies Advisory Service): Poverty in Europe: Estimates, 1975, 1980 and 1985. Rotterdam 1990.
27 Siehe z.B. F. Field: Losing Out. Oxford 1989.
28 Siehe dazu J. Zinneker: Kindheit, Jugend und soziokultureller Wandel in der Bundesrepublik Deutschland - Forschungsstand und begründete Annahmen über die Zukunft von Kindheit und Jugend, in: Büchner/Krüger/Chisholm; Krüger, H.-H.: Zwischen Verallgemeinerung und Zerfaserung. Zum Wandel der Lebensphase Jugend in der Bundesrepublik Deutschland nach 1945, in: ebenda.
29 Wir setzen uns hinsichtlich dieser Frage bewußt kaum mit Yankelovich auseinander, da er in seiner Analyse die Geschlechterproblematik ausgesprochen oberflächlich und verstellt angeht.

werden die Arbeitsorientierungen der jungen Männer *in überhaupt keine Relation* zu denen der jungen Frauen gebracht.
Es ist unbestreitbar, daß die Arbeitsorientierungen junger Frauen mit der zentralen Problematik der Produktions-/Reproduktionsverhältnisse vernetzt sind. *Dies gilt genauso für junge Männer, nur eben "anders"*, und zwar aufgrund patriarchalischer Machtverhältnisse. In der Zoll'schen Studie stellt sich nämlich deutlich heraus, daß sich die Arbeitsorientierungen der jungen Frauen *"nur" deswegen* von denen der jungen Männer unterscheiden. So wird das unbequeme Problem der Männerherrschaft umgangen, und Frauen scheinen dabei immer noch den Männern hinterherzuhinken, die nun begreifen, daß es etwas mehr im Leben als Lohnarbeit gibt, insbesondere, weil der Mythos und die Romantik der Ernährerrolle zusehends dahinschwindet.
Betrachten wir die veränderten Arbeitsorientierungen von jungen Männern etwas näher, stellen wir eigentlich fest, daß sie eine gewisse Ähnlichkeit mit den klassischerweise als weiblich definierten Orientierungen aufweisen. Genau solche Arbeitsorientierungen dien(t)en nunmal *gleichzeitig* als Haupterklärung für die Stellung der Frau auf dem Arbeitsmarkt *und* als Beleg ihres Desinteresses an beruflicher Identität und Selbstverwirklichung überhaupt. Zum Beispiel:

- Für Frauen ist der sozial-kommunikative Arbeitskontext wichtiger als der Arbeitsinhalt (deswegen interessieren sie sich weniger für Gehaltsfragen und Beförderungen; sie sind deshalb auch für monotone Tätigkeiten besser geeignet).
- Frauen sind aus instrumentellen und nebensächlichen Gründen erwerbstätig (z.B., um Konsumgüter für die Familie kaufen zu können), und das Zentrum ihres Lebensinteresses liegt anderswo.
- Weil Frauen deswegen zwangsläufig ein eher distanziertes Verhältnis zur Lohnarbeit und eine unterentwickelte berufliche Identität besitzen, geben sie sich mit weniger zufrieden und schaffen ein gewisses Problem in bezug auf die gewerkschaftlich organisierte Arbeitersolidarität.
- Schließlich führen solche Gegebenheiten zu einer mangelnden Arbeitsdisziplin auf Seiten der weiblichen Beschäftigten, die dazu neigen, ihre Zeit mit Tratsch zu vergeuden: Sie müssen deswegen gut beaufsichtigt werden - am besten von Männern -, die sie bekanntermaßen als Vorgesetzte eher respektieren.[30]

Als Schlüsselkonzept ist *Berufung* in der Tat vielsagend:[31] Berufung hat vor allem mit Opferbereitschaft zu tun. Aber gute Ehefrauen und Mütter opfern ihre Familien auf dem Altar ihrer Selbstverwirklichung durch Lohnarbeit (oder

---

30 Im übrigen klagten schon die Arbeitgeber und Moralisten des letzten Jahrhunderts die mangelnde Arbeitsdisziplin junger Arbeiterinnen ein. Das staatliche Schulsystem hatte es sich ausdrücklich zum Ziel gesetzt, seine Schützlinge zur Arbeitsmoral zu erziehen, und es scheint sich seitdem wenig geändert zu haben; siehe P. Cohen: Against the New Vocationalism, in: Bates u.a. (Hg.): Schooling for the Dole? London 1984.

31 Siehe L.A. Chisholm: Gender and Vocation, hrsg. von: Institute of Education Post-Sixteen Centre. London 1987.

sonst etwas) nicht. Dieses Verhalten wäre selbstsüchtig und unnatürlich. Die einzig legitime Alternative liegt darin, auf eine Familiengründung zu verzichten und sich einer *Karriere im Sinne einer Berufung* zu opfern. Also, Frauen dürfen für sich durchaus Selbstverwirklichung im Beruf reklamieren (und das nicht erst heutzutage), solange sie diese nicht "für sich" sondern für das Allgemeinwohl anstreben - oder anders gesagt - *solange sie genau die Ethik des Engagements aufbringen, die Yankelovich bei seiner Avantgarde vermißt.* Die Mehrheit der Frauen verfügte und verfügt nicht über diese Alternative, deshalb haben sie gar keine Wahl: Sie entwickelten und entwickeln eine noch ausgeprägtere instrumentelle Orientierung zur Lohnarbeit, genauso wie diese in Zolls Studie über junge Männer beschrieben wird. Wenn Identifikation unmöglich wird, bleibt Distanzierung die einzige Alternative: Es ist in der Tat bemerkenswert, wie die geschichtlich etablierte Lebenserfahrung von Frauen den Status einer kulturellen Revolution erreicht, sobald Männer merken, daß auch sie davon betroffen sind.

Diese Kritik ist nicht als barsche Zürückweisung eines einäugigen neuen kulturellen Modells zu verstehen. Es sollte uns vielmehr nachdenklich stimmen, daß die Arbeitsmarkt- und Arbeitswelterfahrungen der Frauen und der Männer scheinbar ähnlicher werden. Insofern haben wir es doch mit einer Angleichungsthese zu tun, und dies nicht nur im Sinne von Arbeitsorientierungen. Wir aber drehen den Spieß um: Wenn sich die Geschlechtsspezifität des sozialen Lebens langsam auflöst, dann nicht hauptsächlich, weil die Lebens- und Deutungsmuster junger Frauen sich denjenigen der jungen Männer angleichen, *sondern eher das Gegenteil.* Man kann dies in gewisser Weise ohne Reserviertheit begrüßen. Andererseits vertiefen und verhärten sich zur Zeit die Trennungslinien im segmentierten Arbeitsmarkt (nicht nur in Großbritannien), und für die Unterprivilegierten ist die Lage besonders besorgniserregend. Ob die demographische Entwicklung die Lage der Jugend verbessert oder verschlimmert, darüber läßt sich streiten. *Relativ* gesehen verlieren Männer perspektivisch mehr als Frauen. Wäre es nicht paradox, wenn das Konzept der Jugend als unitär, als geschlechts- und klassenübergreifend in ihrer Lebenslage und Identität, über die Prozesse der marginalen Akkumulation eines desorganisierten Kapitals realisiert wäre?

Nun stellt sich die empirische Frage, ob die Angleichung der Lebenslagen von Frauen und Männern primär entweder einer faktischen *Ab*wertung der Position der Männer oder einer faktischen *Auf*wertung der Position der Frauen zugeschrieben werden kann. Ist es beispielsweise möglich zu behaupten, *sowohl* daß Lohnarbeit zunehmend "hohler" geworden ist, *als auch* daß den steigenden Ansprüchen der jungen Frauen entgegengekommen werden kann, ohne der These einer "nachgeholten Individualisierung" zustimmen zu müssen? Diese duale Position wäre plausibel, wenn sich erstens die faktische horizontale und vertikale Verteilung junger Frauen auf dem Arbeitsmarkt signifikant geändert hätte. Dafür gibt es jedoch keine überzeugenden empirischen Belege; eher das Gegenteil ist der Fall.[32]

Zweitens könnten wir behaupten, daß Berufsbilder ins Schwimmen geraten sind, so daß die Inhalte und Kontexte der männer-dominierten Berufe "sinn*loser*", frauen-dominierte dagegen "sinn*voller*" werden. Hier stünden die "routinisierten" und "mittleren" Büro- und Dienstleistungsberufe zur Untersuchung an, aber gerade hier gleitet die derzeitige Debatte empirisch auf dünnem Eis. Der Wandel findet zur Zeit ohnehin schneller statt als die Forschung ihn erfassen kann. In Großbritannien, wo sich der Dienstleistungssektor besonders weit entwickelt hat, sind *junge* Männer zunehmend in traditionell weiblich besetzten Arbeitsmarktsektoren zu finden (z.B. im Verkauf, in persönlichen Dienstleistungen wie "fast/designer-food" und Reinigungsarbeiten, in manchen Bürotätigkeiten insbesondere in London). Was wir eigentlich nicht wissen, ist, inwieweit solche jungen Männer *tatsächlich* die gleichen Tätigkeiten wie junge Frauen ausüben. Bis dato beobachteten wir in solchen Fällen eher die Tendenz, daß Männer die attraktiveren Positionen schnell kolonisieren, und daß sich neue geschlechtsspezifische Hierarchien herausbilden. Frauen werden "deplaziert" (so bei den Krankenschwestern, in den Grundschulen mit dem Rückgang der Mädchenschulen) und Männer werden in attraktiveren betrieblichen Laufbahnen vorzüglich eingestellt (so z.B. im Verkauf). Also ist die empirische Frage noch nicht überzeugend zu lösen.

6. Schlußbemerkungen

Wir leben sicher in "New Times". Insofern brauchen wir innovative Erklärungsansätze, die zudem nicht an Ländergrenzen halt machen. Die Zoll'sche Version des neuen kulturellen Modells gehört im positiven Sinne dazu, gleichzeitig aber bedarf sie einer theoretischen Präzisierung und empirischen Ausarbeitung. Insbesondere sollte die These in die tatsächlichen sozialen Gegebenheiten vieler unterschiedlicher Bevölkerungsgruppen eindeutiger verankert werden. Es wäre sonst nur zu einfach, durch die Betonung des freigesetzten Individuums die Einsichten des Modells gänzlich ungewollt in die Nähe des Neokonservatismus zu bringen. Lebenschancen und eine freie Wahl des Lebensstils sind unverrückbar an konkrete *und* ideologisch eingefärbte Gestaltungsmöglichkeiten gekoppelt, die aber nicht als schicksalhaft zu betrachten sind. "Eine konservative Modernisierung in Gestalt des Thatcherismus gebiert Privatisierung, Polarisierung, Fragmentierung, öffentliche Armut [public squalor] und eine autoritäre Gesellschaft. Ihr [Zu-] Griff wird nur von einer progressiven Bewegung gelöst werden können, welche um Visionen und Wünsche kämpft, und die ebenfalls in diesen "New Times" erzogen worden ist. [Wir sollten nicht vergessen, daß] es vitale soziale Strömungen gibt, die auf einen alternativen Weg zur Mo-

32 Siehe diesbezüglich für Großbritannien EOC (Equal Opportunities Commission): Women and Men in Britain. London 1989.

dernisierung hinweisen, auf einen Weg, der sich als der gerechtere, demokratischere, menschlichere und überlebensstärkere erweist"[33].

Ein gewisser Zukunftsoptimismus darf hieraus abgeleitet werden. Indizien dazu finden wir auch in der Empörung weiter Teile der Bevölkerung über die Politik der Reprivatisierung des Sozialstaates; über die regressiven Steuermaßnahmen (z.B. die Kopfsteuer-Revolte des Frühjahrs 1990); in dem wachsenden Unmut gegenüber dem extravaganten Konsumverhalten der Yuppie-Gesellschaft, die erst durch teilweise brutale und nicht-produktive Geldspekulation statt durch inhaltliche Leistung und Arbeitseinsatz ermöglicht wurde; in dem ruckartigen ökologischen Erwachen und in dem stetigen Drängen der Frauen und der ethnischen Minoritätsgruppen nach Gerechtigkeit und Chancengleichheit. Eine menschliche Umgestaltung der industriellen Arbeitsgesellschaft ist nicht unerreichbar, und in gewissem Sinne agiert das neue kulturelle Modell im Interesse einer solchen Umwandlung: Die Jugend wird somit zur Hoffnung, und hier zeigt sich nun einmal wieder das Alte im Neuen.

Literatur

Aggleston, P.: Rebels Without A Cause. Middle-Class Youth and the Transition from School to Work. Lewes 1987.

Beck, U.: Risikogesellschaft. Auf dem Weg in eine andere Moderne. Frankfurt/Main 1986.

Bernstein, B.: Class, Codes and Control. Volume III. London 1977.

Bott, E.: Family and Social Network. London 1971.

Bourdieu, P.: Die feinen Unterschiede. Kritik der gesellschaftlichen Urteilskraft. Frankfurt/Main 1982.

Brown, P.: Schooling Ordinary Kids. London 1987.

Ders./Sparks, R. (Hg.): Beyond Thatcherism. Milton Keynes 1989.

Büchner, P.: Aufwachsen in den 80er Jahren - Zum Wandel kindlicher Normalbiographien in der Bundesrepublik Deutschland, in: P. Büchner/ H.-H. Krüger/L. Chisholm (Hg.): Kindheit und Jugend im interkulturellen Vergleich. Opladen 1990.

Chisholm, L.A.: Gender and Vocation, hrsg. von: Institute of Education Post-Sixteen Centre. London 1987.

Dies.: Auf der Suche nach einem schärferen Objektiv: Jugendforschung, Jugendliche und sozialer Wandel in Großbritannien, in: P. Büchner/ H.-H. Krüger/L. Chisholm (Hg.), Kindheit und Jugend im interkulturellen Vergleich. Opladen 1990.

Dies.: Beyond Occupational Choice. A Study of Gendered Transitions. London 1991.

Cohen, P.: Against the New Vocationalism, in: Bates u.a. (Hg.): Schooling for the Dole? London 1984.

EOC (Equal Opportunities Commission): Women and Men in Britain. London 1989.

Field, F.: Losing Out. Oxford 1989.

Hall, S./Jacques, M.: New Times. London 1989.

Hudson, R./Williams, A.M.: Divided Britain. London 1989.

ISSAS (Institute of Social Studies Advisory Service): Poverty in Europe: Estimates, 1975, 1980 and 1985. Rotterdam 1990.

33 Hall/Jacques, S. 36.

Jones, G./Wallace, C.: Jenseits von Individualisierungstendenzen - Zum aktuellen Wandel der Lebenslaufmuster von Jugendlichen in Großbritannien, in: P. Büchner/ H.-H. Krüger/L. Chisholm (Hg.), Kindheit und Jugend im interkulturellen Vergleich. Opladen 1990.

Jones, K.: Right Turn. The Conservative Revolution in Education. London 1989.

Krüger, H.-H.: Zwischen Verallgemeinerung und Zerfaserung. Zum Wandel der Lebensphase Jugend in der Bundesrepublik Deutschland nach 1945, in: P. Büchner/ H.-H. Krüger/L. Chisholm (Hg.): Kindheit und Jugend im interkulturellen Vergleich. Opladen 1990.

Lash, S./Urry, J.: The End of Organized Capitalism. Oxford 1987.

MacFarlane, A.: The Origins of English Individualism. Oxford 1978.

Perkin, H.: The Rise of Professional Society. England Since 1880. London 1989.

Piore, M.J./Sabel, C.F.: The Secon Industrial Divide. New York 1984.

Sabel, C.F.: Work and Politics. Cambridge 1982.

Yankelovich, D.: New Rules - Searching for Self-Fulfillment in a World Turned Upside Down. New York 1981.

Zinneker, J.: Kindheit, Jugend und soziokultureller Wandel in der Bundesrepublik Deutschland - Forschungsstand und begründete Annahmen über die Zukunft von Kindheit und Jugend, in: P. Büchner/ H.-H. Krüger/L. Chisholm (Hg.): Kindheit und Jugend im interkulturellen Vergleich. Opladen 1990.

Zoll, R. u.a.: Nicht so wie unsere Eltern! Ein neues kulturelles Modell? Opladen 1989.

Identität außerhalb der Lohnarbeit: Ergebnisse einer Untersuchung über Arbeitslosigkeit und soziale Überlebenstechniken

Paul Grell

1. Einführung

Anläßlich dieses Symposiums will ich die Ergebnisse einer Untersuchung vorstellen, die die Problematik der Arbeitslosigkeit und die Überlebensstrategien außerhalb der Lohnarbeit zum Gegenstand hat und die empirisch die Frage stellt nach der Transformation des Deutungsmusters einer ganzen Epoche: der protestantischen Ethik[1]. Mein Vortrag will eher sensibilisieren als überzeugen. Daher widme ich den Zugängen und Herangehensweisen ebenso viel Platz wie den Ergebnissen und methodologischen Fragestellungen.

Mein Beitrag besteht aus vier Teilen: Ich beginne damit, die Frage der Arbeitslosigkeit und der mit ihr verbundenen Schwierigkeiten aufzuwerfen und werde anschließend kurz die eigentliche Untersuchung mit ihrer Methodik und ihrer Begrifflichkeit unter Bezugnahme auf vorliegende Veröffentlichungen vorstellen. In einem dritten Teil werde ich auf die konkreten Ergebnisse eingehen. Zum Schluß meines Vortrags werde ich einige methodische Fragen aufwerfen.

2. Das Problem

Arbeitslosigkeit ist ein sozialer Raum von mehreren Millionen Menschen. Das zumindest ist unser theoretisches Wissen. Wie jedoch schaffen es diese Millionen, ohne regelmäßige Lohnarbeit zu überleben? Darüber wissen wir nichts oder nur sehr wenig. Halten wir aber fest, daß das *Sich-Durchfummeln*[2] heute gesellschaftliche Dimensionen annimmt, und zwar in dem Maße, in dem sich

1 Die Untersuchung entstand im Rahmen des "Groupe d'analyse des politiques sociales" (Université de Montréal) und wurde finanziert vom "Conseil québécois de la recherche sociale" und durch das "Programme de subventions nationales au Bien-être social Canada". Die Untersuchung basiert auf der Methodologie biographischer Interviews und bezieht sich auf die Stadt Montréal. Sie beruht auf einer Stichprobe von 89 Arbeitslosen, 37 Frauen und 52 Männern, zwischen 20 und 40 Jahren. Die Stichprobe wurde in mehreren Etappen konstruiert und in Abhängigkeit von drei Variablen strukturiert: das Verhältnis zur Institution der Arbeitslosigkeit, die Modi des *Sich-Durchschlagens*, soziale Klassen. Die Interviews wurden zwischen Juni 1982 und Oktober 1984 durchgeführt. Die Untersuchung mündete in folgenden Forschungsbericht: P. Grell: Etude du chômage et de ses conséquences: les catégories sociales touchées par le non-travail. Histoires de vie et modes de débrouillardise, Groupe d'analyse des politiques sociales/Université de Montréal, Mai 1985.

2 La débrouillardise ist ein schwer übersetzbarer Argot-Ausdruck, der die Konnotationen Sich-Durchfummeln, Sich-Durchschlagen, Sich-Zurechtfinden hat.

der soziale Raum außerhalb der Vollzeit-Lohnarbeit ausbreitet: das Zeitalter der Vollbeschäftigung ist endgültig vorbei. Arbeitslosigkeit ist nicht mehr ein Durchgangsstadium, sondern wird für einen Gutteil der jungen Erwachsenen ein verlängertes, ja ein Endstadium: sie ist seitdem eine Art Trabantenstadt weit weg vom Zentrum Vollzeit-Lohnarbeit.
In dieser Trabantenstadt gibt es nicht nur die Beschäftigung suchenden Arbeitslosen, sondern Leute, die mit Formen von Destabilisierung ihrer Arbeitsplätze konfrontiert sind (ungewollte Teilzeitarbeit, Zeitarbeit usw.); dazu kommen die - freiwillig oder gezwungenermaßen - aus der aktiven Bevölkerung Ausgeschlossenen (Schwarzarbeiter, Sozialhilfeempfänger usw.). Für viele wird die Trabantenstadt vor der Vollzeitarbeit ein wenn auch nicht akzeptierter so doch stabiler Sozialraum, in dem sich netzwerkartige Verkehrsformen und neue Lebens- und Verhaltensformen entwickeln. Sich in ihm zurechtzufinden, das ist die Frage! Wie lebt man ohne stabile Vollzeit-Lohnarbeit? Wie lebt man als Arbeitslose/r? Mit anderen Worten: wir versuchen nicht das Warum, sondern das Wie der Arbeitslosigkeit zu verstehen, nicht die politisch-moralische Frage, die die Arbeitslosigkeit und ihre - übrigens sehr realen - Dramen fast automatisch hervorrufen, sondern die Frage nach den - ebenso realen - sozialen Verhaltensweisen, die sich in der von der Vollzeitarbeit weit entfernten Trabantenstadt entwickeln.
Die beobachtete Wirklichkeit läßt sich zusammenfassen als eine Vielfalt äußerst dichter, lebendiger und heterogener Verhaltensformen. Um ohne Vollzeit-Lohnarbeit zu leben, zeigen die Individuen viel Einfallsreichtum. Man denke an die vielfältigen Formen:

- von kostenloser gegenseitiger Hilfe: sich gegenseitig behilflich sein beim Einrichten der Wohnung, beim Umziehen, beim Sich-Kleiden, beim Sich-Ernähren usw.,
- des Tauschs, besonders in der Form des Gabentauschs, vor allem unter Leuten, die manuell geschickt sind,
- der Wiederbelebung früherer Ernährungsgewohnheiten und Zubereitungstechniken
- von Veränderung von Bedürfnissen
- von Schwarzarbeit
- von Mobilität, die einige Leute veranlassen, sich auf extrem kurze Arbeiten (1 Tag, 1 Woche) einzulassen
- von Ausnutzung öffentlicher Ressourcen

All diese Verhaltensweisen verstehen zu wollen, das begründet das Interesse an biographischen Interviews; man muß sie nur in den Lebensweg des Individuums einordnen. Führen wir zwei Beispiele an, um uns verständlich zu machen. In einem ersten Beispiel haben wir einen jungen "Drop-out", der zunächst Renovierungsarbeiten im Milieu seiner Familie ausführt, dann aber gezwungen ist, seinen Lebensunterhalt im wesentlichen durch Schwarzarbeit für Leiharbeitsfirmen zu bestreiten. Ein zweites Beispiel: Junge Leute schließen sich nach vielen unsicheren Jobs zusammen, beziehen weiterhin Sozialhilfe und starten einen kleinen Renovierungsbetrieb, und zwar "schwarz"; auf diese Weise si-

chern sie sich ein Einkommen, aber gleichzeitig auch einen Lebensbereich. Obwohl beide Situationen unmittelbar auf Schwarzarbeit basieren, machen sie zwei völlig verschiedene Wirklichkeiten aus.
Der biographische Ansatz ist notwendig, heute mehr als je zuvor, denn die Versuchung in den Sozialwissenschaften ist doch, nur das zu sehen, was durch die herrschende wissenschaftliche Tradition zugelassen ist. So verfälscht im Falle der Arbeitslosigkeit die Ideologie der Vollbeschäftigung die Wirklichkeit, indem sie die Relevanz des Sozialraums außerhalb der Vollzeit-Lohnarbeit herunterspielt. Von daher kommen dann die breit erforschten, aber ohne jedes Bedenken angestellten Korrealationen zwischen Arbeitslosigkeit, Selbstmord, Kriminalität, Prostitution usw. Sobald man jedoch bei diesem mechanischen In-Beziehung-Setzen wieder ein bißchen Neugier einführt, wird man zum Störenfried und leicht der Fälschung bezichtigt.
Die Methodik der biographischen Interviews entgeht dieser Anklage nicht[3]: dies umso mehr, weil sie den Berichten ganz gewöhnlicher Leute volles Vertrauen schenkt, und nicht den betreuenden Profis oder den über jene redenden Experten. In diesem Bereich gibt es Aussagen, die weniger glaubwürdig sind als andere, und die Schärfe der Beobachtung hat damit leider nichts zu tun. Was der gewöhnliche Sterbliche sagt und unternimmt, um sich ohne stabiles Lohneinkommen durchzuschlagen, ist in der Optik der herrschenden Methodologie ohne Gewicht. Dabei befindet er sich doch im Mittelpunkt der kollektiven Verhaltensweisen. Er lebt den sich vollziehenden Umbau der Produktionsverhältnisse und weiß besser als jeder andere, was er tut und was seine Aussichten sind, wenn er so handelt, wie er es tut. Daher muß man ihn erst einmal anhören, um ihn verstehen zu können.

3. Die Untersuchung

Die Untersuchung besteht aus 89 biographischen Interviews mit jungen Erwachsenen, Frauen und Männern zwischen 20 und 40 Jahren, die in Montreal leben. Diese Untersuchung basiert nicht auf einer statistisch repräsentativen Stichprobe, denn es mangelt an hinreichenden statistischen Informationen über die untersuchte Population: die große Zahl derer nämlich, denen der produktive Sektor keine regelmäßige Beschäftigung anzubieten hat. Sie, die Untersuchung, entbehrt jedoch deswegen nicht jeder Grundlage, weil das Basismaterial nach dem doppelten Prinzip der Sättigung und der systematischen Suche nach "negativen Fällen" erhoben wurde: genau das erlaubt, signifikante konkrete Totalitäten zu erforschen[4]. Daraus folgt, daß die erhobenen Gespräche

3 Zur genauen Information über die Methodologie biographischer Interviews: vgl. D. Desmarais/P. Grell (Hg.): Les récits de vie: théorie, méthode et trajectoires types. Montréal 1986.

4 Das Prinzip der Sättigung ist namentlich von Becker definiert worden, und zwar in Entgegensetzung zum Prinzip der statistischen Repräsentativität. Die Validität der erhobenen Information wird durch Sättigung erreicht, d.h.: dem Forscher gelingt es, das vollständige Mosaik der zu untersuchenden Gruppe durch Anordnung der Elemente in ihrem Verhältnis zueinander zu rekon-

keineswegs abweichende Fälle oder Randerscheinungen sind; die Sozialbiographien, aus denen Gespräche sich zusammensetzen, haben deutliche Bezüge auf Erfahrungen und Situationen, die viele Leute zu leben gezwungen sind.
Beim biographischen Interview haben wir die betreffende Person gebeten, uns das zu erzählen, was sie durch ihr Leben von dem lokalen Ausschnitt der Gesellschaft weiß, in dem sie lebt: das, wovon sie unmittelbar betroffen ist. Die Interviewpartner wurden also als Informanten betrachtet. Dies ist auf seiten der Forscher die Haltung des Ethnologen, die uns erlaubt, von der Unkenntnis, wo wir uns überhaupt befinden, zur Entdeckung dessen zu gelangen, was die Leute tatsächlich leben.
Doch wie die Tiefenbedeutungen all dessen herausfinden, was uns auf diese Weise erzählt worden ist? Dabei hilft uns die Kenntnis der anderen 88 Interviews, die andere Lebenserfahrungen beschreiben. Diese Umfeldkenntnis, und sie allein, ermächtigt den Forscher dort, wo wir nur eine besondere Geschichte sehen, das Anzeichen eines allgemeinen Prozesses zu identifizieren. Also nur wenn man sich klar macht, daß der jeweils in Rede stehende Fall nicht nur ein besonderer Fall ist, sondern, wie Sartre sagte, etwas "singuläres Allgemeines" ist, dann kann man die Fülle der in ihm enthaltenen Bedeutungen und den soziologischen Aussagewert der durch ihn konkretisierbaren Begriffe erfassen[5].
Nun versteht man besser, warum wir uns nicht auf einige Interviews beschränkt haben. Es ist notwendig, daß man die in unterschiedlichen Situationen befindlichen Personen vergleichen kann, andere Fragestellungen angeht, dann eine Synthese der gewonnenen Informationen vornimmt, einen Schritt zurückgeht - und bei allem die zunehmende Sättigung der Deutung beachtet, die sich der Forscher nach und nach von seinem Forschungsobjekt aufbaut.[6] Auf diese Weise zeichnen die Interviewschilderungen von der "Arbeitslosigkeit" - den Lebensformen in der Trabantenstadt vor der Vollzeitlohnarbeit - ein wesentlich komplexeres und interessanteres Bild als das auf die Notlage fixierte Stereotyp der Arbeitslosigkeit. Um die Verschiedenartigkeit der Lebensläufe abzubilden, ha-

---

struieren, wie am Ende eines Puzzles: d.h.: eine neue Information wird dann redundant im Verhältnis zu der, die er bereits besitzt. Die Sättigung ist immer bezogen auf einen Typ gedanklicher Vorstellung, wobei diese eine formale Konstruktion des Forschers ist und jederzeit durch eine andere ersetzt werden kann.
Das Prinzip des negativen Falls, von Lindesmith formuliert, besteht in der systematischen Suche nach einem negativen Fall, der die vorhergehenden Hypothesen infragestellt.- Die beiden Konzepte sind auch von D. Bertaux entwickelt worden, namentlich in: D. Bertaux: L'approche biographique: sa validité méthodologique, ses potentialités, in: Cahiers internationaux de sociologie, vol. LXIX, Nr. 2, 1980.

5 Für eine detaillierte Darlegung der verwendeten Methodologie vgl. P. Grell: Apport des récits de vie dans une recherche sur les modes de débrouillardise des jeunes chômeurs, in : C. Bariteau u.a (Hg.): Le contrôle social en pièces détachées, Cahiers de de l'ACFAS. Montréal 1985, S. 159-178; P. Grell: Les récits de vie: une méthodologie pour dépasser les réalités partielles", in: D. Desmarais/ P. Grell (Hg.), S. 151-176.

6 "Sättigung" meint das Phänomen, aufgrund dessen ein Forscher oder eine Forschergruppe nach einer gewissen Zahl von Interviews den Eindruck hat, nichts Neues mehr zu erfahren, zumindest im Blick auf das soziologische Forschungsobjekt.", D. Bertaux, S. 205.

ben wir eine Typologie konstruiert[7]; und um die die in den Biographien zu Tage tretenden Prozesse abbilden zu können, haben wir neue Begriffe entwickeln müssen, wie man unten sehen wird. Anders gesagt, wir haben versucht, die Querverbindungen, den Atem und die Bewegung, die man in und zwischen den Interviews findet, so gut wie möglich wiederzugeben.

3.1 Der Forschungsgegenstand

Die neueren Veränderungen des Produktionssystems machen die Fragen nach beruflicher Integration und Weiterentwicklung obsolet, zumindest in der Form, wie man sie zur Zeit stellt. Dieses Problem verdeckt eine doppelte Wirklichkeit: zum einen die zunehmende Zahl von Personen, die sich nicht mehr mit der Lohnarbeit identifizieren; zum anderen die neuen Beschäftigungsbedingungen in einem Produktionssystem, das dabei ist, das Lohnarbeitsverhältnis grundlegend zu transformieren.

Nehmen wir unsere früheren Überlegungen noch einmal auf, um uns verständlich zu machen. Von der Seite der Anforderungen an die Arbeit her erleben wir eine Vervielfachung besonderer Formen von Beschäftigung (Teilzeitarbeit, Zeitarbeit, zeitlich befristete Arbeitsverträge); diese stellen ein Arsenal an Praktiken dar, das es den Unternehmen ermöglicht, dem Erfordernis nach Flexibilität der Arbeit dort zu entsprechen, wo für den Arbeiter zum Desinteresse am Arbeitsinhalt noch die Instabilität der Beschäftigung hinzukommt. Das Unternehmen beherrscht so den Umfang, die Dauer und den Inhalt der anfallenden Arbeiten, und dies überwiegend ohne jede arbeitsrechtliche Grundlage. In dieser Entwicklung spielt der Staat eine wichtige Rolle, zum einen, um die labilste Gruppe der verfügbaren Arbeitsbevölkerung an die Verhaltensanforderungen der ungeschützten Beschäftigungsverhältnisse zu gewöhnen, und um anderen, um immer größere soziale Gruppen an die neuen Anforderungen und die Veränderungen des Produktionssystems anzupassen.

Von der Seite der sogenannten potentiellen Arbeitsbevölkerung her muß man sehen: Gewisse soziale Gruppen sind hineingerissen in Bewegungen von sehr großer Instabilität, in außerordentlich rasche und komplizierte Fluktuationen ihrer Beschäftigung, in immer zahlreichere und immer verschwommenere staatliche Interventionen, in immer größere Wirren; dies läßt die Betroffenen Handlungssysteme entwickeln, die sich immer weniger ausschließlich auf die Vollzeit-Lohnarbeit gründen.

Genau diese Personen, die sehr unterschiedliche soziale Zugehörigkeiten haben, bilden unsere Stichprobe. Diese Leute wechseln von einer Arbeit zur anderen, lernen Berufe, die sie nie regelmäßig ausüben, studieren ohne Abschlüsse und ohne mögliche praktische Verwendung, geben die Studien, die sie angefangen haben, irgendwann auf, nehmen sie in einigen Fällen wieder auf, arbeiten auf Abruf bei einem Handelsunternehmen, als Parkwächter im Sommer, als Ver-

7 P. Grell/A. Wery: Au-delà du chômage, vivre sans salaire, in: Contradictions (Brüssel), Nr. 47/1986, S. 9-30.

käufer im Winter, als Hilfsarbeiter im Frühjahr usw... "Das einzig Sichere ist für sie, daß sie sich weder der Arbeiterklasse noch irgendeiner anderen Klasse zugehörig fühlen. Sie erkennen sich weder in der Bezeichnung "Arbeiter" wieder noch in der entsprechenden des "Arbeitslosen". Ob er in einer Bank, in einer öffentlichen Verwaltung, in einer Putzkolonne oder in einer Fabrik arbeitet, der Neoproletarier ist eher ein Nicht-Arbeiter, der vorübergehend für eine gleichgültige Arbeit eingestellt wird: er macht "egal was", was "egal wer" an seiner Stelle machen könnte[8].

3.2 Die wichtigsten Konzepte

Die Anfangsidee ist einfach: Die Lebenssequenzen, die im sozialen Raum der Nicht-Arbeit zu Tage treten, zu verstehen, erfordert, daß man die "(Über)lebenstechniken", das "savoir-faire", analysiert und dabei die Bedeutung untersucht, die den in den biographischen Interviews beschriebenen Praxisformen innewohnt. Konfrontiert mit Lebensbedingungen ohne Absicherung durch die Vollzeit-Lohnarbeit (namentlich: Einkommenseinbußen; Alltagszeit, die nicht mehr durch die Arbeit strukturiert wird usw.), schaffen es die "Arbeitslosen" dennoch zu überleben[9]. Die vielfältigen Praxisformen, die sie entwickeln, um ihre Existenz zu fristen und zu verbessern - eben das gesellschaftlich *Sich-Durchfummeln* - zeugen von praktischer Intelligenz und beruhen ebenso auf mehr oder weniger langfristigen Kalkülen und Strategien wie auf der kontinuierlichen Aufmerksamkeit für unvorhergesehene Gelegenheiten, die der Fluß des Lebens mit sich führt[10].

Wenn sich diese Überlebenstechniken in relevanten konkreten und überdies stabilen Entscheidungen niederschlagen, dann bieten sie Anlaß für Handlungsdispositionen wie: Organisation von Zeit, von Informationsgewinnung, der Aufrechterhaltung von Soziabilität usw. Diese Handlungsdispositionen entstehen jedoch nicht aus dem Nichts. Die Tatsache, aus einer Arbeiterfamilie oder aber aus einer Mittelschichtfamilie zu stammen, ein Diplom zu besitzen oder

---

8 A. Gorz: Adieux au prolétariat. Paris 1980, S. 97f. (Dt.: Abschied vom Proletariat. Frankfurt/Main 1980).

9 Die These eines Sozialraums (Interaktion), der sich von der Lohnarbeit unterscheidet, wird hauptsächlich von Habermas vertreten. Ein Teil seines oeuvres besteht darin, den Begriff der Interaktion so aufzuwerten und umzudefinieren, um ihn als Partner neben den der Arbeit stellen zu können. Die Interaktionsdimension erscheint bei ihm als das eigentliche Medium der Emanzipation. Vgl. J. Habermas: La technique et la science comme "idéologie". Paris 1973 (Deutsches Original: Technik und Wissenschaft als "Ideologie". Frankfurt 1968).
Maffesoli nimmt die These einer relativ autonomen Sozialität wieder auf (eine "Basissolidarität") im Gegenüber zu einem institutionalisierten Pflichtdasein ("devoir-être"): "Jenseits der engen Moral des Pflichtdaseins gibt es einen dynamischen Immoralismus, der ein tiefgreifendes ethisches Verlangen ausdrückt, das nur den Sinn hat - vergessen wir es nicht -, gemeinsam, kollektiv zu leben."; M. Maffesoli: La conquête du présent. Paris 1979, S. 58.

10 Zur genaueren Darstellung der grundlegenden Konzepte vgl.: P. Grell: Chômer et vivre: une recherche fondée sur 89 récits de vie de jeunes chômeurs de Montréal, in: Life stories/récits de vie, Nr. 2/1986, S. 48-56; P. Grell: Le chômage comme séquence de vie, in: Possibles, Nr. 3-4/1986, S. 227-250.

aber keines usw., all diese Dinge sind Elemente der gesellschaftlichen Strukturierung, die eine entscheidende Rolle bei der Aufrechterhaltung der individuellen Existenz spielen. Zwischen der ergebenen Haltung der einen Person gegenüber dem Beamten des Sozialamts und der Gewißheit einer anderen, das Recht zu besitzen, von demselben Beamten von gleich zu gleich Informationen einzufordern, dazwischen lagert in gewisser Weise das System von Dispositionen, der Habitus, der der sozialen Position der jeweiligen Person entspricht. Die Handlungsdispositionen basieren also immer auf strukturellen Vorgängen.
Doch wenn die Lebenssequenzen auch mit strukturellem Gewicht beladen sind, so sind sie doch nie simple Blaupausen von Strukturgegebenheiten. Wenn die menschliche Existenz zu sehr von einer Bleikappe umgeben gesehen würde, dann vergäße man die "Löcher", wie Henri Lefebvre sagte[11], namentlich: den Wechselfall und die Unbeständigkeit. Mit 'autopoietischen Prozessen' meinen wir die Bewegung, mit der eine Person Praxisformen generiert: Initiative zeigt, sich wehrt und in gewisser Weise nicht im Sinne einer Aneinanderreihung wahrscheinlicher Ereignisse - in ordnungsgemäßer Abfolge und wohlstrukturiert - handelt, sondern sich zurechtfindet in der Unbeständigkeit eines Lebens mit häufigem Zögern und Wechselfällen aller Art und von daher offen ist für unvorhergesehene Möglichkeiten, für Begegnung und Interaktion.
Wenn wir auf dem Abenteuer insistieren, das die Durchquerung des sozialen Raums der Nicht-Arbeit darstellt, dann heißt dies: an einem Begriff komplexer Interdependenzen zwischen strukturellen und autopoietischen Prozessen sowie Handlungsdispositionen festzuhalten, die aufeinander verweisen und deren Verbindung untereinander auf den ersten Blick widersprüchlich erscheinen mag. Mit diesem Begriff wollen wir die Knoten von Beziehungen definieren, die Praxisformen hervorbringen. Diese Knoten liegen auf der Ebene der Vorstellungskraft; es sind Vorstellungen darüber, wie man gesellschaftlich leben will; sie werden namentlich durch Begegnungen, durch Interaktionen und Erfahrungen usw. angeregt; an dieser Stelle entwickeln sich nach und nach die konkreten Formen einer eventuellen Handlung. Es handelt sich dabei um eine äußerst komplizierte Kombination von Erfahrungs- und Reflexionsprozessen, die die Umtriebigkeit und die Dynamik eines Lebens ausmachen.

4. Die Ergebnisse

Zu Beginn der Untersuchung stellten wir uns die Frage nach den gesellschaftlichen Überlebenstechniken: "Wie schlagen sich die Menschen ohne festes Arbeitsverhältnis durch?"
Die tiefere Bedeutung dieser Praktiken des *Sich-Durchfummelns* zu erfassen und in typenbildender Absicht signifikante Gruppen zu bilden, ermöglichte es, folgende Hypothese immer besser empirisch abzusichern: Die protestantische

11 H. Lefebvre: Vers le cybernanthrope. Paris 1971.

Ethik, die das Deutungsmuster einer ganzen Epoche war, die von der Lohnarbeit geprägt wurde, befindet sich im Prozeß ihrer Ablösung[12].

In der protestantischen Ethik besitzt die Lohnarbeit sowohl eine expressive Bedeutung - als Quelle von Identität und von Befriedigung - als auch eine instrumentelle Bedeutung - als Quelle von Einkommen und materiellem Wohlergehen. Heute erleben wir das Auseinanderbrechen dieser Orientierung. Zunächst stellen wir eine wirkliche Tendenz zur Neubewertung der Arbeit außerhalb der Lohnarbeit fest, und zwar als Quelle von Identität, allerdings einer neuen Identität, die auf Kreativität, sozialer Nützlichkeit und Selbstverwirklichung gegründet ist. Dann stellen wir, neben der expressiven Bedeutung und getrennt von ihr, eine starke Tendenz zur Instrumentalisierung fest. Das ist bei all denen der Fall, die in unsicheren und uninteressanten "Jobs" arbeiten. In diesen Fällen ist der "Job" überhaupt nicht mehr eine Quelle von Identität.

Im Gegenzug - mit dem Zurücktreten der protestantischen Ethik und der Entkopplung ihrer sehr engen Verbindung von Lohnarbeit und Selbstverwirklichung - beobachten wir die Entwicklung von Lebensformen, die alle in der einen oder anderen Weise nach der Wiederaneignung der Zeit für sich selbst suchen.

- Für die einen geht es darum, die Lohnarbeit als Hauptbeschäftigung zu vermeiden, um sich kreativer Arbeit zu widmen, Tätigkeiten, die vielleicht nicht immer produktiv sind, aber nichtsdestoweniger - nach einer Formulierung von André Gorz - "aus dem Stoff des Lebens selbst" gewebt sind[13]. Hier wird die Arbeit nicht vom Leben abgetrennt, und es gibt geharnischten Widerstand dagegen, die Zeit in Arbeitszeit und in Nichtarbeitszeit aufzuteilen. Hier der dazugehörige Argumentationstypus: "So zu arbeiten (sc.: Renovierungsarbeiten in Schwarzarbeit) macht mir Spaß, wegen der Leute, die ich dabei treffe, dem Vergnügen, das ich dabei haben, dann auch wegen der Befriedigung in der Arbeit, die ich mache.(...)" Zeit zu haben, um an dem zu arbeiten, was man gerne mag, das ist wichtig. Der Begriff von Arbeit hat sich verändert; sie bedeutet nicht mehr, seine Zeit an eine dritte Person zu verkaufen, sondern sie ist Zeit für einen selbst, die frei verwendet wird, um etwas für sich und für alle zu produzieren.
- Für andere, die sich ebenfalls nicht auf eine regelmäßige Lohnarbeit festlegen wollen, gibt es eine Entkopplung zwischen der Lohnarbeit (es handelt sich

12 Diese Hypothese ist von dem deutschen Soziologen Rainer Zoll in seinem Beitrag zum Kongreß des "Centre Européen de Culture" entwickelt worden: R. Zoll: Vers une éthique discursive?, in: Ch. Lalive d'Epinay/R. Sue (Hg.): Chômage, marginalité et créativité sociales, Genf 1987 (Dt. vgl.: "Nicht so wie unsere Eltern" - Hypothese eines neuen kulturellen Modells, in: Das Argument Nr. 168 (1986), S. 208-220; sowie das gleichnamige Buch, erschienen 1989 im Westdeutschen Verlag Opladen.

13 "Sie (die Aktivitäten) decken alles ab, was man nicht für Geld macht, sondern aus Freundschaft, Liebe, Sympathie, dem Bedürfnis zu helfen; oder wegen der Befriedigung, des Vergnügens, der Freude, die man aus der Tätigkeit selbst, aus dem Vollzug wie aus ihrem Ergebnis, zieht." (A. Gorz: Les chemins du paradis. Paris 1983, S. 101; dt.: Wege ins Paradis, Berlin 1983)

hier um Arbeit in ungeschützten Beschäftigungsverhältnissen) und dem Projekt der Selbstverwirklichung.
Die Zeiträume der Lohnarbeit stehen für sie unter Zwang, haben keinen Wert, sind tote Zeiten und haben keinen anderen Sinn, als das notwendige Einkommen zu verschafffen. Man läßt es sich gefallen, während dieser Zeiträume ausgebeutet zu werden - im Gegenzug zu den erfüllten und befreiten Zeiten, die diese Individuen maximal für die Verwirklichung persönlicher Projekte einsetzen wollen. Diese Situation ist bestimmt durch einen Lebensstil, in dem sich Zeiten von Lohnarbeit in ungeschützten Beschäftigungsverhältnissen mit Zeiten der Nicht-Arbeit abwechseln. Manche allerdings nehmen es nicht hin, sich überausbeuten zu lassen. Und wenn dieser Fall eintritt, verlassen sie ihre Anstellung ohne Gewissensbisse. Für sie ist das eine Art und Weise, es hinzubekommen, besser zu leben. Zeit ist hier ganz offensichtlich ein wertvolles Gut; "Zeit ist Geld" und ermöglicht, eine große Menge interessanter und positiver Dinge zu machen. Deswegen nehmen einige keine toten Zeiten in Form uninteressanter Arbeiten hin, und andere akzeptieren sie nur, um sich genügend Zeit nehmen zu können für Dinge, zu denen sie Lust haben ("Zeichnen, studieren, meine Arbeiten so machen, wie ich schon immer Lust gehabt habe, sie zu machen.")

- Noch andere lehnen das Dazwischentreten von Lohnarbeit ganz ab. Man erwartet von ihr gar nichts mehr und versucht deswegen, so zurechtzukommen. Man zieht es vor, nach seiner Façon arm zu leben, als sich in der Fabrik oder anderswo für einen Hungerlohn "totzumalochen". Selbstverständlich ist man manchmal gezwungen, harte und undankbare Jobs zu übernehmen, aber man befreit sich wieder schnellstens von ihnen und bringt bei diesen Jobs nichts von sich selbst ein. Wovon lebt man dann? Im wesentlichen von der Sozialhilfe und von kleinen Arbeiten ohne Zwang, die man von Zeit zu Zeit übernimmt. Man führt ein Familienleben, man zieht Kinder groß und widmet ihnen viel Zuwendung; man hilft anderen: man ist sozial integriert. Ohne Kinder kommt man sogar mit dem Leben zurecht, ohne Sozialleistungen in Anspruch zu nehmen. Bei diesen Leuten dämpft die Armut die Vitalität nicht, sie beflügelt sie eher noch. Bei ihnen ist man gezwungen festzustellen, daß zwischen Armut und Bedürftigkeit ein immenser Unterschied besteht. Wie es ein Interviewter sagte: "Wenn Du nicht verängstigt bist, weil Du kein Geld hast, dann kommst Du immer zurecht."

Aber, Vorsicht! Eines sollte man auf keinen Fall tun, nämlich daraus schließen, daß man in der Trabantenstadt vor der Vollzeit-Lohnarbeit eine gutes Leben hat und daß es einfach ist, dort verhältnismäßig selbständige Lebensformen zu entwickeln. Arbeitslosigkeit bleibt grundsätzlich eine Erfahrung mit einem Leben, das anstrengend und schwierig geworden ist, zumal in einem sozialen Umfeld, das nach wie vor auf das stabile Arbeitsverhältnis ausgerichtet ist. Dies ist die fundamentale Wirklichkeit, eine sozialgeschichtliche (institutionalisierte) Tatsache - die gleichwohl in völliger Veränderung begriffen ist. Die Ideologie der Vollbeschäftigung deckt den sich vollziehenden Umbau, die Restrukturierung der Produktionsverhältnisse zu und bagatellisiert gleichzeitig die Relevanz des sozialen Raums außerhalb der Lohnarbeit; dabei gibt es genug Anlaß, ihn als eine der erstaunlichen Manifestationen der Realität von morgen zu erkennen. Hier liegt eine Vorbedingung, um die angebliche Randständigkeit des sozialen *Durchfummelns* zu durchschauen. Hier liegt auch, so denke ich, eine gute Möglichkeit, über die Arbeitslosigkeit von heute hinauszukommen.

Wenn es für unsere Gedankenwelt auch schwierig ist, in dem jungen Menschen in ungesicherten Beschäftigungsverhältnissen den Vorboten des Arbeiters der Zukunft zu sehen[14], so zwingt doch systematische Beobachtung anzuerkennen, daß das *Sich-Durchfummeln* ohne feste Arbeit gesellschaftliches Faktum ist: die entsprechenden Aussagen sind zahlreich, differenziert, signifikant und sehr farbig. Dennoch hält man es nach wie vor für eine gesicherte Tatsache, daß es außerhalb der Lohnarbeit kein Heil gäbe: denn allein die Vollzeit-Lohnarbeit gewähre nicht nur Arbeit und Lohn, sondern darüberhinaus Status, Identität und konkrete gesellschaftliche Integration. Dagegen zeigt die Untersuchung, daß das Bedürfnis nach Selbstverwirklichung Vorrang hat und daß die Befriedigung dieses Bedürfnisses nur in Ausnahmefällen in der Lohnarbeit stattfindet. Immer mehr wird das Ideal der Selbstverwirklichung zum Kriterium der Beurteilung von Lohnarbeit und Beruf. "Wenn man früher", wie Rainer Zoll feststellt, "die Träume aufgab und die Zwänge verinnerlichte, so hat man heute den Eindruck, daß die jungen Frauen und Männer es vorziehen, die Träume zu verinnerlichen und die Zwänge aufzugeben, das heißt: sie erkennen die Zwänge schon an, aber setzen ihnen die Weigerung entgegen, sich ihnen zu unterwerfen."[15]

Vor der Wahl zwischen Lohnarbeit und beruflicher Karriere, die beide der Zweckrationalität gehorchen, und der Alternative der Kreativität, der Selbstverwirklichung usw., die ihr Ziel in sich selbst haben, aber sich in der Unsicherheit abspielen, vor dieser Wahl entscheiden sich viele junge Frauen und Männer für letztere. Hier wird der Bruch mit der protestantischen Ethik immer evidenter. Und unter dem Blickwinkel dieses Bruchs erscheinen die - oberflächlich betrachtet - außergewöhnlichen Interviews nicht mehr als Ausnahmefälle, sondern finden ihre Bedeutung in einem Ganzen. So finden wir den Informatiker, der sich ein Haus aus runden Holzstämmen bauen will, den Ökonomen, der alles aufgibt, um Massagen zu machen, die höhere Angestellte, die Journalismus als freie Mitarbeiterin vorzieht, und viele andere... Und sie alle sind nicht nur "Fälle", sondern Leute, die - obwohl sie "Kapitale" mitbringen - Brüche vollziehen, um ihr Leben auf einem anderen Typus von Organisation ihrer Existenz zu gründen.

Wenn man nun diese Personen in Beziehung setzt zu anderen, zu Sozialhilfeabhängigen mit einer Vergangenheit im Elend zum Beispiel, dann kann man Ähn-

14 "Die Frauen, die während des Ersten Weltkrieges an die ersten Fließbänder zur Herstellung von Waffen gesetzt wurden, bildeten den Prototyp des fordianischen Arbeiters der letzten sechzig Jahre." (T. Baudoin/M. Collin: Les forteresses ouvrières, in: Le monde diplomatique, Februar 1986, S.14).

15 Zoll: Vers une éthique discursive?

lichkeiten in den Handlungsdispositionen beobachten. Sie können etwa eine Disposition teilen, die auf einer autarken Wirtschaftsweise mit stabilen Tausch- und Unterstützungsnetzen gegründet ist, können denselben Wunsch nach Selbstverwirklichung hegen, dieselbe Vorliebe für das Spiel und die Solidarität haben usw... Daraus folgt, daß Leute sehr unterschiedlicher soziokultureller Herkunft Lebenssequenzen mit ähnlichen Organisationsprinzipien haben.

Eine letzte wichtige Beobachtung: Die Interviewtexte zeigen, daß die Lebensgeschichten sich tatsächlich aus Lebenssequenzen zusammensetzen. Die persönliche und gesellschaftliche Lebensbahn ist nicht eine durchgehende und wolkenlose gerade Linie, eine schon im vorhinein gezogene einfache Wegstrecke, der man folgt wie seinem Schicksal; sie ist vielmehr gespickt mit Brüchen, Weggabelungen, Haltezeiten, Zeiten der Beschleunigung, Implosionen... Daraus folgt, daß die Umsetzung des sozialstrukturellen Gewichts nicht automatisch passiert. Nichts deutet beispielsweise daraufhin, daß jemand, der geboren wurde, "um kleine Brötchen zu backen", wie man sagt, automatisch in der Fabrik oder bei der Sozialhilfe landet. Diese Beobachtung stellt einen bestimmten Typus soziologischer Ideologie radikal in Frage, der meint, die unabwendbare Entfremdung der Arbeiterklasse anerkennen zu müssen, und der deshalb unfähig ist, in einem Leben ohne Lohnarbeit etwas anders zu sehen als eine zusätzliche Entfremdung. Wenn man aber junge Sozialhilfeempfänger betrachtet, die bis zum Alter von etwa 15 - 20 Jahren eine ähnliche Sozialbiographie gehabt haben, können sich diese - in Terms sozialer Mobilität - in einem späteren Lebensabschnitt völlig ausdifferenziert haben. Die Illustration dieser Phänomene macht die ganze Relevanz eines angemessenen begrifflichen Vokabulars deutlich.

Der biographische Ansatz erneuert die Analyse der Transformationen der epistémé dieses ausgehenden Jahrhunderts, in dem traditionellerweise alles auf der Basis der Zweckrationalität funktioniert (Planung, Prognosen usw.). Er hingegen erlaubt uns, andere - untergründige - Praxisformen zu entdecken: solche wie Spiel, Kreativität, Selbstverwirklichung und Kommunikation wie auch bestimmte Formen von Beschäftigung, Kampf und Solidarität usw., die alle mit paradoxen Lebenssituationen verknüpft sind. Da ist zum Beispiel das Paradox des Erfolgs durch Lohnarbeit, das jedem als potentiell zu verwirklichende Norm angedient wird, während dieser Erfolg für eine große Zahl junger Frauen und Männer in Wirklichkeit völlig unerreichbar ist. Da ist ferner das Paradox der Individuierung in der Massengesellschaft, in der der differenzierte Zugang zum Konsumentenstatus den Aufbau einer spezifischen, eindeutig identifizierbaren Identität ermöglichen soll: auch dies wird allen als Norm angedient, während in Wirklichkeit heute jeder auf sich zurückgeworfen ist, auf seine Beziehungen, auf seine Mobilität, auf seine Vorhaben. Jeder, ob jung oder alt, ob Mann oder Frau, ob Unterschicht- oder Mittelschichtangehöriger, ist immer mehr gezwungen, sich mit immer komplexeren Situationen herumzuschlagen, günstige Gelegenheiten aufzuspüren und zu ergreifen, sich 'ranzuhalten', um zu überleben. Und das ist vielleicht heute das Erstaunlichste: die Einführung eines neuen ethischen Kodex, der auf der Tatsache beruht, daß die letztinstanzliche Bewertung dessen, was zu tun sei, allein vom Individuum selbst abhängt.

5. Methodische Fragen

Lassen Sie mich zum Schluß in aller Kürze die Methodenfragen ansprechen, die die vorliegende Untersuchung aufwirft; "in aller Kürze" deswegen, weil das heute nicht mein ausführliches Thema sein kann. Die Frage nach der Methode kann folgendermaßen formuliert werden: Wie kann man die Spur menschlicher Erfahrung aufnehmen, obwohl man weiß, daß sie nie ein für alle Male erfaßbar ist? Ist die sozialbiographische Methode in der Lage, den Mäandern des sich verstärkenden Ab- und Umbaus der protestantischen Ethik zu folgen: sei es die Tendenz zur Aufwertung der Arbeit als Berufung (die Liebe zur gut ausgeführten Arbeit) auf Kosten der Lohnarbeit (des "Jobs"), sei es ferner die Tendenz zur Aufwertung des Spiels, des Traums, der Kreativität auf Kosten der Disziplin, die Tendenz zur Aufwertung einer Suche nach Identität, die auf Selbstverwirklichung und Kommunikation gründet, und nicht auf der Normalität einer Lohnarbeiteridentität usw.... Ist die biographische Methode fähig, die Spur dieser Erfahrung zu verfolgen, die eine große Unsicherheit und gleichzeitig ein reiches Arsenal neuer Möglichkeiten in sich birgt?

Der biographische Ansatz ist eine besonders geeignete Methode, um die Beziehung zwischen Lebensgeschichten und Gesellschaft zu analysieren und um die Art und Weise zu verstehen, in der Menschen ihrer Existenz Sinn verleihen. Der Aufweis, daß dies nur von innen her und durch die Anwendung eines verstehenden Vorgehens mit einer Reihe von Grundsätzen möglich ist, wird meinen Beitrag abschließen.

Das Verständnis menschlicher Sachverhalte in einem strukturierten Ensemble hängt unmittelbar vom Interesse ab, das man ihnen entgegenbringt, beziehungsweise von der Distanz, die einen von ihnen trennt, in einem Wort: das Verstehen von Tatsachen hängt von unserer Involviertheit ab und ist jenseits der Fragen, die wir ihnen stellen, nicht denkbar. Diese hängen wiederum von dem Charakter der Vorstellungen ab, die wir uns von ihnen zu Beginn und in der Folge machen. Von daher rührt die hohe Bedeutung, sich zu Beginn von dem zu untersuchenden Phänomen ein möglichst offenes gedankliches Vorverständnis zu bilden. Unser erster methodischer Grundsatz: sich einer gedanklichen Gymnastik mit vielfältigen Komponenten und Ebenen zu öffnen, um so in der Lage zu sein, alle Facetten und Dimensionen der Wirklichkeit adäquat aufzunehmen. Das ist die unabdingbare Voraussetzung, gewissermaßen die Eingangspforte, um nach und nach die Wirklichkeit mit dem, was sie an Tiefenstruktur hat, zu erfassen.

Es kommt darauf an, von Anfang an dieses gedankliche Vorverständnis auszuarbeiten, und zwar als ein Gefäß, das ohne Probleme in der Lage ist, alle Informationen durch die Vermittlung der Beobachtungsmethode aufzunehmen. Die

Informationen werden sich desto leichter in ihm sammeln, je angemessener die entsprechenden begrifflichen Ebenen eingerichtet worden sind.
Wie man sieht, weigert sich der biographische Ansatz ganz heftig, seinen Blickwinkel auf A-priori-Gewißheiten zu gründen, er folgt vielmehr der Regel des methodischen Zweifels. Er hält im Gegenteil dafür, daß sein Ausgangspunkt in einer offenen Struktur besteht, eher in einem gedanklichen Fortschreiten in Form flexibler Szenarios als in geschlossenen Systemen fertiger Gewißheiten. Folgende Intention motiviert den biographischen Ansatz: Das, was offen zutage tritt, die Evidenz, soll nicht einfach bestätigt werden, sondern ist in den Maschen der Gedanken erst zu entdecken - mit Hilfe einer Anordnung gedanklicher Konfigurationen, die in der Lage sind, alle Facetten der systematisch erfaßten Wirklichkeit zu ordnen. Die Fruchtbarkeit dieses Ansatzes hängt von der Aufmerksamkeit ab, mit der man die kontinuierliche Spannung zwischen Reflexions- und Beobachtungsmethode hält; auf deren Relevanz hat bereits G. Gurvitch hingewiesen[16]. Diese Verhaltensregel ist grundlegend, denn sie legt die Haltung fest, die der Forscher seinem Forschungsgegenstand gegenüber einnehmen muß; ohne diese Haltung ist es ihm unmöglich, die enorme Komplexität menschlicher Erfahrung zu erfassen, welche eigentlich die soziologische Denkweise bestimmen und ihr Leidenschaft und Strenge verleihen sollte.
Weitere Grundsätze kommen hinzu, um die kontinuierliche Spannung zwischen Reflexions- und Beobachtungsmethode aufrechtzuerhalten: das Oszillieren zwischen der detaillierten Analyse von Praxisformen und der Bewegung des in die Breite der Wirklichkeit Hineingehens, der Totalisierung der Wirklichkeit; die Involviertheit des Forschers und der intersubjektive Dialog im biographischen Interview[17].
Die dem biographischen Ansatz zugrundeliegende methodologische Idee ist folgende: Obwohl der Erzählende seine Handlungen und Interaktionen interpretiert, ist er sich der Regeln, nach denen er dies tut, nicht bewußt; und noch weniger ist er sich der Bestimmungsgründe bewußt, die ihn dazu veranlassen, unausgesprochen diese Regeln zu verwenden. Der biographische Ansatz als Prozeß der Selbstaufklärung darf deswegen, laut J. Ladrière, "nicht nur darin bestehen, die Regeln zu entdecken, nach denen sich das Subjekt effektiv interpretiert und von denen her es seine Hermeneutik aufbaut, sondern er muß auch die unsichtbaren Motivationen freilegen, die den Rückgriff auf diese Regeln steuern - um das Subjekt in die Lage zu versetzen, sie zu beurteilen und gegebenenfalls, in voller Bewußtheit, durch ihm angemessener erscheinende Regeln zu ersetzen."[18]
Indem das biographische Interview den Erzähler in eine privilegierte Situation bringt, macht es ihm möglich, seine Interpretationsregeln explizit zu machen. Die wesentliche Verhaltensmaßregel (für die interviewende Person) im Ge-

16 G. Gurvitch: La vocation actuelle de la sociologie. Band I, Paris 1968, S. 66ff.
17 Desmarais/Grell (Hg.), S. 153ff.
18 J. Ladrière: Vie sociale et destinée. Brüssel 1973, S. 203.

spräch ist die Verschiebung des Schwerpunkts: der Interviewte muß die Kontrolle über das Gespräch erlangen, er wird der Autor seiner Erzählung. Erst von diesem Augenblick an wird es ihm möglich sein, diejenigen Deutungskriterien anzuwenden, die sich als im kritischen Sinne gültig erweisen[19]. Der Interviewpartner wird unter den zahllosen Begebenheiten der Vergangenheit diejenigen auswählen, die er für angemessen hält, um dem Problem zu begegnen, das ihm seine derzeitige Wirklichkeit stellt. Doch dieser Relativismus ist nur eine Etappe, um in ihr die realisierbare Möglichkeit zu erfassen. Der biographische Ansatz ist in der Lage, zwischen der Vielfältigkeit individueller Begebenheiten und dem Ideal einer vollkommen objektiven Geschichte einen zugänglichen und organisierten Mittelbereich zu finden: den der Typologien, der Strukturierung des empirischen Materials und der zeitlichen Verortung, auf der die kollektiven Erfahrungen beruhen. Wir schließen uns hier dem 'transduktiven Denken' als geistige Vorgehensweise an (dem "programmatisches Denken", wie Henri Lefebvre sagen würde), das darauf abzielt, unser geistiges System "in gleicher Weise aufgrund von Informationen über die Wirklichkeit wie auf der Grundlage einer von dieser Wirklichkeit erzeugten Problematik" zu reorganisieren.[20]

Erinnern wir mit Lucien Goldmann daran, daß die Sozialwissenschaften den Status einer Reflexion von Menschen über sich selber haben; in diesem Fall werden Bewußtseinselemente und objektive Situation strikt untrennbar: "Geschichte ist nie ein objektiv erkanntes System, sie ist Bewußtsein, sie ist das, was wir machen. Ein beliebiger Mensch der Vergangenheit ist ein Element unseres Bewußtseins, weil Handlung und Bewußtsein Kollektiva sind; er, dieser Mensch, ist in dem Maße lebendig, in dem das, was er in der Geschichte gesagt und getan hat - durch seine Bücher, sein Wort, sein Verhalten -, ein Element ist, das wir heute aufnehmen und zugleich in Frage stellen, indem wir es verändern."[21]

In der Tat konstituiert sich genau in diesem doppelten Prozeß von "Aufnahme" und "In-Frage-Stellung" unsere Fähigkeit zum Tiefenverständnis. Dieser doppelte Prozeß garantiert den Austausch des einzelnen mit allen anderen und schweißt das Individuum, auch wenn es noch so einsam sein will, an das Kollektiv. Dies ist eine der Grundlagen des biographischen Ansatzes, und zwar in

19 Desmarais/Grell (Hg.), S. 171.

20 "Transduktion (la transduction) ist eine geistige Operation, die methodisch betrieben werden kann und sich von der klassischen Induktion und Deduktion unterscheidet, aber auch von der Konstruktion von 'Modellen', von der Simulation, der Formulierung von Hypothesen. Die Transduktion entwickelt und konstruiert ein theoretisches Objekt, ein mögliches Objekt, und geht dabei aus von Informationen über die Wirklichkeit und gleichzeitig von einer Problemlage, die durch diese Wirklichkeit gestellt wird. Die Transduktion setzt ein permanentes Feed-back zwischen dem begrifflichen Rahmen und den empirischen Beobachtungen voraus. Ihre Theorie (Methodologie) gibt den spontanen gedanklichen Operationen des Soziologen, des Politikers, des Philosophen eine Form (...). Sie (die Transduktion) führt Stringenz in die Einfälle und Informiertheit in die Utopie ein." (H. Lefebvre: Du rural à l'urbain. Paris 1970, S. 155).

21 L. Goldmann, in: Kierkegaard vivant (= von der UNESCO organisierter Kongreß), Paris 1966, S. 263.

dem Sinne, daß er diese kontinuierliche Wechselwirkung zwischen Individuum und Gesellschaft nachweist, die ihrerseits die Realität der Geschichte und der Geschichtlichkeit des Menschen ausmacht. "Es kann nur individuelles Bewußtsein geben", wie Ladrière sagen würde, "aber die Perspektiven der Individuen fließen unaufhörlich ineinander: Jeder geht in die Perspektive der anderen ein, und gleichzeitig stellt er den anderen seine eigene Perspektive zur Verfügung."[22] Der biographische Ansatz zeigt, daß der Sinn der Geschichte offen ist, daß es eine wesentliche Unbestimmtheit und somit Raum für die Freiheit des Handelns gibt. Besser, der biographische Ansatz weist das Wie ihrer Verwirklichung auf, indem er die wechselseitige Durchdringung von Begriffen deutlich macht, die allzu oft als antagonistisch hingestellt werden.

Literatur

Baudoin, T./Collin, M.: Les forteresses ouvrières, in: Le monde diplomatique, Februar 1986.

Bertaux, D.: L'approche biographique: sa validité méthodologique, ses potentialités, in: Cahiers internationaux de sociologie, vol. LXIX, Nr. 2, 1980.

Desmarais, D./Grell, P. (Hg.): Les récits de vie: théorie, méthode et trajectoires types. Montréal 1986.

Gorz, A.: Adieux au prolétariat. Paris 1980, S. 97f. (Dt.: Abschied vom Proletariat. Frankfurt/Main 1980).

Ders.: Les chemins du paradis. Paris 1983, S. 101 (dt.: Wege ins Paradis, Berlin 1983).

Grell, P./Wery, A.: Au-delà du chômage, vivre sans salaire, in: Contradictions (Brüssel), Nr. 47/1986, S. 9-30.

Grell, P.: Apport des récits de vie dans une recherche sur les modes de débrouillardise des jeunes chômeurs, in : C. Bariteau u.a (Hg.): Le contrôle social en pièces détachées, Cahiers de de l'ACFAS. Montréal 1985, S. 159-178.

Ders.: Chômer et vivre: une recherche fondée sur 89 récits de vie de jeunes chômeurs de Montréal, in: Life stories/récits de vie, Nr. 2/1986, S. 48-56.

Ders.: Etude du chômage et de ses conséquences: les catégories sociales touchées par le non-travail. Histoires de vie et modes de débrouillardise, Groupe d'analyse des politiques sociales/Université de Montréal, Mai 1985.

Ders.: Le chômage comme séquence de vie, in: Possibles, Nr. 3-4/1986, S. 227-250.

Ders.: Les récits de vie: une méthodologie pour dépasser les réalités partielles", in: D. Desmarais/P. Grell (Hg.): Les récits de vie: théorie, méthode et trajectoires types. Montréal 1986, S. 151-176.

Gurvitch, G.: La vocation actuelle de la sociologie. Band I, Paris 1968.

Habermas, J.: La technique et la science comme "idéologie". Paris 1973 (Deutsches Original: Technik und Wissenschaft als "Ideologie". Frankfurt 1968).

Ladrière, J.: Vie sociale et destinée. Brüssel 1973.

Lefebvre, H.: Du rural à l'urbain. Paris 1970.

Ders.: Vers le cybernanthrope. Paris 1971.

Maffesoli, M.: La conquête du présent. Paris 1979.

Zoll, R.: "Nicht so wie unsere Eltern" - Hypothese eines neuen kulturellen Modells, in: Das Argument Nr. 168/1986, S. 208-220.

Ders.: Vers une éthique discursive?, in: Ch. Lalive d'Epinay/R. Sue (Hg.): Chômage, marginalité et créativité sociales. Genf 1987.

22 J. Ladrière, S. 51.

Identitätsverlust oder neue Identitätsentwürfe?

Heiner Keupp

Meine folgenden Überlegungen sind im Rahmen eines Projektes zu veränderten Identitätsformationen entstanden, das ich mit fünf KollegInnen im Rahmen des Sonderforschungsbereichs 333 der Universität München durchführe. Ich werde meine Aufmerksamkeit auf neue Prozesse, Veränderungen und Umbrüche richten und dabei eine bewußte Unaufmerksamkeit gegenüber eher stabilen und unveränderten Konstellationen in Kauf nehmen.

Das Identitätsthema steht im Zentrum vielfältiger fachlicher und politischer Diskurse. Das legte folgende Frage nahe: Wächst das Beschäftigungsbedürfnis mit der 'Identität' immer dann, wenn es um sie problematisch geworden ist?[1] Es spricht jedenfalls einiges dafür, daß auf der Basis komplexer, mobiler und undurchschaubarer werdender Lebenszusammenhänge Subjekte an neuen Identitätsprojekten zu arbeiten haben, die mit vertrauten Identitätskonzepten, z.B. jenem von Erikson theoretisch nicht mehr befriedigend zu erfassen sind. Bei Erikson stand die Integration des subjektiven Erfahrungsraumes, die Aufrechterhaltung innerer Einheitlichkeit und Kontinuität als Gefühl der Ich-Identität im Vordergrund. Diese Vorstellung wird jetzt zunehmend angezweifelt. Die subjektive Verortung in einer diskontinuierlichen, segmentierten Alltagswelt, die ein häufiges Umschalten auf unterschiedlichste Situationen und entsprechend unterschiedliche personale Kompetenzen fordert, läßt sich zunehmend schwerer in einem umfassenden und in sich geschlossenen Identitätsentwurf integrieren.

Man könnte es auch so formulieren:

> "... das Verhältnis von 'Innen' und 'Außen', von Psychischem und Gesellschaftlichem ist erneut zur Reibungsfläche geworden und entwirft innerhalb der Diskursarena 'Identität' neue Modelle eines 'beweglicheren' Subjekts."[2]

Gefordert ist von den Subjekten die Erarbeitung einer dezentrierten Identität, die ich "Patchwork-Identität" nennen werde.

1. Multiple Persönlichkeit: Vom pathogenen Grenz- zum Normalfall?

Dem aktuellen Identitätsdiskurs kann man sich von zwei Grenzpositionen her nähern. Die eine versucht - gerade in Zeiten des beschleunigten gesellschaftlichen Umbruchs - einen verbindlichen Rahmen für die Identitätsmuster einer Kollektivität zu zimmern und hält diesen für überlebensnotwendig (so läßt sich

1 So Rainer Obliers: Subjektive Identitätsprojekte und Prognosen. Bochum (Manuskript) 1989, S. 3.

2 Ebenda.

die Forderung nach einer "verbindlichen deutschen Identität", wie sie aus neokonservativem Munde im "Historikerstreit" immer wieder zu vernehmen war, interpretieren). Etwas polemisch läßt sich hier von einem Identitätsideal sprechen, das die Ich-Identität wie eine verinnerlichte "totale Institution" konstruiert[3]. Die andere Grenzposition sieht allenfalls Identitätszwang, Identität als ideologische Konfiguration, die mit einer selbstbewußten Identitätsbildung nichts mehr zu tun hat (auf diesem Pol würde ich Foucault und seine Anhänger ansiedeln). Die eine ist von einer regressiven Sehnsucht nach der Vormoderne geprägt, die andere verabschiedet sich aus der Moderne, weil sie deren Potential für erschöpft hält. Zwischen diesen Grenzpositionen muß sich jedes Nachdenken über Identität ansiedeln und dabei wäre natürlich die Tuchfühlung zu der Lebensrealität in gegenwärtigen Alltagswelten ein Stück von der Nüchternheit, die das Thema benötigt.

Zu diesem Realismus gehört aber auch der Blick auf die veränderlichen Momente. Warum dies so bedeutsam ist, möchte ich an einem Ausschnitt der Identitätsforschung verdeutlichen. In der sozialepidemiologischen Forschung taucht immer häufiger das Konzept von den "multiplen Identitäten" auf. Beim ersten Lesen brachte ich es in Verbindung mit dem Begriff der "multiplen Persönlichkeit", wie er in der Psychopathologie verwendet wird. Dort meint er das "Vorhandensein getrennter und unterschiedlicher Persönlichkeiten innerhalb desselben Individuums"[4] und gilt als schwere Persönlichkeitsstörung. Angesichts der partikularistischen Lebenssituation des modernen Menschen, Alfred Schütz spricht von "multiplen Realitäten"[5], ist ein ständiges Umschalten auf Situationen notwendig, in denen ganz unterschiedliche, sich sogar gegenseitig ausschließende Personanteile gefordert sein können. Diese alltäglichen Diskontinuitäten fordern offensichtlich ein Subjekt, das verschiedene Rollen und die dazugehörigen Identitäten ohne permanente Verwirrung zu leben vermag. "Aus alledem", so Peter Berger[6], "mag man den Eindruck gewinnen, daß gar kein wesentlicher Unterschied besteht zwischen Menschen, die an einer in der Psychiatrie so genannten 'multiplen Persönlichkeit' leiden, und allen anderen".

Es spricht einiges dafür, daß das Leben in "multiplen Realitäten" und die ihm angemessene Entwicklung "multipler Identitäten" einen Bedeutungswandel erfahren haben. In der klassischen sozialwissenschaftlichen Literatur wurde eine solche Lebensrealität über das hohe Maß möglicher Rollenkonflikte und -überlastungen definiert, die als Risikofaktoren für psychische und körperliche Störungen angesehen wurden. Seit den 70er Jahren häufen sich Arbeiten, in denen die Zunahme von Rollenkomplexität eher als gesundheitsförderliche Situation

3 Vgl. Eike Gebhardt: Identity is a 'total institution', in: International Journal of Sociology, 5, 1975, S. 3-46.

4 Gerald C. Davison/John M. Neale: Klinische Psychologie. Ein Lehrbuch. München 1979, S. 156.

5 Alfred Schütz: On multiple realities, in: Collected Papers. Vol. I. Den Haag 1962.

6 Peter L. Berger: Einladung zur Soziologie. München 1971, S. 119.

betrachtet wird. Vor allem Peggy Thoits hat sich in mehreren Studien[7] mit dem Zusammenhang von multiplen Identitäten und psychischer Gesundheit befaßt. Sie formuliert eine sog. "Identitätsakkumulationshypothese", derzufolge multiple Rollenengagements die Ressourcen einer Person, ihre positiven Gratifikationen und ihre existentielle Sicherheit erhöhen. Sie sieht sich durch ihre Ergebnisse eindeutig bestätigt. Ein besonderes Augenmerk hat sie auf geschlechtsspezifische Differenzen gelegt. Das besondere Störungsrisiko für nichtberufstätige verheiratete Frauen bestätigt ihrer Auffassung nach ihre Annahme, denn Frauen, die berufstätig sind, haben trotz häufig gegebener Doppelbelastung ein geringeres Störungsrisiko. Sie schöpfen aus ihrer multiplen Rollensituation Energie, Ressourcen und Ich-Stärkung.
Ist für das Individuum der Gegenwart das flexible Handeln in unterschiedlichen sozialen Kontexten die Normalitätsbedingung geworden und war es eine Generation vorher noch das Eingebettetsein in überschaubare Traditionsmuster? Die entsprechende Forschungsliteratur kann man so lesen und möglicherweise finden wir das im Vergleich unserer eigenen Lebenssituation mit der unserer Eltern noch viel plausibler. Muß ein solcher Veränderungsprozeß nicht zwangsläufig Konsequenzen für unser Verständnis von Identität haben? Ist es überhaupt noch sinnvoll, am Identitätsbegriff festzuhalten, der ja auf der Suche nach dem Nichtmehr-Aufspaltbaren, der inneren Einheit der Person ist?
Ich personalisiere diese Frage:

2. Abschied von Erikson?

Es gibt wenige sozialwissenschaftliche Konzepte, die sich wie Eriksons Identitätskonzept einer so breiten Resonanz und Zustimmung erfreuen konnten. Für zwei Jahrzehnte hat es eine beeindruckende Syntheseleistung psychologischer und soziologischer Wissenselemente ermöglicht. Als ich es mir in den 60er Jahren aneignete, hatte ich das Gefühl, eines der wenigen Integrationskonzepte unseres Faches kennengelernt zu haben. Es gelingt ihm, die "Akkumulation" jener "inneren Besitzstände" im Verlaufe der Sozialisation aufzuzeigen, auf deren Grundlage eine reifere Erwachsenenpersönlichkeit möglich ist. Und hat nicht der für Eriksons Jugendtheorie zentrale Begriff des "psychosozialen Moratoriums" jene letzte krisenhafte Offenheit so treffend eingefangen, ehe sich der gesellschaftliche Platz des Individuums und die dazugehörige "innere Ausstattung" endgültig synchronisieren? Für die durchschnittlichen biographischen Erfahrungen meiner Generation schien Eriksons Definition dieses Moratoriums eine gültige Aussage zu formulieren. Es gab eine erlebnismäßige Evidenz dieses Freiraums,

> "während dessen der Mensch durch freies Rollen-Experimentieren sich in irgendeinem Sektor der Gesellschaft seinen Platz sucht, eine Nische, die

7 Peggy Thoits: Multiple identities: Examining gender and marital status differences in distress, in: American Sociological Review, 51, 1986, S. 259-272.

> fest umrissen und doch wie einzig für ihn gemacht ist. Dadurch gewinnt der junge Erwachsene das sichere Gefühl innerer und sozialer Kontinuität, das die Brücke bildet zwischen dem, was er als Kind war, und dem, was er nunmehr im Begriff ist zu werden; eine Brücke, die zugleich das Bild, in dem er sich selbst wahrnimmt, mit dem Bild verbindet, unter dem er von seiner Gruppe, seiner Sozietät erkannt wird."[8]

Mir ist erst später klar geworden, daß dies nie eine für alle Jugendliche stimmige Definition war, es war das idealtypisch formulierte Modell der bürgerlichen Sozialisation. Und mir wird jetzt zunehmend klar, daß es auch für Sprößlinge bürgerlicher Sozialschichten seine Paßform verliert. Für eine immer größere Anzahl von jungen Erwachsenen zeichnet sich kein Ende des Moratoriums ab, sie können also im Sinne von Erikson nicht erwachsen werden. Sie finden keine berufliche Integration und sie bauen sich nicht mehr die kleinfamiliäre Basis, die der Identität den dauerhaften psychosozialen Nährboden bietet. Zu fragen ist weiterhin, ob es uns überhaupt noch gelingen kann, die "inneren Besitzstände" angesichts einer sich immer schneller verändernden gesellschaftlichen Wirklichkeit zusammenzuhalten. Zu fragen ist letztlich, ob wir von Erikson und seinem Identitätskonzept nicht endgültig Abschied nehmen müssen, weil ihm die gesellschaftliche Basis abhanden gekommen ist.

Wenn wir einen Blick in die aktuelle Jugendforschung werfen, dann zeigt sich dieser Prozeß der Absetzung, oft klingt es wie ein pessimistischer Abschied, wie "theoretische Trauerarbeit", die keine hoffnungsvolle Alternative als Tröstung anzubieten vermag. Martin Baethge sieht im Rückblick auf ein abgeschlossenes großes Jugendprojekt, daß die objektive Basis für den Aufbau einer reifen Identität und das durch sie ermöglichte selbstbewußte Individuum zunehmend erodiert ist. Und er schließt dann mit der Bemerkung an:

> "Meine Befürchtung geht dahin, daß am Ende der Geschichte nicht das autonome bürgerliche Individuum steht und auch nicht das selbstbewußte proletarische Klassenindividuum ..., sondern ein zunehmend hilfloser werdendes und isoliertes Einzel-Wesen, das nicht so recht weiß, wo es hingehört und ängstlich in die Zukunft blicken muß"[9].

Was hier aus der Haltung des besorgten Sozialwissenschaftlers heraus mit analytischer Distanz formuliert wird, findet sich auch bei Bernd Guggenberger, der eher den Zeitgeist in seiner eigenen Sprache zum Reden zu bringen versucht:

> "Nicht alle lieben diese Vorhölle des Noch-nicht-und-doch-schon gleichermaßen; nicht alle verkraften die Absage an Kontinuität und Konsistenz gleich gut. Manchen setzt das Treibhausklima ausgelassener Resignation, in welchem manches ins Kraut schießt, welches die Bäume jedoch auch nicht gen Himmel wachsen läßt, ganz schön zu. Für sie fügt sich das - oft unfreiwillige - psychosoziale Moratorium nicht zur Attitüde lustvol-

8 Erik H. Erikson: Identität und Lebenszyklus. Frankfurt 1973, S. 137 f.

9 Martin Baethge: Individualisierung als Hoffnung und Verhängnis, in: Soziale Welt, 36, 1985, S. 299-312, hier S. 303.

> ler Erwartung, sondern zur galligen Einsicht in die 'Nutzlosigkeit, erwachsen zu werden'."[10]

Hier spielt Guggenberger auf eine mit diesem Titel erschienene biographische Reportage an[11], in der sehr gekonnt die ambivalente Lebenssituation jener akademischen Generation eingefangen ist, für die Ende der 70er Jahre keine ihrer Ausbildung gemäßen Stellen vorhanden waren und die jetzt zwischen den Gefühlen der Souveränität der Außenseiter und des Versagens schwanken. Zu ihnen verliert Guggenberger noch den folgenden zu unserem Thema passenden Satz: "Eine 'multiple Identität' ist offenbar nicht jedermanns Sache"[12].

3. Brauchen wir den Identitätsbegriff überhaupt?

Wird nicht auf diesem Hintergrund die Identitätssuche zu einer Zumutung für die Subjekte, zu einer "antiquierten Veranstaltung"?
Ist es überhaupt sinnvoll, weiterhin am Identitätskonzept festzuhalten? Handelt es sich nicht wirklich um ein Thema, das im Sinne von Botho Strauß - zur "Glaubensfrage abgesunken" ist?
In seinem Buch "Die wilden Achtziger" hat Matthias Horx ein Kapitel mit "Der Neue Mann ohne Eigenschaften. Loblied auf die Identitätslosigkeit"[13] überschrieben. Er beschreibt darin die IC-Begegnung mit einem Mann, der etwa so alt ist wie er selbst. Hier ein kurzer Ausschnitt aus der Erzählung des Reisegenossen:

> "Du hast mich vorhin gefragt, was ich mache (...) So ziemlich alles. Erst die Wohngemeinschaften. Dann die Zweierwohnung. Ein Bauernhaus irgendwo hier draußen, als ich die Stadt satt hatte. Eine modifizierte Wohngemeinschaft mit integrierter Zweierbeziehung. Ein PaarWohnmodell mit separaten Wohnungen in einer alten Mühle am Stadtrand, als Kompromiß zwischen dem beschissenen Land und der noch beschisseneren Stadt. Ich habe in Alternativprojekten gearbeitet, als sogenannter 'freier Mitarbeiter' und als fester Angestellter. Als ackernder Yuppie mit Zwölf-Stunden-Tag, auch am Wochenende. Alles, was man sich erträumen kann an Lebensmodellen. - Und immer im Namen der Freiheit, der Wünsche, und - ach je - der Träume vom besseren, vom selbstbestimmten Leben. (...) Und als sich das alles als Lug und Trug erwies, als man es endlich erreicht hatte, ging natürlich kein Weg mehr zurück - wer macht denn dieselben Fehler nochmal? Also kamen die Kompromisse, die Ausgleichsversuche, der Versuch, das Leben in ein Puzzle zu verwandeln, in dem man sich von allen Lebensformen die guten Teile nahm, und die schlechten auf Distanz hielt".

Was ist die "Moral" dieser Erzählung? Matthias Horx kommt mit seinem Reisegenossen zu folgendem Schluß:

10 Bernd Guggenberger: Sein oder Design. Zur Dialektik der Abklärung. Berlin 1987, S. 77.
11 Gerhard Heinzen/Uwe Koch: Von der Nutzlosigkeit erwachsen zu werden. Reinbek 1985.
12 Ebenda.
13 Mathias Horx: Die wilden Achtziger. München 1988, S. 143 ff.

> "Wir redeten dann noch ein bißchen über die Kunst, keine Eigenschaften auszubilden, sich den Lebenskonzepten zu entziehen, unsichtbar zu werden. Wir redeten über das Dilemma unserer Generation: Kein Weg zurück und nicht nach vorn, eine Mitte gibt es nicht. Ergo: Nur Simulation ist möglich. Wir können 'Väter' simulieren oder 'Angestellte' oder 'Landbewohner' oder 'Auswanderer' oder 'frustrierte Midlife-Linke'oder 'dochnoch-Lehrer' oder 'disziplinierte Journalisten', aber eben nur simulieren. Wir kamen überein, das einzusehen und nicht mehr zu versuchen, das Authentische, das Wahre, die Identität zu suchen, denn gerade in der Annahme, es könnte das Authentische, das Wahre, das Identische geben, läge der große Irrtum unserer Generation. Wir beschlossen auch, die beiden philosophischen Schlüsselbegriffe der neunziger Jahre, 'Polyvalenz' und 'Multiperspektivik', vorerst für uns zu behalten; früh genug würde aus ihnen eine Serie im Zeit-Feuilleton werden".

Ist hier endlich der Ausstieg aus jener "Sucht nach Identität" gelungen, die nach Sloterdijk "die tiefste der unbewußten Programmierungen zu sein (scheint), so sehr verborgen, daß sie auch der aufmerksamen Reflexion lange entgeht"[14]? Wird hier die adäquate Antwort auf eine - wie Sloterdijk es formuliert - "polyperspektivisch zerborstene Welt" gegeben, in der "die 'großen Blicke' aufs Ganze tatsächlich mehr den schlichten Gemütern, nicht den Aufgeklärten (gehören) (S. 18)"? Ich will diese Frage noch offenhalten. Klar scheint mir vorerst nur, daß das Eriksonsche Identitätskonzept zunehmend zur Kategorie "defensiver Identitäten"[15] gehört, jedenfalls dann, wenn es mit dem ungebrochenen Anspruch adäquat erfaßter Allgemeinheit auftritt.

4. Auf dem Weg zur "Patchwork-Identität"

Wenn es richtig ist, daß die gesellschaftlichen Freisetzungsprozesse für die Subjekte grundlegend veränderte Bedingungen der Identitätsbildung bedeuten und wenn es weiterhin plausibel ist, daß diesen Umschichtungen das klassische Identitätsparadigma von Erikson nicht mehr gerecht werden kann, dann wird die Frage nach Denkalternativen immer dringlicher. Diese Denkalternativen sollten in der Lage sein, die zuletzt anklingende Belastungs- und Kostenseite dieses Freisetzungsprozesses zu erfassen. Gibt es also Nachfolgekandidaten zu jenem Identitätsmodell, von dem wir uns wohl verabschieden müssen? Ausschau gilt es nach Denkalternativen zu halten, die nicht nur als Theoretisierung von Verlust daherkommen, sondern die auch für die Suche nach neuen, souveränen Identitätsprojekten offen sind. Die Theoretisierung des Verlusts und Verfalls sehe ich in solchen Studien zu veränderten Formationen von Sozialcharakteren, die bei ihrer Annäherung an die Gegenwart selten ohne pathologisierende Akzente und Diagnosen auskommen.

---

14 Peter Sloterdijk: Zur Kritik der zynischen Vernunft. Frankfurt 1983, S. 156.
15 Ebenda, S. 156.

Ich sehe die Möglichkeit eines schnellen Pferdewechsels (natürlich ist der "Paradigmawechsel" gemeint) nicht. Aber es tauchen immer wieder neue Bilder, Metaphern und Ideen auf, die als Teil einer konzeptuellen Suchbewegung verstanden werden können. Schon lange vor Erikson hat sich George Herbert Mead um ein Identitätsverständnis bemüht, das eher auf den lebenslangen und nie abschließbaren Prozeß der "Identitätsarbeit"[16] zielt und weniger auf den Akkumulationsprozeß der "inneren Besitzstände". Er verstand Identität als "Wirbel in der gesellschaftliche Strömung"[17], also etwas höchst Prekäres, das von der Strömungsdynamik schnell aufgelöst werden kann und sich wieder neu bilden wird, je nach Strömungsschnelligkeit und je nach zufälligen Brechungen. Ist das die metaphorische Vorwegnahme des heutigen Sozialcharakters, wie er in verschiedensten Deutungsvarianten in den letzten Jahren immer wieder beschrieben worden ist? Also jener Typus, der durch seine "Flexibilität von Engagement und Distanz zu Gruppen und Personen und eine damit korrespondierende Fähigkeit zu wechselnden Identifikationen und immer neuen Rollen" charakterisiert ist.[18]

David Riesman hat ihn in seiner klassischen Studie als den "außengeleiteten Menschen" beschrieben, der mit seinen hochsensiblen Antennen Erwartungen, Veränderungen und Möglichkeiten frühzeitig registriert und sich flexibel auf solche Bedingungen einstellt. Robert Lifton spricht vom "proteischen Menschen", in Anlehnung an den Proteus der griechischen Mythologie, der ohne weiteres jede denkbare Gestalt annehmen konnte, nur seine eigene war ihm verwehrt. Der damit bezeichnete Lebensstil, der als typisch für das frühe Erwachsenenalter angesehen wird, habe sich verallgemeinert zu einer "historischen Situation des proteischen Stils"[19]. Dieser Stil sei gekennzeichnet durch eine Vorsicht, sich auf eine bestimmte Form festzulegen und bestehe in der "Fähigkeit zu psychologischen Umschichtungen (in Glaubenssystemen, Beziehungen und Lebensstil) und zum Handeln aufgrund vieler Vorstellungen, die anscheinend divergieren, aber dennoch gleichzeitig vorhanden sind"[20]. Für Lifton, den Psychoanalytiker, hat diese hohe Anpassungs- und Verwandlungsfähigkeit eine wichtige intrapsychische Umschichtung zur Voraussetzung:

> "Was tatsächlich verschwunden ist, ist das klassische Über-Ich, die Verinnerlichung klar definierter Kriterien für Recht und Unrecht. Gerade von dieser Art Über-Ich muß der proteische Mensch frei sein - er braucht eine symbolische Vaterlosigkeit -, um seine Erkundungen auszuführen".[21]

Auf diesem Hintergrund entstehen in bezug auf konkrete Handlungen oder Gefühle keine Schuldgefühle, es komme vielmehr zu vagen Schuldgefühlen wegen

16 Stanley Cohen/Laurie Taylor: Ausbruchsversuche. Identität und Widerstand in der modernen Lebenswelt. Frankfurt 1977.

17 George Herbert Mead: Geist, Identität, Gesellschaft. Frankfurt 1968, S. 225.

18 Hans Peter Dreitzel: Körperkontrolle und Affektverdrängung, in: Integrative Therapie, 7, 1981, S. 179-196, hier S. 190.

19 Robert Jay Lifton: Der Verlust des Todes. München 1986, S. 370.

20 Ebenda.

21 Zit. nach Dreitzel: Körperkontrolle, S. 191.

der eigenen Wurzellosigkeit, zu einer "ebenso vage(n) wie anhaltende(n) Selbstverdammung, die mit dem Gefühl zusammenhängt, kein Objekt für seine Loyalitäten und keine symbolische Struktur für seine Leistungen zu haben"[22]. Mit dem großen Interpretationsgestus des psychoanalytisch gebildeten Kulturkritikers hat sich Lifton hier seinen negativen Reim auf das moderne Subjekt gemacht und es erstaunt nicht, daß er diese "proteische Fähigkeit" für potentiell "tödlich" hält[23]. Dieses amöbenhafte Subjekt hat keinen Sinn mehr für das kulturelle Erbe, hat keine Zukunftsprojekte und versucht auch nicht mehr in das Rad der Geschichte steuernd einzugreifen. Es läßt sich vom Strömungsgeschehen der gesellschaftlichen Drifts mitziehen, bildet den einen oder anderen dekorativen Wirbel und geht bewußtlos unter, ohne den Versuch, Widerstand gegen eine falsche Richtung der Entwicklung zu leisten.

Lifton steht hier für eine ganze Gruppe von sozialpsychologisch argumentierenden Zeitdiagnostikern, die durchaus genaue Beobachtungen in eine umfassende Gesamtdiagnose integrieren, die aber aus einem Synthese- und Stimmigkeitszwang heraus vorschnell die geduldige Analyse beenden. In ihrem Anspruch deutlich unter dieser "großen Lösung" bleiben Konzepte und Bilder, die sich als Verallgemeinerungen von Alltagsbeobachtungen und -erfahrungen bestimmen lassen. Da taucht etwa das Bild von der "symbolischen Struktur wie ein zersprungener Spiegel" auf:

> "Wir sehen unsere vielen Identitätsfragmente exakt reflektiert, ohne uns doch als Ganzheit erkennen zu können."[24]

Ähnlich sieht es Ulrich Beck in bezug auf kollektive Deutungsmuster (wie Klassenbewußtsein), in die sich die Sinnhorizonte vieler einzelner symbolisch verallgemeinern könnten. Er spricht von einem zersplitterten "Hohlspiegel", der aber nicht zerfallen ist. Jeder Splitter gibt nun seine eigene Gesamtperspektive wieder, "ohne daß die von Rissen und Sprüngen feinmaschig zergliederte, in ihre Bestandteile zerfallende Spiegeloberfläche aus sich heraus noch ein gemeinsames Bild erzeugen könnte"[25].

Unter der Überschrift "Von Marx zur Muppet-Show oder bloß nicht zuviel Identität" beschreibt Guggenberger die Abkehr von den großen Synthesen der 60er und 70er Jahre und den von ihnen ausgehenden Erklärungsgewißheiten. Sie haben offensichtlich so wenig prognostische Fähigkeit gehabt, daß sie für die gesellschaftlichen Probleme, die plötzlich auf die Tagesordnung kamen, keine antizipatorischen Einsichten vermitteln konnten. Die großen Entwürfe haben ihre motivierende und sinnstiftende Kraft verloren:

> "Wozu brauchen wir auch eine Erklärung, die für alles paßt, hinter allem einen Zusammenhang stiftet, wenn sie am Ende doch nicht 'stimmt' (d.h.

22 Ebenda.

23 Lifton: Der Verlust des Todes, S. 370.

24 Dreitzel: Körperkontrolle, S. 191.

25 Ulrich Beck: Jenseits von Klasse und Stand, in: R. Kreckel (Hg.): Soziale Ungleichheit. Göttingen 1983, S. 35-74, hier S. 57.

das Übel doch nicht von uns nimmt), jedenfalls das Aufstehen morgens nicht plausibler macht?"[26]

Das Erlebnis einer widersprüchlichen und segmentierten Alltagswelt, die sich nicht mehr in einem umfassenden Weltentwurf integrieren läßt, es sei denn um den Preis esoterischer Sektenbildung, erzwingt eine Haltung, die Widersprüchliches nebeneinander stehen lassen kann und die nicht mehr von einem "Identitätszwang" beherrscht wird. Bernd Guggenberger zieht folgenden Schluß:

"Wenn die Erfahrung der Welt zwangsläufig in ein pluralisiertes Bewußtsein mündet, dann wäre auch das Streben nach Eindeutigkeit eine verfehlte Festlegung, eine Fessel, der virtuosen Weltteilhabe hinderlich! Wer sich in wechselnden Sinnsystemen bewegen, sich unter divergenten Lebensaspekten bewähren muß, der darf sich nicht mit zuviel 'Identität' belasten; d.h. er darf sich nicht festlegen, sondern muß beweglich bleiben, offen und anpassungsfähig. Deshalb mißtraut er der Gravitation der Ideen und Ideale, der Gedanken und Gefühle, der Tugenden und Theorien"[27]

Was hier mit leichter Feder als Selbstcharakterisierung des Zeitgeistes daherkommt, ist mit etwas größerem Theorieanspruch auch schon als "Theorie der Bastel-Mentalität" vorgetragen worden.[28] Sie sieht die modernen Menschen als Produzenten "individueller Lebens-Collagen". Sie basteln sich aus den vorhandenen Lebensstilen und Sinnelementen ihre eigenen kleinen lebbaren Konstruktionen. Der "Bastler", der "Homeworker" als Sinnbild des zeitgenössischen Menschen! Aber ebenso wie dieser auf einem eigenen Markt Bausätze angeboten bekommt, so gibt es auch den Markt der "Stil-Pakete". Angeboten werden keine Uniformen, sondern vorgefertigte Teile, die dem einzelnen einen Spielraum zur mehr oder weniger originellen Kombination lassen.

Wir sind an einem Punkt angelangt, an dem Bilder und Metaphern angeboten werden, die die aktuelle Subjektsituation nicht nur als Verfallsprodukt einer "heroischen Phase" sehen, in der es noch möglich war, eine ihrer selbst bewußten und in sich hierarchisch geordneten Identität zu bilden. Handelt es sich wirklich um den Verlust eines "goldenen Zeitalters", eines "heroischen Subjekts"? Die Bastel-Mentalität, die Peter Gross auch als "postmodernen Schwebezustand" bezeichnet, enthält ja durchaus auch den Zug der sourveränen und kreativen ProduzentInnenen, die zwar die Welt nicht neu erschaffen, aber in ihrer Welt zuhause sind.

Eine "Patchworkidentität", wie ich sie nennen möchte, kann ja wohl nur dann als "proteisches Chamäleon" mißverstanden werden, wenn man nie die schöpferische Energie bei dem Entwurf und der Verwirklichung eines Patchworkproduktes erlebt hat. Hier bedarf es der Idee und der Realisierung einer ganzheitlichen Gestalt, der Abstimmung von Farben und Mustern, der Verwendung von geeigneten Stoffen. Die Patchworkmetapher möchte ich zur Klärung mei-

26 Guggenberger: Sein oder Design, S. 85.

27 Ebenda, S. 85.

28 Peter Gross: Bastelmentalität: ein 'postmoderner Schwebezustand'. In: T. Schmid (Hg.): Das pfeifende Schwein. Berlin 1985, S. 63-84.

ner Gedanken noch weiter nutzen. Die klassischen Patchworkmuster entsprechen dem klassischen Identitätsbegriff. Da sind geometrische Muster in einer sich wiederholenden Gleichförmigkeit geschaffen worden. Sie gewinnen eine Geschlossenheit in diesem Moment der durchstrukturierten Harmonie, in einem Gleichgewichtszustand von Form- und Farbelementen. Der "Crazy Quilt" hingegen lebt von seiner überraschenden, oft wilden Verknüpfung von Formen und Farben, zielt selten auf bekannte Symbole und Gegenstände. Gerade in dem Entwurf und der Durchführung eines solchen "Fleckerlteppichs" kann sich eine beeindruckende schöpferische Potenz ausdrücken.

Wieder zurückübersetzt in identitätstheoretische Überlegungen läßt sich sagen, daß Identitätsbildung unter Bedingungen der Gegenwart etwas von diesem "Crazy Quilt" hat.[29] Zu betrauern ist deshalb auch nicht der Verlust von Identität schlechthin, sondern allenfalls jenes Typus, der sich entsprechend dem klassischen Quilt über seine Geordnetheit und Voraussehbarkeit definiert. Wir haben es nicht mit "Zerfall" oder "Verlust der Mitte" zu tun, sondern eher mit einem Zugewinn kreativer Lebensmöglichkeiten, denn eine innere Kohärenz ist der Patchworkidentität keineswegs abhanden gekommen. Aus der sozialepidemiologischen Forschung, genauer gesagt von dem israelischen Forscher Aaron Antonovsky[30], kommt die Annahme, daß ein "Gefühl der Kohärenz" ("sense of coherence") die entscheidende Bedingung für psychische und körperliche Gesundheit sei. "Identitätsarbeit", die für eine Person dieses Kohärenzgefühl ermöglicht, ist also unverzichtbar, aber Kohärenz entsteht nicht nur dann, wenn ich auf ein fixes Koordinatensystem von Normen und Sinnorientierungen zurückgreifen kann. Kohärenz ohne "Identitätszwang" ist ein kreativer Prozeß von Selbstorganisation. Antonovsky zeigt aber auch sehr klar, daß dieser Prozeß nicht in Einsamkeit und Freiheit passiert. Wir erleben also nicht die Wiederauferstehung des umgetauften heroischen Subjekts. Die Fähigkeit zur Kohärenz ist keine Persönlichkeitsdisposition, sondern entsteht aus der gelungenen Verknüpfung einer Person mit anderen, aus den dadurch möglichen Solidaritätspotentialen. Soziale Netzwerke sind Gelegenheitsstrukturen dazu, Potentiale, die zu realisierten und vertrauensvollen Beziehungen werden können. Das wiederum erfordert Subjekte, die ihr Leben nicht als dauerhaften olympischen Wettbewerb begreifen und leben müssen, in dem andere nur als zu besiegende Konkurrenten wahrgenommen werden. Gefordert ist eine Identitätsarbeit, die sich in kommunikativer Verknüpfung mit anderen vollzieht. Lebenssinn und Handlungsorientierungen können nicht mehr aus ehernen Prinzipien und geschlossenen Sinnsystemen abgeleitet werden, sondern müssen im Modus des Verhandelns zwischen den Betroffenen hergestellt werden.

Diese Patchworkmetapher hat sich mir aufgedrängt, als ich meiner Frau bei ihrer kreativen Arbeit mit Stoffresten zugeschaut habe und kurz zuvor einen Auf-

29 Vgl. dazu unter einer frauenspezifischen Perspektive: Laura Balbo: Crazy Quilts. Gesellschaftliche Reproduktion und Dienstleistungsarbeit, in: I. Kickbusch/B. Riedmüller (Hg.): Die armen Frauen. Frankfurt 1984, S. 179-200.

30 Aaron Antonovsky: Unraveling the mystery of health. San Francisco 1987.

satz von Sampson über die "Dezentralisierung von Identität" gelesen hatte, der mir in seinem Gedankenreichtum noch durch den Kopf ging. Sampson sieht ebenfalls, daß die Paßform von Eriksons Identitätsverständnis verloren gegangen ist. Dieses unterstelle einen Grad von intraindividueller Kontrolle über die eigene Lebenssituation, die nur noch von einem "totalitären Ich" aufrechterhalten werden kann. Dieses "egozentrische Weltmodell" transportiert in den Augen Sampsons die Grundannahmen des Weltbildes der westlichen Zivilisation. Wahrscheinlich konnte Erikson in diesem ideologischen Strom auch so starke Resonanz bekommen. Ohne eine Dekonstruktion dieses Selbst- und Weltverständnisses wird eine neue Identitätsforschung kaum möglich sein.

5. Das Ende des "possessiven Individualismus"?

Das Identitätsverständnis von Erikson bringt in klassischer Weise ein Subjektverständnis zum Ausdruck, das ich "possessiven Individualismus" nennen möchte. In seinem Zentrum steht die individuelle Akkumulation "innerer Besitzstände", die durch ein steuerndes und zentralistisch gedachtes Ich zusammenzuhalten sind. Je nach dem Potential an Ressourcen, die diesem Ich zur Verfügung stehen, wird es diese Aufgabe eher souverän oder eher als mühseligen, anstrengenden Prozeß bewältigen, der auch oft genug nicht ohne massive neurotische Kompromisse oder gar psychotische Dekompensationen abläuft. In diesem Modell drückt sich das Selbst- und Weltverständnis der bürgerlichen Gesellschaften des Westens aus, dessen typische Merkmale sich in scharfer Absetzung zu vormodernen, feudalistischen Strukturen herausgebildet haben:

> "Individuen sind freizusetzen von all den Bezügen und Abhängigkeiten, die sie früher bestimmt haben. Individuen, die sich als sich selbstbestimmende, autonome Souveräne, für sich selbst verantwortliche Verfasser ihrer eigenen Lebenswerke verstanden, wurden die zentralen Akteure auf der sozialen Bühne."[31]

Historisch betrachtet ist dieser neue "zentrale Akteur" ja noch nicht besonders lange auf der Bühne:

> "Die Vorstellung von einem eigentlichen, unveräußerlichen, in den verschiedenen Lebenslagen sich durchhaltenden 'Ich' ist - obwohl kulturell keineswegs universal und auch in Europa geschichtlich reichlich jung - und gleichsam 'natürlich' geworden."[32]

Den sich herausbildenden egozentrierten Individualismus der bürgerlichen Subjekte charakterisiert der englische Sozialphilosoph MacIntyre so: Sie besitzen "ihre Identität und ihre wesentlichen humanen Eigenschaften getrennt von und vor ihrer Mitgliedschaft in irgendeiner besonderen sozialen und politischen

31 Edward E. Sampson: The challenge of social change for psychology. Globalization and psychology's theory of the person, in: American Psychologist, 44, 1989, S. 914-921, hier S. 915.

32 Eike Gebhardt: Die Stadt als moralische Anstalt. Zum Mythos der kranken Stadt, in: K.R. Scherpe (Hg.): Die Unwirklichkeit der Städte. Reinbek 1988, S. 279-303, S. 294.

Ordnung".[33] Die Herausbildung der modernen Psychologie ist ohne die Basis eines solchen Menschenbildes als kulturell beherrschendem Selbstverständnis gar nicht vorstellbar. Der "possessive Individualismus" durchzieht die Geschichte der Psychologie von der frühen "Vermögenspsychologie" (in diesem Begriff werden ja die "inneren Besitzstände" direkt thematisiert) bis zu ihrem Höhepunkt "Dem Aufbau der Person" (Phillip Lersch) oder ähnlichen Charakterkunden und ist auch im modernen Kognitivismus relativ ungebrochen. Die Freudsche Provokation, nämlich der von ihm angemeldete Zweifel, daß das moderne Subjekt wirklich "Herr im eigenen Haus sei", blieb zwar keineswegs wirkungslos, hat aber durch seine therapeutische und auch kulturtheoretische Perspektive der Ich-Stärkung sich durchaus auch noch im Rahmen des "possessiven Individualismus" gehalten. Freuds zentralen Beitrag zur Psychologie sehe ich vor allem darin, daß er die "Kostenseite" der bürgerlichen Subjektkonstitution aufgezeigt hat, jene Personanteile, die "hinter die Kulissen" verbannt wurden, ohne daß sie dadurch an dynamischer Virulenz verlieren würden.
Der "Stachel Freud" hat allerdings gesessen und den Zweifel an dem "heroischen Subjekt" genährt, das sich als souveräner Unternehmer seines eigenen Identitätsprojektes versteht. Das gesamtkulturelle Klima der bürgerlichen und spätbürgerlichen Gesellschaft haben gleichwohl das Menschenbild eines "possessiven Individualismus" hochgehalten. Selbst die Vertreter der kritischen Theorie, die ja die kulturkritische Strömung der Psychoanalyse am konsequentesten fortgeführt und sozialphilosophisch ausgebaut haben, haben an dem Maßstab des souveränen und autonomen Subjektes festgehalten, auch wenn ihnen zunehmend die Zuversicht abhanden kam, daß dieses noch zu retten sei. Vor allem die feministischen Sozialwissenschaftlerinnen[34], die sich selbst in der Tradition der kritischen Theorie sehen, haben aufgezeigt, daß sich die sozialpsychologischen Analysen von Adorno und Horkheimer ausschließlich an dem männlichen Sozialisationsmodell orientieren, in dem sich der Kampf um individuelle Autonomie notwendigerweise im Spannungsfeld von Rivalität und Unterwerfung vollzieht. Andere Menschen und die gesamte umgebende Welt werden zu Gegnern, die es zu besiegen gilt, wenn Autonomie erworben werden soll. Jessica Benjamin sieht die Herausbildung des "possessiven Individualismus" als Korrelat zu einer patriarchalisch bestimmten bürgerlichen Konkurrenzgesellschaft. Sie formuliert es so:

> "Der monadische Individualismus und die instrumentelle Rationalität sind die kulturellen Korrelate der männlichen Differenzierungserfahrung."[35]

Im durchschnittlichen gesellschaftlichen Selbstverständnis und in der Psychologie ist dieses "egozentrierte" Menschenbild zur vorherrschenden gesellschaftlichen Konstruktion der Moderne geworden, das mit deren Krise jedoch zuneh-

---

33 Alisdair MacIntyre: Whose justice? Which rationality? Notre Dame 1988, S. 210.

34 Ich denke hier vor allem an Jessica Benjamin: Die Antinomien des patriarchalischen Denkens. Kritische Theorie und Psychoanalyse, in: W. Bonß/A.Honneth (Hg.): Sozialforschung als Kritik. Frankfurt 1982, S. 426-455.

35 Ebenda, S. 445.

mend problematisch geworden ist. Es wird uns immer mehr bewußt, daß das Fortschrittsprogramm des Industrialismus seinen selbstgewährten Überziehungskredit vollständig ausgeschöpft hat. Die Mehrheit der Menschen in der Bundesrepublik (und in allen westlichen Industriegesellschaften) sieht in der Zerstörung unserer natürlichen Lebensgrundlagen die größte gegenwärtige und zukünftige Bedrohung. Die Krise der Moderne in diesem globalen Sinne macht auch vor unserem Subjektverständnis nicht halt. Das zeigt auch der wissenschaftliche Diskurs in unserem Fach und den Sozialwissenschaften allgemein. Die wichtigsten kritischen Strömungen sind wohl die folgenden:[36]

(1) Die *kulturvergleichende Forschung* hat deutlich aufzeigen können, daß unser egozentriertes Subjektverständnis im Weltmaßstab eher eine Besonderheit als ein verallgemeinerbares Konstrukt darstellt. Clifford Geertz hat das sehr klar formuliert:

> "Die westliche Personvorstellung als eines abgegrenzten, einmaligen, mehr oder weniger integriertes motivales und kognitives Universiums, eines dynamischen Zentrums von Bewußtsein, Emotion, Urteilsvermögen und Handlung, das sich in einem charakteristischen Ganzen und sich kontrastiv von anderen in sich geschlossenen Einheiten und von seinem sozialen und natürlichen Hintergrund abhebt, ist, so unveränderlich es uns erscheinen mag, eine ziemlich eigentümliche Vorstellung im Kontext der Weltkulturen."[37]

(2) Die *feministischen Sozialwissenschaften* haben die patriarchalischen Züge des dominanten Personmodells in Frage gestellt und neben dem Autonomiestreben auch die grundlegende Dimension der psychosozialen Verknüpfung mit anderen Menschen als basale Persönlichkeitsbasis beachtet, die allerdings in der männlichen Sozialisation eher unterwickelt bleibt. Jessica Benjamin dazu:

> "Es scheint ... sinnvoll, von zwei fundamentalen Fähigkeiten auszugehen, die zumindest in unserer Kultur die menschliche Entwicklung gestalten: Das Streben zum Anderen, nach persönlicher Beziehung, Bindung, Nähe; und das Streben nach Selbstbehauptung, nach Aktivität, Bewältigung und Erforschung."[38]

(3) Der *soziale Konstruktivismus* gewinnt in Psychologie und Soziologie immer mehr an Bedeutung und zeigt uns die soziokulturellen Konstruktionsprozesse in der Gestalt sprachlicher Interpretationsmuster auf, die unsere Vorstellungen von uns und unserer Welt prägen. Die Arbeiten von Kenneth Gergen, John Shotter, Rom Harre, Edward Sampson haben in der Psychologie den Konstruktivismus etabliert, nachdem er in Philosophie und Soziologie schon eine längere Tradition hat.

---

36 Im Anschluß an Edward E. Sampson: The deconstruction of the self, in: J. Shotter/K.J. Gergen (Hg.): Texts of identity. London 1989, S. 1-19.

37 Clifford Geertz: From the native's point of view. On the nature of anthropological understanding, in: P. Rabinow/W.M. Sullivan (Hg.): Interpretive social science. Berkeley 1979, S. 225-241, hier S. 229.

38 Benjamin: Die Antinomien des partriarchalischen Denkens, S. 438.

(4) Die *systemtheoretischen Positionen* haben sicherlich dadurch einen bedeutsamen Stellenwert bei der Überwindung monadologischer Sichtweisen von Subjekten, daß sie Beziehungen den ontologischen Vorrang vor individuellen Einheiten gaben.
(5) Die *kritische Theorie* hat einen entscheidenden Anteil an dem Nachweis, daß unser Subjektverständnis nicht Ausdruck der unveränderlichen "eigentlichen" Grundbefindlichkeiten des individuellen Seins ist, sondern die ideologische Reproduktion einer Gesellschaft, die von den Gesetzen des Marktes und seiner Warenproduktion bis in die innersten Zellen des Subjekts bestimmt ist.
(6) Die *zivilisationsgeschichtlichen Analysen* von Norbert Elias sind vor allem dadurch bedeutsam, daß sie das vorherrschende "homo clausus"-Selbstverständnis des modernen Menschen, sein Gefühl des In-sich-verschlossen-seins und von anderen Menschen getrennt zu sein, nicht als Wesen des Menschseins ontologisch verdoppeln, sondern es als sozialgeschichtlich rekonstruierbaren Prozeß soziogenetisch induzierter Verinnerlichung von sozialen Kontrollen nachweist.
(7) Schließlich ist noch die Strömung des *poststrukturalistischen Dekonstruktionismus* zu nennen, die mit dem Modell des subjektbestimmten sozialen Handelns radikal bricht und stattdessen das individuelle Leben als einen Text begreift, den es immer schon gibt, den ich zwar fortschreiben kann, für den ich aber nie die souveräne Autorenschaft beanspruchen kann oder nur um den Preis des ideologischen Selbstbetrugs.
Auf der Basis solcher kritischer Strömungen ist es sicherlich sehr viel leichter, den "possessiven Individualismus" und seine fachwissenschaftlichen Legitimationen als ideologische Bastionen zu schleifen, als eine konsensfähige Alternative zu formulieren. Etwa im Sinne von Sampson, der uns auf dem Weg zu einem "kommunitären" oder "soziozentrischen Individualismus" sieht?
Das klingt sehr vage, aber vielleicht ist es sinnvoll, sich in diesem Zusammenhang noch einmal darauf einzulassen, was Adorno mit seiner Perspektive der Überwindung des Identitätszwangs meinte. Seine Kritik zielte auf unreflektiertgewaltsame Sinn- und Person-Strukturen , die die Einheit und Widerspruchsfreiheit von Kultur und Person zur Norm erklären. Seine "kritische Theorie" ist eine "Infragestellung von traditonellen Normen, Konventionen, Sinn-Synthesen und Lebensformen, in denen die Aufklärung ein Unreflektiertes, Unlegitimiertes und Gewaltsames entdeckte", wie es Albrecht Wellmer[39] zusammenfaßt und dann fortfährt: Die Aufklärung "entdeckt ... in der Einheit des bürgerlichen Subjekts ein Gewaltsames, Unreflektiertes und Scheinhaftes; einen Typus der Einheit nämlich, der nur um den Preis einer Unterdrückung und Ausgrenzung von Disparatem, Nicht-Integrierbarem, Verschwiegenem und Verdrängtem möglich ist."
Adorno hat persönlich nur noch der modernen Kunst, die gegen den Anspruch der Einheit eines geschlossenen Werkes revoltiert, die minimale Chance zur befreienden Desintegration des gepanzerten Identitätsgehäuses eingeräumt. In sei-

39 Albrecht Wellmer: Zur Dialektik von Moderne und Postmoderne. Frankfurt 1985, S. 27.

nem Werk sind gleichwohl Anknüpfungspunkte für die Reflexion der Bedingungen emanzipatorischer Subjektivität, die die "rigide Einheit des bürgerlichen Subjekts" überwindet und stattdessen die "flexiblere Organisationsform einer 'kommunikativ verflüssigten' Ich-Identität aufweist"[40]. Der gesellschaftliche Entwicklungsprozeß, in dem wir uns befinden, hat "Potentiale der 'Erweiterung von Subjektgrenzen' (G. Schwab) ebenso freigesetzt wie Potentiale der Verdinglichung"[41]. Hier sind wir wieder bei jener Ambivalenz, die ich schon anfänglich aufzuzeigen versuchte. Das "Simulationsmodell" von Matthias Horx und seines imaginären Zugbegleiters ist für mich eine zeitgenössische Form verdinglichten Bewußtseins. Daneben haben sich aber auch ganz andere Entwicklungen vollzogen, die sich für mich mit den Formulierungen von der "Erweiterung der Subjektgrenzen" und der "kommunikativ verflüssigten Ich-Identität" assoziieren.

Wo aber bleiben der "Abgrund", die lauernde Gefahr der zivilisatorischen Barbarei, die beängstigenden Risiken, unsere Identitätskrisen? Unsere Analyse muß auch diese Seite enthalten, aber die Wahrnehmungsmöglichkeiten und Lesarten dürfen sich nicht gegenseitig erschlagen. Die "Vervollständigung unserer Wahrnehmung" - im Sinne von Klaus Dörner und Ursula Plog[42] - fordert den Blick auf die beiden Seiten. Bei dem Versuch, das Entstehen eines neuen kulturellen Modells auch in der BRD zu ergründen, haben Rainer Zoll und seine Forschungsgruppe eine Reihe von Indizien für diesen psychosozialen Umbruch gefunden, aber sie sind auch auf Schattendimensionen dieses Umbruchs gestoßen:

> "Die Identitätssuche der von uns befragten Jugendlichen bewegt sich so im Spannungsfeld von neuen kulturellen Orientierungen und einer ökonomischen und sozialen Realität, die diese Orientierungen zwar mit befördert, ihre Realisierung aber nur unter den Vorzeichen sozialer Ungleichheit gestattet. Ob die verlängerte Phase der Identitätsfindung, das Offenhalten der eigenen Biographie, das Experimentieren mit verschiedenen Lebensentwürfen für das Individuum tatsächlich eine Ausweitung seines Handlungsspielraumes bedeutet und ihm mehr Selbstverwirklichung und Kreativität erlaubt, dies hängt sowohl von den Zufällen des Arbeitsmarktes wie von den ökonomischen, sozialen und kulturellen Ressourcen des Individuums ab"[43].

Genau das ist die Fragestellung unseres eigenen Projekts. Die neuen Identitätsprojekte sind am sinnvollsten unter der Perspektive "riskanter Chancen"[44] zu erschließen.

40 Ebenda. S. 28.
41 Ebenda.
42 Klaus Dörner/Ursula Plog: Irren ist menschlich. Bonn 1984.
43 Rainer Zoll u.a.: Nicht so wie unsere Eltern. Ein neues kulturelles Modell? Opladen 1989, S. 227.
44 Heiner Keupp: Riskante Chancen. Das Subjekt zwischen Psychokultur und Selbstorganisation. Heidelberg 1988.

6. Eine Bilanz: Weder "Identitätspathos" noch Jammern über den "Verlust der Identität"

In vier Thesen soll meine Suche nach Spuren für neue Identitätsprojekte abgeschlossen werden:

1. Wie am "Identitätspathos", das im Historikerstreit verbreitet wird, gezeigt werden kann, ist der neokonservative Versuch einer Begradigung der Identitätsfront nicht möglich. Der Wunsch nach einer "verbindlichen Identität" ist sicher weit verbreitet, aber der politische Preis, der dafür zu zahlen wäre, ist unvorstellbar. In der Moderne ist für Identitätsbildungsprozesse keine Beruhigung zu erwarten. Ein Grenzgänger, ein in Israel lebender arabischer Sozialwissenschaftler, hat dies treffend so formuliert:

> "Identitäten sind hochkomplexe, spannungsgeladene, widersprüchliche symbolische Gebilde - und nur der, der behauptet, er habe eine einfache, eindeutige, klare Identität - der hat ein Identitätsproblem"[45].

2. Auf den Identitätsbegriff können wir trotz aller Nachrufe auf das autonome oder heroische Subjekt nicht verzichten. In ihm steckt wenigstens seinem utopischen Gehalt nach die Idee und die Hoffnung auf ein souverän gelebtes Leben. Idee und Hoffnung sind der Motor für eine nicht-resignative Verarbeitung der "persönlichen Erfahrung einer Identitätsverunmöglichung" in einer von Entfremdung gezeichneten Welt.[46] Diese "provoziert die Suche nach der scheinbar verlorenen Identität"[47]. Aber das kann nur ein "Blick zurück nach vorne" sein. Fündig kann die Suche jedoch kaum im regressiven Rückbezug auf jene Persönlichkeitsformationen werden, die Erikson so trefflich auf den Begriff gebracht hat.

3. Gesellschaftliche Freisetzungsprozesse bedeuten einen objektiven Zugewinn individueller Gestaltungskompetenz, aber auch deren Notwendigkeit. Sie erfordern vom Subjekt vermehrt die Verknüpfung und Kombination multipler Realitäten und produzieren das Subjekt mit den multiplen Identitäten. Hier eröffnet sich ein subjektiver und gesellschaftlicher Raum für die Entwicklung jenes "Möglichkeitssinns", den Robert Musil im "Mann ohne Eigenschaften" entworfen hat. Er ermöglicht den Auszug aus dem "Gehäuse der Hörigkeit" (Max Weber) und führt uns an den Punkt, den Christa Wolf in ihrer Frankfurter Vorlesung zur Poetik so treffend formuliert hat: "Freude aus Verunsicherung ziehen, wer hat uns das je beigebracht?"[48] Das Gefühl der Kohärenz der eigenen Lebenssituation entsteht eben nicht nur durch die Reproduktion von in sich fest gefügten und vorgezeichneten Lebensentwürfen, sondern auch aus dem kreativen Patchwork einer nach vorne offenen Identitätsarbeit.

---

45 Sami Ma'ari, zit. nach: Lothar Baier: Gleichheitszeichen. Streitschrift über Abweichung und Identität. Berlin 1985, S. 19.

46 Josef Christian Aigner: Identität - ein psychologisches Konstrukt als Ansatzpunkt der Kritk gesellschaftlicher Entfremdung, in: Psychologie und Gesellschaftskritik, 11, 1987, S. 7-32, hier S. 31.

47 H. Bill: Sexualität und Narzißmus. Frankfurt 1979, S. 184.

48 Christa Wolf: Voraussetzungen einer Erzählung: Kassandra. Darmstadt 1983.

4. Ein offenes Identitätsprojekt, in dem neue Lebensformen erprobt werden, bedarf materieller und sozialer Ressourcen. Hier liegt das zentrale sozial- und gesellschaftspolitische Problem. Hier holt uns immer wieder die klassische soziale Frage ein, die Fähigkeit zu und die Erprobung von Projekten der Selbstorganisation sind ohne "ökonomisches" und "soziales Kapital" nicht möglich. Ohne Teilhabe am gesellschaftlichen Lebensprozeß in Form von sinnvoller Tätigkeit und angemessener Bezahlung wird Identitätsbildung zu einem zynischen Schwebezustand, den auch ein "postmodernes Credo" nicht zu einem Reich der Freiheit aufwerten kann.

Literatur

Aigner, Josef Christian: Identität - ein psychologisches Konstrukt als Ansatzpunkt der Kritk gesellschaftlicher Entfremdung. In: Psychologie und Gesellschaftskritik, 11, 1987, S. 7-32.

Antonovsky, Aaron: Unraveling the mystery of health. San Francisco 1987.

Baethge, Martin: Individualisierung als Hoffnung und Verhängnis. In: Soziale Welt, 36, 1985, S. 299-312.

Baier, Lothar: Gleichheitszeichen. Streitschrift über Abweichung und Identität. Berlin 1985.

Balbo, Laura: Crazy Quilts. Gesellschaftliche Reproduktion und Dienstleistungsarbeit. In: I. Kickbusch/B. Riedmüller (Hg.): Die armen Frauen. Frankfurt 1984, S. 179-200.

Beck, Ulrich: Jenseits von Klasse und Stand. In: R.Kreckel (Hg.): Soziale Ungleichheit. Göttingen 1983, S. 35-74.

Benjamin, Jessica: Die Antinomien des patriarchalischen Denkens. Kritische Theorie und Psychoanalyse. In: W. Bonß/A. Honneth (Hg.): Sozialforschung als Kritik. Frankfurt 1982, S. 426-455.

Berger, Peter L.: Einladung zur Soziologie. München: List 1971.

Bill, H.: Sexualität und Narzißmus. Frankfurt 1979.

Cohen, Stanley/Taylor, Laurie: Ausbruchsversuche. Identität und Widerstand in der modernen Lebenswelt. Frankfurt 1977.

Davison, Gerald C./Neale, John M.: Klinische Psychologie. Ein Lehrbuch. München 1979.

Dörner, Klaus/Plog, Ursula: Irren ist menschlich. Bonn 1984.

Dreitzel, Hans Peter: Körperkontrolle und Affektverdrängung. In: Integrative Therapie, 7, 1981, S. 179-196.

Erikson, Erik H.: Identität und Lebenszyklus. Frankfurt 1973.

Gebhardt, Eike: Identity is a 'total institution'. In: International Journal of Sociology, 5, 1975, S. 3-46.

Der.: Die Stadt als moralische Anstalt. Zum Mythos der kranken Stadt. In: K.R.Scherpe (Hg.): Die Unwirklichkeit der Städte. Reinbek 1988, S. 279-303.

Geertz, Clifford: From the native's point of view. On the nature of anthropological understanding. In: P. Rabinow/W.M. Sullivan (Hg.): Interpretive social science. Berkeley 1979, S. 225-241.

Gross, Peter: Bastelmentalität: ein 'postmoderner Schwebezustand'. In: T. Schmid (Hg.): Das pfeifende Schwein. Berlin 1985, S. 63-84.

Guggenberger, Bernd: Sein oder Design. Zur Dialektik der Abklärung. Berlin 1987.

Heinzen, Gerhard/Koch, Uwe: Von der Nutzlosigkeit erwachsen zu werden. Reinbek 1985.

Horx, Mathias: Das Ende der Alternativen. München 1987.

Ders.: Die wilden Achtziger. München 1988.

Keupp, Heiner/Bilden, Helga (Hg.): Verunsicherungen. Das Subjekt im gesellschaftlichen Wandel. Göttingen 1989.

Keupp, Heiner: Riskante Chancen. Das Subjekt zwischen Psychokultur und Selbstorganisation. Heidelberg 1988.

Lifton, Robert Jay: Der Verlust des Todes. München 1986.

MacIntyre, Alisdair: Whose justice? Which rationality? Notre Dame 1988.

Mead, George Herbert: Geist, Identität, Gesellschaft. Frankfurt 1968.

Obliers, Rainer: Subjektive Identitätsprojekte und Prognosen. Bochum 1989.

Sampson, Edward E.: The decentralization of identity. Toward a revised concept of personal and social order. In: American Psychologist, 40, 1985, S. 1203-1211.

Ders.: The debate on individualism. Indigenous psychologies of the individual and their role in personal and societal functioning. In: American Psychologist, 43, 1988, S. 15-22.

Ders.: The deconstruction of the self. In: J. Shotter/K.J. Gergen (Hg.): Texts of identity. London 1989, S. 1-19 (a).

Der.: The challenge of social change for psychology. Globalization and psychology's theory of the person. In: American Psychologist, 44, 1989, S. 914-921 (b).

Schütz, Alfred: On multiple realities. In: Collected Papers. Vol. I. Den Haag 1962.

Sloterdijk, Peter: Zur Kritik der zynischen Vernunft. Frankfurt 1983.

Thoits, Peggy: Multiple identities: Examining gender and marital status differences in distress. In American Sociological Review, 51, 1986, S. 259-272 (a).

Wellmer, Albrecht: Zur Dialektik von Moderne und Postmoderne. Frankfurt 1985.

Wolf, Christa: Voraussetzungen einer Erzählung: Kassandra. Darmstadt 1983.

Zoll, Rainer u.a.: Nicht so wie unsere Eltern. Ein neues kulturelles Modell? Opladen 1989.

Moralität und Subjektivierung

Thomas Ziehe

In einer jener recht unsäglichen Selbsterfahrungs- und Therapiesendungen, die seit einigen Jahren über unsere Fernsehschirme flimmern, sagt der Gesprächsleiter zu einer völlig aufgelösten Frau den folgenden Satz: "Magst du mal sagen, wie tief das jetzt bei dir geht?" In dieser Formulierung sind bereits etliche Momente enthalten, auf die ich hier auch zu sprechen kommen möchte. "Magst du..." als Subjektivierung; "mal sagen..." als Thematisierungsangebot; "wie tief..." als Authentizitätsanspruch; "das jetzt bei dir geht" als Psychotechnik einer vermeintlichen Intensitätssteigerung.

Um solche Subjektivierungen wird es mir in der folgenden kurzen Gedankenskizze gehen. Es gibt sie nicht nur im Fernsehen, sie sind längst Bestandteil unserer alltäglichen Kommunikation geworden. Erst einmal von meiner Wahrnehmung auszugehen, die eigenen Gefühle in den Vordergrund zu stellen, Betroffenheit zu demonstrieren, das eigene Innenleben gewissermaßen als Zentrum der Wirklichkeitzu erleben - das alles ist uns ja mittlerweile überhaupt nicht mehr neu, ja es ist schon ziemlich selbstverständlich geworden. Die Möglichkeit einer solchen gesteigerten Subjektivierung - nicht nur in Ausnahmesituationen, sondern im ganzen Alltag - entwickelt sich erst in einer 'modernen', das heißt nachtraditionalen Kultur. Die Subjektivierung steht uns erst in einer von überpersonalen Weltbildern und Wahrnehmungsmaßstäben freigesetzten Alltagskultur zur Verfügung. Sie ist ein Kind der Moderne. Und gleichzeitig kann sie neue Unfreiheiten hervorrufen, eine provinzielle Enge inmitten 'moderner' Kultur. Subjektivierung kann auch eine Reprovinzialisierung bedeuten.

Ich werde beim heutzutage erreichten Stand der Moderne beginnen und zunächst versuchen, einen Zusammenhang von Ethik und Alltagskultur aufzuzeigen. Genauer gesagt: ich will der Frage nachgehen, ob sich eine *neue Ethik*, als ein spezifisches moralisches Anspruchsniveau, und eine kommunikative *Kultur*, als eine im 'modernen' Alltag verankerte Möglichkeitseröffnung, einander entgegenkommen. Ich werde, um das gleich zu sagen, diese Frage bejahen. Es gibt in der Tat bestimmte Entsprechungen zwischen moderner Ethik und moderner Kultur.

Ich will aber auch zeigen, daß dieser Zusammenhang durchaus störanfällig ist. Eine moderne Ethik hat es heute mit *subjektiven Verarbeitungsweisen* zu tun, die in bestimmter Weise gegengerichtet wirken. Und das heißt, damit könnte der eben behauptete Zusammenhang von moderner Ethik und kommunikativer Kultur teilweise wieder außer Kraft gesetzt werden. In diesem Falle fräßen - um das bekannte Bild zu paraphrasieren - die Kinder die Revolution.

Wie werde ich vorgehen? Ich werde bei der heutigen Ethikdiskussion beginnen. Dort muß ich zunächst einmal zwei ganz unterschiedliche Herangehensweisen voneinander unterscheiden.

(1.) Da ist zunächst eine philosophische Fragestellung, und zwar die nach der sogenannten *idealen* Sollgeltung. Hier wird etwas gefragt: Welche Normen verdienen Anerkennung? Was ist ein moralisch gültiger Rechtfertigungsgrund für eine Handlung? Was sind bessere, was schlechtere Begründungen hierfür? Dieser Frageansatz hat mithin einen Wahrheits- bzw. einen Richtigkeitsbezug.
(2.) Hiervon unterscheiden können wir eine zweite Herangehensweise, und die ist sozialwissenschaftlich. Hier geht es nun nicht mehr um die ideale, sondern um die *soziale* Geltung. Das wären soziologische und psychologische Fragen. Etwa: Welche Normen werden von den Menschen faktisch anerkannt? Welche Deutungsmuster und emotionalen Motive für moralisches Handeln kann man antreffen? Dieser Frageansatz hat also einen empirischen Handlungsbezug.[1]
Und nun kann man diese zweite Frage noch einmal in zwei Aspekte unterteilen. Und zwar hinsichtlich (a) der *Einsicht* in die Gültigkeit einer Norm. Dabei geht es darum, ob jemand eine Norm als zustimmungs*fähig* beurteilt, sie also *im Prinzip* anerkennt und etwa sagt: Es wäre richtig und gut, sich daran zu halten. Solche Einsicht ist indessen noch nicht gleichzusetzen mit dem anderen Aspekt (b), ob ich eine solche von mir eingesehene Norm auch wollend *befolge* bzw. hierfür intern *motiviert* bin.[2] (Letzteres ist im engeren Sinne das Kantische Kriterium der Moralität.) Eine Regel einzusehen heißt ja, das weiß jeder aus Lebenserfahrung, nicht immer, sie auch wollend zu befolgen. (Daß man geliehenes Geld zurückzahlen sollte, wird einem im Prinzip so gut wie jeder bestätigen. Ob das im Einzelfall dann auch getan wird, ist leider eine andere Frage).
Ich werde nun diesen Unterscheidungen folgen und zunächst (1.) etwas zur ethischen Diskussion über ideale Geltung sagen. Dann komme ich auf die Frage der sozialen Geltung, und zwar (2a) den Aspekt der Einsicht in Normen und dabei auf die Möglichkeiten einer kommunikativeren Kultur. Und schließlich behandele ich den anderen Aspekt (2b), ob und wie diese Normen wollend befolgt werden, was mich abschließend zum Phänomen der Subjektivierung führt.

1. Zur Ethikdiskussion über die Geltung von Normen

Folge ich Darstellungen des augenblicklichen Stands der Ethikdiskussion[3], so lassen sich einige Ergebnisse herauspräparieren:

---

1 Vgl. zur Unterscheidung von idealer Geltung und sozialer Geltung J. Habermas: Theorie des komminkativen Handelns. 2 Bde., Frankfurt/M. 1981, Bd.2, S. 113.

2 In der Unterscheidung dieser beiden Aspekte (a) und (b) folge ich G. Patzig in: J.-E. Pleines (Hg.): Kant und die Pädagogik. Würzburg 1985, S. 19.

3 Ich folge hier der diskursethischen "Partei": K.O. Apel: Die transzendentalpragmatische Begründung der Kommunikationsethik und das Problem der höchsten Stufe einer Entwicklungslogik des moralischen Bewußtseins, in: ders.: Diskurs und Verantwortung. Frankfurt/M. 1988; J. Habermas: Diskursethik - Notizen zu einem Begründungsprogramm, in: ders., Moralbewußtsein und kommunikatives Handeln. Frankfurt/M. 1983; ders: Moralität und Sittlichkeit, in: W. Kuhlmann (Hg.): Moralität und Sittlichkeit, Das Problem Hegels und die Diskursethik. Frankfurt/M. 1986.

1.1. Formalität

Die Ethikdiskussion richtet sich nicht auf die inhaltliche Bestimmung von Norminhalten, sondern auf *prozedurale* Kriterien für die Rechtfertigung moralischer Urteile - und das heißt im Grunde Kriterien für Verfahren der moralischen Argumentation. Virtuelle Gültigkeit tritt uns zunächst als ein Geltungs*anspruch* entgegen, der im Zweifels- oder Konfliktfall diskursiv geprüft werden kann. Erst auf diesem Wege werden aus Geltungsansprüche Geltungs*gründe*. Die Regeln dieses praktisch-moralischen Diskurses treten an die Stelle der Kant'schen Frage, welche Maxime die Zustimmung aller Betroffenen finden könnte. Die Einigung über Verfahren stiftet, formal wie sie ist, 'moderne' Gemeinsamkeit.

> "Im [praktischen] Diskurs reist das soziale Band der Zusammengehörigkeit nicht, obwohl die Übereinkunft, die allen abverlangt wird, die Grenzen jeder konkreten Gemeinschaft transzendiert. Das diskursiv erzielte Einverständnis hängt gleichzeitig ab von dem nicht-substituierbaren 'Ja' oder 'Nein' eines jeden Einzelnen wie auch von der Überwindung seiner egozentrischen Perspektive. Ohne die uneingeschränkte individuelle Freiheit der Stellungnahme zu kritisierbaren Geltungsansprüchen kann eine faktisch erzielte Zustimmung nicht wahrhaft allgemein sein; ohne die solidarische Einfühlung eines jeden in die Lage aller anderen wird es zu einer Lösung, die allgemeine Zustimmung verdient, gar nicht erst kommen können."[4]

In einem engeren Sinne geht es in dieser Ethikkonzeption dann um übergeordnete Kriterien - d.h. *Prinzipien* -, die Prozesse des Zustandekommens moralischer Urteile normativ rechtfertigen oder kritisieren lassen; in einem weiteren Sinne geht es um Kriterien für Verständigungs*verhältnisse*, die der Entfaltung eines solchen diskursiven Diskussionsraums förderlich oder hinderlich sein könnten.

1.2. Negatorisches Vorgehen

Diese Ethikkonzeption folgt nicht mehr, neoaristotelisch, einer Idee des 'guten Lebens' oder, utilitaristisch, der Optimierung des Glücks. Sie hat vielmehr einen *negatorischen* Zugang, der die Frage nach dem Gerechten gegenüber der Frage nach dem Guten priviligiert. Sie ist dabei deontologisch (d.h. pflichtbezogen), richtet sich auf die Begründung einer 'Willenspflicht', in die moralische Intuitionen, wie Mitleid, Schonung und Rücksicht, mit eingehen, bei der aber von anderen, außermoralischen Handlungsbewertungen abgesehen wird. Dieser negatorische Zugang ist - gleichermaßen bescheiden wie prinzipiell - darauf aus, unverzichtbare ethische Minima zu formulieren. Hieraus könnten dann konsensfähige Grundmaßstäbe entwickelt werden, die an das Handeln des ein-

4 Habermas: Moralität und Sittlichkeit, S. 23.

zelnen ebenso angelegt werden können wie an den Geltungsraum einer öffentlich-demokratischen Ethik.[5]
Es wird also wenig - und das heißt nur das Unverzichtbare - festgelegt. Alles andere bleibt gestaltungsoffen. Diese Haltung ist nicht etwa, wie man vielleicht meinen könnte, am Glück desinteressiert;sie sagt lediglich, daß das Glück nicht regelbar sei und daß man sich deshalb lieber über die Minima einigen sollte.

1.3. Abstraktheit

Weiterhin kann man festhalten, daß die in der Ethikdiskussion aufgeworfenen leitenden Prinzipien zunehmend abstrakter geworden sind. Folgerichtig nimmt der konkret-verhaltensbestimmende Gehalt solcher Prinzipien durch deren Formalisierung immer mehr ab. Dies ist aber mitnichten nur eine Last, sondern immer auch eine Möglichkeitseröffnung, da hieraus für soziale Gruppen wie für Individuen Spielräume erwachsen, die abstrakten Prinzipien selbst auszudeuten und sinnhaft zu füllen.

> "Der utopische Gehalt der Kommunikationsgesellschaft schrumpft auf die formalen Aspekte einer unversehrten Intersubjektivität zusammen. (...) Was sich normativ auszeichnen läßt, sind notwendige, aber *allgemeine* [H.v.m.] Bedingungen für eine kommunikative Alltagspraxis und für ein Verfahren der diskursiven Willensbildung, welche die Beteiligten *selbst* in die Lage versetzen könnten, konkrete Möglichkeiten eines besseren und weniger gefährdeten Lebens nach *eigenen* Bedürfnissen und Einsichten aus *eigener* [H.i.O.] Initiative zu verwirklichen."[6]

Der Frage nach der Geltung kann ich gewissermaßen nur nachgehen,indem ich nachfrage. Das 'Drum-und-dran' der Geltung kommt in den Blick. Man spricht hier vom Geltungs*modus*[7], der beurteilt wird. Das sind also Fragen wie die nach dem Zustandekommen einer Norm, ihrer Reichweite, ihrer Prinzipialität und nach den Ausnahmemöglichkeiten, die in die Geltungsfrage notwendig mit einfließen.

1.4. Kontextualität

In der Ethikdiskussion findet die Frage des jeweiligen *Kontextbezugs* eines moralischen Problems zunehmende Beachtung. Demzufolge sollen nicht nur 'harte' Geltungskriterien wie 'richtig/falsch' zum Tragen kommen, sondern ebenso evaluative, abwägende Kriterien wie 'passend/unpassend', die die Geltungsfrage um das Kriterium der *Verträglichkeit* erweitern.[8] Dahinter steht die

5 Vgl. zu demokratietheoretischen Aspekten einer solchen öffentlichen Ethik die hochinteressante Interpretation von U. Rödel/G. Frankenberg/H. Dubiel: Die demokratische Frage. Frankfurt/M. 1989, insbes. Kap. IV.
6 J. Habermas: Der philosophische Diskurs der Moderne. Frankfurt/M. 1985, S. 161f.
7 Vgl. hierzu R. Döbert/G. Nunner-Winkler, in: H. Bertram (Hg.), Gesellschaftlicher Zwang und moralische Autonomie. 1986, S. 290.
8 Vgl. B. Waldenfels: Verhaltensnorm und Verhaltenskontext, in: ders. u.a. (Hg.): Phänomenologie und Marxismus 2. Praktische Philosophie. Frankfurt/M. 1977, S. 151.

leitende Idee einer kommunikativen Ethik, die einen beweglichen Umgang mit Regeln fördert. Praktisches Handeln, soweit es einen Ethikbezug hat, ist dann sowohl Kontextwürdiung wie auch neue Kontexthervorbringung.[9]
Damit will ich die Auflistung dieser konzeptionellen Charakterstika der Ethikdiskussion abschließen. (Und ich möchte noch einmal anführen, daß ich mich dabei auf die diskurstheoretischer Sicht und auf einige phänomenologischen Erweiterungen beschränkt habe.) Nun gehe ich einen Schritt weiter und will vom Thema Ethik auf das Thema moderne Kultur kommen. Und ich möchte dabei zeigen, daß es durchaus ein *Konvergenz* gibt zwischen den leitenden Standards der philosophischen Ethik und den Untersuchungen heute vorfindlicher moralischer Einstellungs- und Handlungsmuster. Dies bringt mich - und damit bin ich beim Thema Kultur - zum sozialwissenschaftlichen Theorem des sogenannten *postkonventionellen* Moralbewußtseins.

2. Kommunikative Kultur und Norm-Einsicht

Empirische Untersuchungen zur Frage des Moralbewußtseins deuten darauf hin, daß ein *postkonventionelles* Anspruchsniveau kulturell an Gewicht gewinnt.[10] Auch bei diesem Frageaspekt will ich die wichtigsten Merkmale kurz nacheinander aufführen.

2.1. Prozeßorientierung

Ein postkonventionelles Niveau zeigt sich darin, daß ein "Inhaltslernen"[11] überwunden wird. An seine Stelle treten Urteilskriterien, die mehr an den Fragen des Zustandekommens und der Folgeabschätzung moralischer Handlungen und Urteile ausgerichtet sind.

2.2. Sinnorientierung

Moralische Urteile beziehen die jeweiligen Kontexte immer schon mit ein. Eine moralische Norm, so die daraus erwachsene implizite Einsicht, sollte nicht 'wortwörtlich' angewandt, sondern auf ihren interaktiven Sinn hin beherrscht werden.[12]

---

9 Dieser 'weichere' kontext-evaluierende Zugang ist ein kritisches Komplement der zeitgenössischen Phänomenolgie zur Diskursethik Apel/Habermas'scher Prägung. Vgl. auch B. Waldenfels: Die Herkunft der Normen aus der Lebenswelt, in: ders., In den Netzen des Lebenswelt. Frankfurt/M. 1985.

10 Ich folge hier den Untersuchungsergebnissen von Döbert/Nunner-Winkler (vgl. Anm. 7), die die Kohlberg-Rezeption Habermas' theoretisch wie empirisch weitergeführt haben. - Zur Gegenposition siehe die dortige Auseinandersetzung mit der Arbeit von Gilligan: ebd., S. 308ff.

11 Ebd., S. 305ff.

12 Ebd., S. 311.

2.3. Gerechtigkeitsorientierung

Diese Merkmale eines postkonventionellen Moralbewußtseins lassen sich auch als Einsicht in die notwendige Universalisierbarkeit von Normen (welche Geltung beanspruchen) beschreiben. Solche *Universalisierbarkeit* besteht auf einer ersten und einer zweiten Stufe.[13]

- Auf erster Stufe: Jeder muß von sich selbst verlangen, was er von jemand anderem in seiner Situation auch erwarten würde. Dies ist das Kriterium der *Fairneß*.
- Auf zweiter Stufe: Jeder (Leistungsfähige) ist dazu verpflichtet, Schlechtergestellte und Schwächere direkt oder indirekt zu unterstützen. Dies ist das Kriterium der *Solidarität*.

Ein solches Moralbewußtsein, das sich also auf Kriterien des Zustandekommens, der Folgenabschätzung, des interaktiven Sinns und der (zweistufigen) Universalisierbarkeit richtet, ein solches Moralbewußtsein stellt in der Tat ein *erhöhtes* Anspruchsniveau dar. Der enorm erweiterte Begründungsradius bedeutet einen *Gewinn an Kontingenzspielräumen* gegenüber einer vormals unbefragbaren Bindung an ein transzendentes, überhistorisches Sittengesetz. Nichts ist mehr fest, alles kann Gegenstand von Verhandlung, Streit und Verständigung werden. Und die darin enthaltene Formalisierung bedeutet einen *Abstraktionsgewinn*[14] gegenüber einer vormaligen Orientierung an inhaltlichen Wertaxiomatiken[15]. Das "Drum-und-dran" gehört auf immer zur strittigen Frage mit hinzu, ja gibt nicht selten den Ausschlag.

Es ergibt sich aus diesen 'Gewinnen' in der Tat die Chance für eine abwägende und zusammenhangsbewußte Wertrationalität, wie Max Weber das genannt hat.[16] Und diese Wertrationalität ist - darauf kommt es mir hier an - nicht mehr nur ein normatives Konzept, sondern struktureller Bestandteil der Alltagskultur. Das implizite Anspruchsniveau der alltäglichen Kultur ist postkonventioneller geworden. Daß dieses neue Anspruchsniveau nicht ungeteilten Beifall findet, liegt auf der Hand. Es fordert uns zivilisatorisch mehr ab als sturen Regelgehorsam. Es regt an, aber regt auch auf, es inspiriert unsere alltägliche kommunikative Intelligenz und irritiert unsere Sehnsucht nach schlichter Gewißheit. Kontigenz- wie Abstraktionsgewinn sind als Chancen immer beides - Möglichkeitseröffnung und Bürde, Zivilisierungspotential und Komplexitätszumutung.

Interessant ist nun, in welchem Maße sich das theoretische Konstrukt der Postkonventionalität *trifft* mit Diagnosen, die die soziale Verbreitung eines post-

13 Ich folge hier der Unterscheidung von Patzig, in: Pleines (Hg.), S. 21f., an dessen Formulierung ich mich an dieser Stelle auch stark anlehne.

14 Vgl. zu den Kontingenz- und Abstraktionsgewinnen Habermas: Der philosophische Diskurs der Moderne, Kap. XII, sowie Th. Ziehe: Die unablässige Suche nach Nähe und Gewißheit. Kulturelle Modernisierung und subjektive Entzugserscheinungen, in: K. Böllert/H.-U. Otto (Hg.): Soziale Arbeit auf der Suche nach Zukunft. KT-Jahrbuch. Bielefeld 1989.

15 Vgl. zu philosophischen Wertlehren den Überblick von H. Schnädelbach: Philosophie in Deutschland 1831-1933. Frankfurt/M. 1983, Kap. 6.

16 Vgl. M. Weber: Wirtschaft und Gesellschaft. Köln/Berlin 1964, 17ff. Auf widersprechende gesellschaftliche Gegenreaktionen komme ich unten kurz zu sprechen.

konventionell zu nennenden Moralbewußtseins empirisch belegen können.[17] Der postkonventionelle Niveauanspruch wird, so kann man entsprechende empirische Forschungen resümieren, kulturell selbstverständlicher. Postkonventionalität in diesem Sinne - der Rekurs auf das Zustandekommen, auf Folgeabschätzungen, auf interaktiven Sinn, auf Fairneß und Solidarität - ist ein Argumentationstypus geworden, an den sich die Menschen durchaus intellektuell 'gewöhnt' haben! Es ist eine kulturell angebotene Plattform, auf die sich gerade Jugendliche 'stellen' können, ohne sich dies kognitiv 'allein' erarbeiten zu müssen. Der *Reflexivitätsgehalt*, den eine nachtraditionale Kultur ohnehin hervorbringt und der von Jugendlichen ganz alltäglich erlebt werden kann[18], dürfte diese Tendenz noch stärken und stützen: Jeder weiß, daß man nach Gründen fragen kann; fast jeder hat gelernt, wie man es gelegentlich nutzen kann, eine Metaebene einzunehmen. (Mir wurde neulich von einer Lehrerin erzählt, die sich mir-nichts-dir-nichts der höflich gestellten Schülerfrage gegenüber sah: "Warum haben Sie eigentlich eben diese Methode gewählt?")
Die von mir herangezogenen Untersuchungen legen den Schluß nahe, daß die jahrzehntelange Modernisierung der westdeutschen Alltagskultur wohl auch eine 'Verwestlichung' im gehaltvollen Sinne des Wortes bedeutet hat. Die Antennen für die angelsächsischen Werte der Verfahrenssensibilität und des fair ausgetragenen Dissenses sind feiner geworden. 'Deutsche' Regelgrobheit hat da wohl eine evolutionäre Niederlage einstecken müssen. Noch einmal, um nicht mißverstanden zu werden: nicht, daß die Leute 'philosophischer' geworden seien, ist gemeint, sondern, daß bestimmte Einstellungs- und Bewertungsmuster mittlerweile habituell verbreitet sind, die der 'philosophischen' Erwartung an Prozeduralität und Kontextualität strukturell *entgegenkommen*. Dieses zivilisatorische Anspruchsniveau steht gewissermaßen ganz vor- und außerintellktuell 'bereit'; und es wird selbstverständlich auch nicht schlicht über kognitives Regellernen angeeignet, sondern ist in 'verwestlichten' Lebensformen inkorporiert.[19] Postkonventionelle Normen haben im Gefolge kultureller Rationalisierung Zustimmungs*bereitschaft* gewonnen und nicht etwa, weil die Menschen 'besser' geworden wären.

17 Vgl. Döbert/Nunner-Winkler; D. Yankelovich: New Rules. Searching for Self-fulfillment in a World Turned Upside Down. New York 1981; R. Zoll u.a.: Nicht so wie unsere Eltern! Ein neues kulturelles Modell? Opladen 1989.

18 Vgl. Th. Ziehe: Vorwärts in die 50er-Jahre? Lebensentwürfe Jugendlicher im Spannungsfeld von Postmoderne und Neokonservatismus, in: D. Baacke/W. Heitmeyer (Hg.): Neue Widersprüche. Jugendliche in den achtziger Jahren. Weinheim, München 1985; Ders.: Vom vorläufigen Ende der Erregung. Die kulturelle Modernisierung hat die Jugendsubkulturen entmächtigt, in: W. Helsper (Hg.): Jugend zwischen Moderne und Postmoderne. Leverkusen 1990.

19 Es ist übrigens ein geläufiges Mißverständnis, die Eigentümlichkeiten der Jugendsprache im Gegensatz zu solcher Postkonventionalität zu sehen. Indessen sollten der sprachliche Code und die in Äußerungen formal implizierten (postkonventionellen) Geltungsansprüche anayltisch nicht mit einander verwechselt werden.

3. Normbefolgung und Subjektivierungsmöglichkeiten

Die Frage der (alltagskulturell gestützten) Einsichtigkeit solcher 'neuen' Normgeltungen ist das eine. Ob sich solche Einsichten auch motivational verankern und ob und in welcher Form sie in das eigene Handeln eingehen, ist eine weitere Frage, die gesonderter Beantwortung bedarf. Und ich will mich hier, wie schon angekündigt, nur auf das Phänomen der Subjektivierung beziehen.
Die ambivalenten Folgewirkungen der Moderne - wie Kontigenzerweiterungen und Abstraktionsgewinne, können auch Irritations- und Angstpotentiale entbinden. Die Kontingenzerweiterung wird dann als Entzug von Sinn, der Abstraktionsgewinn als Enzug von Zugehörigkeit erlebt.[20] Das kann (!) dann heissen, daß die erhöhte Kontextoffenheit der Moderne und der darin implizierte Möglichkeitsraum wieder zugestellt wird durch moderne-getränkte, gleichwohl *anti-moderne Gegenreaktionen*. Ein alltagskulturell gerade erst leidlich durchgesetztes Lernniveau[21] wäre damit schon wieder gefährdet. Ich denke an die bekannten sozialpsychischen Tendenzen zu Fremdenfeindlichkeit und zu fundamentalistischen Vereinfachungssyndromen. Hier kommt ein Pluralisierungshaß zum Vorschein, der entschieden anti-modern ausgerichtet ist, seine unerbittliche Schärfe gleichwohl nur durch die 'moderne' Verunsicherung hat bekommen können.
Ich will diesen Aspekt indessen hier, so wichtig er politisch ist, nicht weiterverfolgen, sondern vielmehr *internen* Widersprüchen innerhalb der pro-modernen Einstellungs- und Motivationsmuster nachgehen. Denn die Position der Modernität eröffnet Raum für *'Reprovinzialisierungen'* in einem zweifachen Sinne: es können - und dies meine ich zunächst durchaus positiv - eigene 'Provinzen' geschaffen werden, d.h. Nahräume und Sozialmilieus, die eine nach-traditionale Zugehörigkeit gewährleisten. Aber es bieten sich - und dies sehe ich kritisch - kulturell auch Vereinseitigungsmöglichkeiten an, die im Effekt einen Rückfall in 'Provinzialität' bewirken können, einen Rückfall, den man als neo-partikularistisch kennzeichnen könnte.
Der Kontext einer nachtraditionalen Kultur birgt immer auch ein - historisch so noch nicht dagewesenes - Angebot an *Subjektivierungsmöglichkeiten*[22]: Im weiteren Sinne meine ich damit die erhöhte Chance, eigene Deutungs- und Wahrnehmungspräferenzen in die Welt- und Selbstbilder 'hineinlegen' zu können; und es kann dann auch, nun in einem engeren Sinne, heißen, die eigene psychisch-affektive Befindlichkeit zum Fokus all meiner Aufmerksamkeiten und Relevanzen zu machen. Indem diese Subjektivierungsmöglichkeiten in die nachtraditionalen Lebensformen eingehen und hier geradezu selbstverständ-

20 Vgl. hierzu Ziehe: Die unablässige Suche nach Nähe und Gewißheit.
21 Zum fatalen Schicksal evolutionärer Lernschritte und Regressionen in der deutschen Geschichte vgl. K. Eder: Geschichte als Lernprozeß? Zur Pathogenese politischer Modernität in Deutschland. Frankfurt/M. 1985, bes. S. 480ff.
22 Vgl. Th. Ziehe: Die Tyrannei der Selbstsuche, in: M. Buchholz (Hg.): Intimtität. Über die Änderung des Privaten. Weinheim, Basel 1989.

lich'[23] werden, können sie einerseits den Maßstäben der Postkonventionalität entgegenkommen.

Denn da sind gemeinsame Momente. In normativer Hinsicht wären das: Die reflexive Struktur der Problematisierung; die erhöhte Aufmerksamkeit für situative Kontexte, das Insistieren auf 'besseren Gründen'. Ein Bedürfnis nach subjektivierender Selbstwahrnehmung und Selbstthematisierung kann von diesen Momenten durchaus profitieren. (Im Jargon gesprochen: "Kann mir mal jemand sagen, warum ich das hier mitmache, obwohl ich merke, daß es mich tierisch runterzieht?!") Und in kultureller Hinsicht stehen Lebensstile, Deutungsmuster und Semantiken bereit, die als 'moderne' Begründungslieferanten für subjektivierende 'Gewohnheiten' fungieren.

Der Effekt solcher nachtraditionalen Subjektivierung auf das Moralverständnis ist eigentümlich. Es scheint, als würde das, was Max Weber als *Protestantische Ethik* rekonstruiert hat, nun wiederum *dekomponiert*, also in einzelnen, voneinander getrennten Bestandteilen weiterleben.

Der rigorose *Geständniszwang* überlebt spezialistisch in den Subjektivierungen der unterschiedlichen Therapie- und Selbsterfahrungsszenen. Wobei hier die Moral selbst subjektiviert und therapeutisiert wird. 'Gutes tun' wird tendenziell dazu, 'gute Gefühle' zu bereiten. Die Frage der 'Schuld' wird nachrangig gegenüber den Umgangsweisen mit 'Schuldgefühlen'.[24]

Die *moralistische Unbedingtheit* lebt spezialistisch weiter in einer anderen kulturellen Tendenz und den ihr entsprechenden Milieus: nämlich in den Lebensformen und Weltbild-Bereichen der neuen Fundamentalismen. Hier kann man eine Alleinherrschaft des moralischen Geltungsanspruchs über alle Lebensbereiche hin beobachten, eine Moralisierung von Subjektivität, von Politik und auch von Ästhetik, die Züge eines Neopuritanismus hat.[25]

Die asketischen *Arbeitstugenden* der Protestantischen Ethik wiederum überleben spezialistisch in den vielleicht letzten Bereichen, die noch eine Leidenschaft-für-die-Sachen repräsentieren - in ästhetischen Praktiken und in der Kunst. Hier wird wiederum die Moral einer Reduzierung aufs Ästhetische unterworfen. Es gibt keine Sünde mehr außer einer einzigen: nämlich, das ästhetische Qualitätsgefühl zu verletzen. Die Leidenschaft und Ernsthaftigkeit für die Sache der Ästhetik trägt Züge von 'Heiligkeit', die bis in die Lebensformen hinein erweitert werden können.[26]

---

23 Vgl. Ziehe: Vom vorläufigen Ende der Erregung.

24 Bezüge zwischen strukturellen Motiven der Protestantischen Ethik und neueren Subjektivierungstendenzen stellt auch R. Sennett: Verfall und Ende des öffentlichen Lebens. Die Tyrannei der Intimität. Frankfurt/M. 1983, S. 373ff., her.

25 Ich meine dies nicht als Spitze gegen die heutigen 'grünen' Bewegungen, sondern gegen das subpolitische Milieu 'drumherum'. Es ließe sich wohl auch zeigen, daß gerade die erfolgreichen Aktionen von Greenpeace und Robin Wood damit zusammenhängen dürften, daß die dortigen Aktivisten keine fundamentalistischen Selbstinterpretationen haben.

26 Vgl. z.B. H.-G. Soeffner: Stil und Stilisierung. Punk oder die Überhöhung des Alltags, in: H.U. Gumbrecht u.a. (Hg.), Stil. Geschichte und Funktionen eines kulturwissenschaftlichen Diskurselements. Frankfurt/M. 1986; Analogie der Punkästhetik zur historischen Symbolik der Frömmigkeit.

So gesehen stützt gerade das universalistische kulturelle 'Klima' ein neu entdecktes Recht auf Selbstwahrnehmung und Selbstthematisierung. Ich habe dann das gleiche Recht auf meine zugespitzte Perspektivik, wie alle anderen es sich ja auch für sich selbst herausnehmen...
Und damit wäre ich bereits bei einer zweiten Variante, die Subjektivierung wahrzunehmen. Und die sehe ich als problematisch an, da sich Postkonventionalität und Subjektivierung hier nicht mehr entgegenkommen, sondern letzte die erste aufzuheben droht. Es kann sich nämlich die Position der Selbstwahrnehmung und Selbstthematisierung derart aufladen, daß wieder ein neuer, eigentümlicher, *Partikularismus* daraus wird. Ich klage es dann als ein allgemeines Recht, ja als eine sozial-kommunikative Tugend ein, mich selbst forciert 'einzubringen'. Die perspektive Egozentrik wird als allgemeines Eigenrecht eingeklagt und begründet.
Das Gemeinte will ich mit einem Beispiel illustrieren. In einer Talk-Show-Runde sitzen ein Tierversuchsgegner, ein Repräsentant der Anti-Porno-Kampagne, ein Schwulen-Vertreter und jemand von den "Grauen Panthern". Sie alle gehen strukturell gleich vor. Jeder teilt die Welt manichäisch in "wir" und "ihr" auf. Jeder sieht sich als Opfer, umstellt von übelwollenden oder gedankenlosen Tätern. Jeder erhebt öffentlichkeitsbewußt Anklage gegen eine problemvergessene oder übelwollende Allgemeinheit. Jeder ist es gewohnt, die anderen Gesprächsteilnehmer mit rhetorischer Verve und Dramaturgie als "Mehrheit" anzugreifen und selbst die Position der benachteiligten Minderheit einzunehmen. Und das heißt, die anderen werden zu Repräsenntanten einer (schuldigen) 'Allgemeinheit' und man selbst profitiert vom Bonus der moralischen Überlegenheit. Nur: im Falle dieser Talkshow klappte das nicht.
Die Beteiligten waren geradezu verdutzt, und zwar durch den Umstand,daß ein jeder auf der Priorität seines Gesichtspunktes beharrte, was sich folgerichtig einerseits wechselseitig ausschloß, was aber andererseits strukturell allen Beteiligten gemeinsam war, da sie ja mit gleichen Codierungen operierten (wir/ihr; Opfer/Täter; Anklagen/Verschweigen). Solche Partikularismen heben sich selbst auf, wenn sie aufeinandertreffen. Alle möchten - den Universalismus durchaus im Rücken - jeweils einklagen, daß ihre spezifische Konfrontation mit den anderen im Geiste eines 'Allgemeininteresse' Vorrang beanspruchen kann. Jeder muß mit Verblüffung zur Kenntnis nehmen, daß die anderen genauso vorgehen wollen.
Natürlich geht es mir in diesem kleinen Beispiel nicht um die Rechtmäßigkeit der jeweiligen Programmtiken dieser Talkshow-Teilnehmer, sondern um das gesteigerte Bewußtseins eines allgemeinen Rechts, auf die je eigene *Besonderheit* hinzuweisen. Der kulturell 'selbstverständlicher' gewordene Universalismus zeigt sich einerseits als Möglichkeit, ein allgemeines Recht energisch einzuklagen, d.h. auch das Recht auf die Besonderheit meiner Lebensform oder meines Weltbilds. Und darauf, andererseits, kann sich ein ego-zentrischer *Perspektivismus* setzen, indem ich meine Weltdeutung tendenziell allen Situationen und

allen Gegenständen dieser Welt überwerfe. ("Ich sehe das nun einmal so und habe wahrhaftig genug Gründe, das den anderen immer wieder klarzumachen!")
Ich möchte diese kleine Gedankenskizze hier abbrechen und fasse zusammen. Es scheint, daß die gewisse Gleichgerichtetheit von universalistischer Ethik und kommunikativer Kultur interne Gegenbewegungen hervorruft.
Es ist einerseits alltagskulturell naheliegender und *'leichter'* geworden, prozedurale und kontextuelle Geltungsansprüche, die die heutige Ethik formuliert, habituell nachzuvollziehen. Die Legitimität einer nie zu beendendender Dauerfrage nach Legitimität ist als einsehbar verankert. Alle dürfen alles fragen. Es gibt einen strukturell gestützten Dauerzweifel an vorfindlichen Begründungen und Sinngebungen.
Gleichzeitig ist es aber durchaus nicht naheliegend, wird es sogar *'schwieriger'*, den universalistischen Gehalt der Idee des Allgemeinen zu bewahren. Dieses Allgemeine wird vermehrt mit der faktischen 'Allgemeinheit' gleichgesetzt. Es steht dann, wie in der erwähnten Talkshowrunde, lediglich für die 'anderen', die die Probleme erzeugen, für das 'ihr' im Gegensatz zum 'ich' oder zum 'wir'. Nur: es hebt sich jedes universalistisch begründete Recht auf Verschiedenheit selbst auf, wenn ein *kontrafaktisches* Verständnis des Allgemeinen als regulativer Idee aufgegeben oder aufs Empirische reduziert wird.[27] Das Recht auf Selbstwahrnehmung und Selbsthematierung braucht die Gegenwirkung einer emphatischen Einsicht, daß ich nicht der Mittelpunkt der Welt bin. (Und da schafft es auch keine Abhilfe, sich vorzustellen, ein jeder hätte ja das gleiche Recht, sich als solch ein Mittelpunkt zu fühlen...).
Wir brauchen kulturelle Lernprozesse, die uns nahebringen, die bereitstehenden Subjektivierungsmöglichkeiten wiederum zu relativieren. Sie sollten nicht durch neu installierte Tugendlehren verworfen oder biedermeierlich zurückgestutzt werden (wie in der bekannt-griesgrämigen Klage über zuviel "Anspruchsdenken"). Gleichwohl kann ich mir Lernprozesse vorstellen, die uns dazu bringen, *situativ* auf die 'Anwendung' dieser Möglichkeiten der Subjektivierung auch einmal *verzichten* zu können. Erst dann, so meine ich, können wir die Erfahrung machen, daß die Rekurse auf andere Subjekte wie auf das Allgemeine keinen Gegensatz bilden, sondern sich sogar bedingen.[28]
Ich will hier enden. Im Jargon des Fernsehtherapeuten, von dem ich eingangs sprach, bleibt mir nur zu sagen, daß ich, als Referent, natürlich noch nicht einschätzen kann, "wie tief das jetzt bei Ihnen gegangen ist..."

27 Vgl. zur Frage eines 'universalistischen Partikularismus' H. Berking/S. Neckel: Politik und Lebensstile, Ästhetik & Kommunikation Heft 65/66, 1987: Zukunft des Politischen, S. 55.
28 Zur Denkfigur "situativ angemessener Möglichkeitsverzichte" vgl. meine Darlegungen in Ziehe: Die unablässige Suche nach Nähe und Gewißheit.

Literatur

Apel, K.O.: Die transzendentalpragmatische Begründung der Kommunikationsethik und das Problem der höchsten Stufe einer Entwicklungslogik des moralischen Bewußtseins, in: ders.: Diskurs und Verantwortung. Frankfurt/M. 1988.

Berking, H./Neckel, S.: Politik und Lebensstile, Ästhetik & Kommunikation Heft 65/66, 1987: Zukunft des Politischen.

Döbert, R./Nunner-Winkler, G.: in: Bertram, H. (Hg.), Gesellschaftlicher Zwang und moralische Autonomie. 1986.

Eder, K.: Geschichte als Lernprozeß? Zur Pathogenese politischer Modernität in Deutschland. Frankfurt/M. 1985.

Habermas, J.: Theorie des kommunikativen Handelns. Frankfurt/M. 1981.

Ders.: Diskursethik - Notizen zu einem Begründungsprogramm, in: ders., Moralbewußtsein und kommunikatives Handeln. Frankfurt/M. 1983.

Ders.: Die Krise des Wohlfahrtsstaates und die Erschöpfung utopischer Energien. Frankfurt/M. 1985.

Ders.: Der philosophische Diskurs der Moderne. Frankfurt/M. 1985.

Ders.: Moralität und Sittlichkeit, in: Kuhlmann, W. (Hg.): Moralität und Sittlichkeit, Das Problem Hegels und die Diskursethik. Frankfurt/M. 1986.

Patzig, G.: in: Pleines, J.-E. (Hg.): Kant und die Pädaogigk. Würzburg 1985.

Rödel, U./Frankenberg, G./Dubiel, H.: Die demokratische Frage. Frankfurt/M. 1989.

Schnädelbach, H.: Philosophie in Deutschland 1831-1933. Frankfurt/M. 1983.

Sennett, R.: Verfall und Ende des öffentlichen Lebens. Die Tyrannei der Intimität. Frankfurt/M. 1983.

Soeffner, H.-G.: Stil und Stilisierung. Punk oder die Überhöhung des Alltags, in: Gumbrecht, H.U. u.a. (Hg.): Stil. Geschichte und Funktionen eines kulturwissenschaftlichen Diskurselements. Frankfurt/M. 1986.

Waldenfels, B.: Verhaltensnorm und Verhaltenskontext, in: ders. u.a. (Hg.), Phänomenologie und Marxismus 2. Praktische Philosophie. Frankfurt/M. 1977.

Ders.: Die Herkunft der Normen aus der Lebenswelt, in: ders., In den Netzen des Lebenswelt, Frankfurt/M. 1985.

Weber, M.: Wirtschaft und Gesellschaft. Köln/Berlin 1964.

Yankelovich, D.: New Rules - Searching for Self-fulfillment in a World Turned Upside Down. New York 1981.

Ziehe, Th.: Vorwärts in die 50er-Jahre? Lebensentwürfe Jugendlicher im Spannungsfeld von Postmoderne und Neokonservatismus, in: Baacke, D./Heitmeyer, W. (Hg.) Neue Widersprüche. Jugendliche in den achtziger Jahren. Weinheim, München 1985.

Ders.: Die Tyrannei der Selbstsuche, in: Buchholz, M. (Hg.), Intimtität. Über die Änderung des Privaten. Weinheim, Basel 1989.

Ders.: Die unablässige Suche nach Nähe und Gewißheit. Kulturelle Modernisierung und subjektive Entzugserscheinungen, in: Böllert, K./Otto, H.-U. (Hg.): Soziale Arbeit auf der Suche nach Zukunft. KT-Jahrbuch. Bielefeld 1989.

Ders.: Vom vorläufigen Ende der Erregung. Die kulturelle Modernisierung hat die Jugendsubkulturen entmächtigt, in: Helsper, W. (Hg.): Jugend zwischen Moderne und Postmoderne. Leverkusen 1990.

Zoll, R. u.a.: Nicht so wie unsere Eltern! Ein neues kulturelles Modell? Opladen 1990.

Das Wirtschaftswunder und kein Ende: Erfahrung und Bewußtsein

Burkhard Strümpel

Wohl kein Volk hat in der jüngeren Geschichte sein Selbstbewußtsein so sehr aus wirtschaftlichem Erfolg bezogen wie das deutsche nach der Niederlage des Zweiten Weltkriegs. In der Nachkriegszeit kam die Steigerung des Sozialprodukts einer nationalen Aufgabe gleich. Bombenruinen waren durch Wohnbauten zu ersetzen. Landwirte, Bergleute und Bauarbeiter - dies waren die Helden der ersten Stunde.

Nur wenige andere Nationen haben aber auch wirtschaftlichen Erfolg so kontinuierlich viele Jahrzehnte hindurch erhalten und auftretende Krisen so rasch überwunden. Und trotzdem, dies ist die Hauptthese meines Vortrags, sind es gerade die Deutschen (bitte, die Westdeutschen), die diesen Produktionserfolgen und ihren Konsequenzen für Einkommen und Konsum, für Umwelt und Arbeit so abwartend, skeptisch, teils feindselig gegenüberstehen, wie die spröde Schöne, der gerade deshalb die Triumphe zufliegen, weil sie sie nicht zu ersehnen scheint, sie nicht in den Mittelpunkt ihres Trachtens und Treibens stellt.

Wie reagierten und reagieren die Deutschen auf den Wohlstand, den ihnen die zweite Jahrhunderthälfte immer reichlicher beschert hat, und auf die massiven Veränderungen von Arbeit, Technik, Umwelt, kurz auf die Wirtschaft, die diesen Wohlstand schafft? Inwieweit harmonieren die Menschen mit diesem robusten Erfolgsgenerator? Wird er ihren Hoffnungen, Wünschen, Bedürfnissen, staatsbürgerlichen Ansprüchen und gesellschaftlichen Werten gerecht? Gehen sie bereitwillig oder nur zögerlich auf die Anforderungen und Anreize der Arbeits- und Konsumgütermärkte ein?

Kollektive Reaktionen auf kollektive wirtschaftliche Erfahrungen, zugespitzt auf Gesamtbevölkerungen und ihre großen Untergruppen, sind seit geraumer Zeit Gegenstand der Forschung. Der älteste subjektive soziale Indikator, der Index des Konsumklimas des Institute for Social Research der Universität Michigan, geht auf das Jahr 1949 zurück. 1951 publizierte der Schöpfer dieses Indexes, George Katona, sein grundlegendes Buch "Psychological Analysis of Ecnonomic Behavior"; er legte damit die Grundlage für eine ökonomische Makropsychologie. Seine Grundthese, 35 Jahre vor Ulrich Beck und anderen Propheten der Individualisierung und Pluralisierung, war diese: Die fordistische Massenproduktion und ihr Zwilling, der Massenkonsum, bescheren der Mehrheit der Bevölkerung Einkommen über dem physischen und sozialen Existenzminimum. Sie verhelfen dem Konsumenten zu Entscheidungsspielräumen, ja, verleihen ihm eine kollektive Machtstellung: Seine Stimmungen prägen die Konjunktur. Optimismus stützt die Nachfrage und treibt die Wirtschaft in einen weiteren Zyklus höheren Aktivitätsniveaus. Schwankungen resultieren nicht zuletzt aus Veränderungen der Erwartungen: Auch nicht realisierte Einkommen werden bereits disponiert über Konsumentenkredit: "Buy now, pay later". Dahinter steht die Figur des amerikanischen Wirtschaftsbürgers, dem Beobachter seit Tocqueville anhängen und die von Robert Merton wie folgt charakterisiert wurde:

> "In the American Dream there is no final stopping point. Americans want just about 25% more, but of course this 'just a bit more' continues to operate once it is obtained. The family, the school, and the workplace join to provide the intensive disciplining required if an individual is to retain intact a goal that remains elusively beyond reach."[1]

Das amerikanische Modell der Wohlstandsgesellschaft diente denn auch als Vergleichsfolie der Untersuchung, die ich für die Behandlung der ersten Phase der Bundesrepublik heranziehen kann.[2] Die empirische Basis dieser Untersuchung ist fast genau in der Mitte der 40 Jahre, nämlich 1967/68, angesiedelt. Ihre Ergebnisse erlauben es mir, die Bundesrepublik in einem internationalen Vergleich herauszuheben, der sich nicht nur auf die USA, sondern auch auf die Niederlande und Großbritannien erstreckt; in allen vier Ländern wurden, gefördert von der Ford-Stiftung, repräsentative Bevölkerungsumfragen durchgeführt.

Phase I: Erfolgserlebnisse

Wir stellten damals eben gerade nicht eine dem Zeitgeist entsprechende "Amerikanisierung von Europa" fest, sondern trafen einen scharfen Kontrast an zwischen den Reaktionen der Amerikaner und der Europäer, besonders der Deutschen, auf die Prosperität der 60er Jahre. In Deutschland herrschen, so schrieben wir damals - vielleicht ein wenig zu forsch, denn es rumorte ja schon - , Einstellungen und Verhaltensstrukturen, die von agrarischen, frühindustriellen, obrigkeitsstaatlichen und autoritären Wertvorstellungen geprägt sind. Diese Diagnose spitzten wir auf drei Punkte zu: Sicherheitsorientierung, Saturierung und Konsumzurückhaltung sowie schwach ausgeprägte Erwerbsneigung.

Sicherheitsorientierung: Die Deutschen der Bundesrepublik hatten in den fünfziger und sechziger Jahren einen besonders rapiden und nachhaltigen Aufschwung erlebt. Dennoch leugneten sie weit häufiger als andere Nationen, daß sie sich inmitten eines außerordentlich günstigen wirtschaftlichen Aufwärtstrends befanden. Viele von ihnen lebten in der Furcht einer Wirtschaftskrise, die für umso wahrscheinlicher gehalten wurde, je länger die guten Zeiten andauerten.

---

1 Robert Mearton: Social Theory an Social Action. New York 1988.

2 George Katona/Burkhard Strümpel/Ernest Zahn: Zwei Wege zur Prosperität - Konsumverhalten, Leistungsmentalität und Bildungsbereitschaft in Amerika und Europa. Düsseldorf 1971 (deutsche Übersetzung der amerikanischen Originalausgabe Aspirations and Affluence, New York 1970).

Im Brennpunkt ihrer Sorgen stand die Angst um den Geldwert, die eine von der Realität nahezu unabhängige Existenz führte. Inflationswahrnehmungen bestanden selbst in Zeiten stabilen Preisniveaus fort. Die Bedrohung durch die Inflation wurde so ernst genommen, daß die Mehrheit Bereitschaft äußerte, die praktisch sichere Aussicht auf steigende Realeinkommen zu opfern, wenn sie dafür nur Geldwertstabilität einhandeln könnte. Kurz nach der Minirezession 1966/67 trat Bundeswirtschaftsminister Schiller mit dem Vorschlag an die Öffentlichkeit, die Löhne und Gehälter sollten um 5% erhöht werden, um die Konsumnachfrage anzuregen und die Lohn- und Gehaltsempfänger für die hinter den Gewinnsteigerungen zurückbleibenden Einkommenserhöhungen zu entschädigen. Mehr als die Hälfte der Bevölkerung, und sogar der Arbeiter und Angestellten, wies diesen Vorschlag zurück.

Die Aufrechterhaltung und Sicherung des Erreichten ist vordringlicher als die Verbesserung. Schon 1957 erklärten 48% der Deutschen unumwunden, daß sie zufrieden wären, wenn nur ihre gegenwärtige wirtschaftliche Lage für die nächsten fünf bis zehn Jahre unverändert bliebe. 70% der Deutschen, verglichen mit nur 30 bis 40% der Amerikaner, Engländer und Holländer, nannten wirtschaftliche Sicherheit als wichtigstes Kriterium für die Berufswahl. Konrad Adenauer hatte seine motivanalytisch sorgfältig vorbereiteten Wahlkämpfe mit dem Schlagwort "Keine Experimente" gewonnen. Die Wahlen von 1969 verschoben die Akzente nur wenig. Die CDU warb mit dem Spruch "Sicher in die siebziger Jahre", während die Sozialdemokraten in deutlicher Abkehr von der aggressiven, aber erfolglose Taktik früherer Jahre das Thema "sichere Arbeitsplätze, stabile Wirtschaft" in den Vordergrund stellten. Der von den englischen Konservativen erfolgreich benutzte Appell zur Wiederwahl "Nie vorher ist es uns so gut gegangen" konnte nur in einem Land Resonanz finden, dessen Bürger unbefangener über Konsum und Wohlleben denken als die Deutschen.

Konsumzurückhaltung/Saturierung: Die Sparquote der privaten Haushalte, die in den 50er Jahren bei zwischen 7 und 8% des verfügbaren Einkommens gelegen hatte, stieg in den 60er Jahren auf zwischen 11 und 12% und seit etwa 1970 auf 12 bis 15%. Der Konsumkredit hat in Deutschland nie recht Fuß fassen können; er ist traditionell als Armeleuteschulden diskreditiert. Dies ist ein Kontrast zu dem beträchtlichen und ständig steigenden Volumen des Konsumentenkredits in den Vereinigten Staaten, einem Land, in dem das deutsche "Ansparen" wenig Anhänger hat und stattdessen das "Absparen" bereits gekaufter Autos und anderer dauerhafter Konsumgüter an der Tagesordnung ist. Auf die Frage, ob die Deutschen zur Zeit über ihre Verhältnisse, zu bescheiden oder angemessen lebten, brandmarkten in der ersten Phase jeweils mehr als die Hälfte der Befragten ihre Landsleute als zu konsumfreudig. Diese kritische Stellungnahme stieg im Gleichschritt mit der Erhöhung der Realeinkommen, nämlich von 52% 1958 auf über 60% 1963. Die den Befragten 1963 vom Institut für Demoskopie Allensbach vorgelegte Meinungsäußerung "Wir Deutsche legen zu großen Wert auf ein gutes Leben und leben über unsere Verhältnisse" erhielt Beifall von 61% und wurde nur von 29% abgelehnt.

Erwerbsneigung: Bereits seit 1955 schrumpft das Volumen der Erwerbsarbeit in der Bundesrepublik Deutschland entgegen verbreiteten Vorstellungen über die anregende Wirkung des Wirtschaftswunders auf die Nachfrage nach Arbeitskraft. Die Frage, ob Technik Arbeit wegrationalisiert, wird für die Bundesrepublik durch die Statistik des abnehmenden Arbeitsvolumens klar beantwortet. Natürlich wurde Arbeit wegrationalisiert, dennoch nahm die Beschäftigung zu. Die Auswirkung des technischen Fortschrittes auf die Beschäftigung hängt weitgehend davon ab, wie die Tarifpartner mit der Schrumpfung des Arbeitsvolumens umgehen. In der ersten Phase, besonders in den Jahren 1955 bis 1965, gelang es, Millionen von Aussiedlern und Flüchtlinge nicht zuletzt durch entschlossene Arbeitszeitumverteilung zu integrieren. Die Arbeitswoche wurde beherzt von 48 auf 45 und dann allmählich auf 40 Stunden verkürzt, eine Art der Beteiligung an den Produktivitätsfortschritten, die von den Arbeitnehmern trotz der entsprechenden Einengung der Lohnerhöhungsspielräume nicht nur ohne Murren akzeptiert, sondern auch dankbar quittiert wurde. Die Erwerbsquoten von Frauen erhöhten sich nur zögernd; immer mehr Frauen nahmen Teilzeitarbeit auf. Der Anteil weiblicher Arbeitskräfte am Gesamtvolumen der Erwerbsarbeit stagnierte; er stagniert praktisch bis heute.

Ich fasse meinen Rückblick zusammen: Die einzigartigen wirtschaftlichen Erfolge der ersten Phase wurden im großen und ganzen zu Erfolgserlebnissen der Menschen. Der Abbau der Arbeitslosigkeit, die massive Verkürzung der Arbeitszeit in all ihren Facetten und der Ausbau sozialstaatlicher Ansprüche entsprachen zweifellos dem besonderen, vielleicht überdimensionierten Sicherheitsbedürfnis der Deutschen, entsprachen aber auch den bereits damals deutlichen Symptomen materieller Saturierung, gepaart mit dem Wunsch nach mehr Freizeit und Entlastung von der Erwerbsarbeit, die nach dem Verschleiß durch Krieg und Wiederaufbau häufig als beschwerlich empfunden wurde. Die Akzeptierung von Netto-Reallöhnen, die hinter den Produktivitätsfortschritten weit zurückblieben, paßt ins Bild.

Wie verträgt sich die Charakteristik einer Bevölkerung, die sich nur zögerlich an die beiden Pole der Einkommenserzielung und Einkommensverwendung anschließen läßt, mit einer Ökonomie, die so glänzend reüssiert, daß ihr der Ehrentitel "Wirtschaftswunder" zuerkannt wurde? Die deutsche Wirtschaft, so war am Ende der ersten Phase unschwer zu erkennen, hatte sich in gewissem Sinne von ihrer eigenen Klientel emanzipiert. Sie war dank einer intensiven außenwirtschaftlichen Verflechtung in der Lage, eine hinter den Zuwachsraten des Sozialprodukts weit zurückbleibende Konsumgüternachfrage und einen unergiebig werdenden nationalen Arbeitsmarkt durch die Erschließung ausländischer Märkte zu kompensieren. Man denke einerseits an die hohen Export- und Leistungsbilanzüberschüsse und zweitens an die vielen ausländischen Arbeitskräfte, die in den letzten Jahren der ersten Phase angeworben wurden.

Phase II: Gewandelte Ansprüche - starre Institutionen

Die zweite Phase, die Anfang der 70er Jahre ansetzt, ist im Gegensatz zur ersten durch Diskontinuitäten der gängigen ökonomischen Erfolgsindikatoren bestimmt. Die zwei Ausschläge der Inflationskurve Anfang bis Mitte der 70er und Anfang der 80er Jahre können wir getrost auf sich beruhen lassen; sie wurden von den Deutschen stark beachtet, aber auch bald wieder vergessen. Der Rückgang der Realeinkommenszuwächse und deren Schwankungen, zeitweise sogar Realeinkommensverluste, sind ebenfalls nach den vorhandenen Indikatoren entgegen vielen Propheten einer Anspruchsrevolution, aber in Einklang mit der Diagnose aus der ersten Phase ohne Drama verdaut worden.

Dennoch: Mensch und Wirtschaft passen in dieser zweiten Phase bei weitem weniger zueinander als in der ersten. Ansprüche, Bedürfnisse, Werte einerseits und Anspruchserfüllung und Bedürfnisbefriedigung durch die Wirtschaft andererseits haben sich auseinanderentwickelt. Die Erklärung hierfür ist auf zwei neuralgische Punkte zuzuspitzen: Einmal die Fehlorganisation der Erwerbsarbeit, gemessen an der Evolution der Interessen und Lebensstile einer pluralistischen Gesellschaft, zum zweiten die ungeklärte Zukunftsperspektive einer auf Wachstum fixierten Wirtschaft, die in der Wahrnehmung der Menschen mit der ökologischen Herausforderung nicht fertig wird.

Erwerbsarbeit

Die Arbeitslosenstatistik der zweiten Phase ist, entgegen der Statistiken für Inflation und Realeinkommen, ein Dauerbrenner. Sie zeigt die bekannte Stufenform: 1973 erschien die erste Million am Horizont, die 80er Jahre brachten den Anstieg auf die zweite Million, Rückgänge der Arbeitslosigkeit waren geringfügig oder kurzlebig.

Bei den Auswirkungen der Arbeitslosigkeit ist zu unterscheiden ein enger Kreis der unmittelbar Betroffenen und ein weiterer Kreis - sagen wir, das mittlere Drittel der Dreidrittelgesellschaft. Nur nachrichtlich einige Stichworte zur Pointierung der bekannten statistischen Betroffenheit des engeren Kreises.

Erstens: In den letzten Jahren verzeichneten wir eine Konzentration auf Langzeitarbeitslose. Im Vergleich zu früher werden weniger Menschen arbeitslos, aber die durchschnittliche Dauer der Arbeitslosigkeit ist drastisch gestiegen. Weniger sind betroffen, diese aber länger und stärker.

Zweitens: Trotz der meinungsprägenden Analysen aus der Richtung der Industriesoziologie, die die Aufwertung der Arbeitsqualität bestimmter Facharbeitersegmente beschreiben, ist die Großwetterlage eindeutig: Arbeiter inclusive Facharbeiter werden während dieser Phase II im Vergleich zu anderen Berufskategorien zunehmend stärker durch Arbeitslosigkeit betroffen, und dies gilt besonders in den Teilen des güterproduzierenden Sektors, deren Beschäftigung schrumpft.[3]

Und drittens: Frauen stellen die Mehrheit der vergeblich Arbeit Suchenden. Zwar sind die Arbeitslosenquoten von Frauen, bezogen auf alle Erwerbspersonen, unter denen Frauen bekanntlich unterrepräsentiert sind, nur etwas höher als die von Männern. Hinzu kommt aber die beträchtliche stille Reserve, die eine weibliche Domäne ist.

Soviel zum engeren Kreis. Nun geht es aber bei den Auswirkungen der Arbeitslosigkeit nicht nur um das stark beachtete Segment der Arbeitslosen, sonst Arbeit Suchenden oder um ihren Arbeitsplatz Bangenden. Es geht auch um die Mehrheit derer, die zwar beschäftigt sind, aber deren Markt- und Machtposition gegenüber dem Arbeitgeber geschwächt ist, deren Optionen reduziert wurden. Gemeint sind verringerte Optionen für den Arbeitsplatzwechsel und für die Wahl des Arbeitsplatzes und des Arbeitszeitregimes. Einen Hinweis auf die breitgestreuten Wohlfahrtsverluste durch Arbeitslosigkeit gibt der Indikator Arbeitszufriedenheit, dessen Abfall seit dem Höhepunkt in der Mitte der sechziger Jahre von dem Wandel der Werte und Ansprüche an die Arbeit mitgeprägt ist. Dieser Indikator bündelt gewissermaßen die subjektive Reaktion auf die mit der Arbeitslosigkeit verbundenen Optionsverluste.

Arbeitsplatzwechsel: Die meisten Arbeitnehmer waren noch 1980 überzeugt, es würde ihnen leichtfallen, bei Verlust ihres Arbeitsplatzes wieder eine geeignete Stelle zu finden. 1985 war nur noch eine Minderheit von 21% dieser Meinung, während sich die eher skeptisch-resignierenden Antworten "schwierig" und "praktisch unmöglich" von 45 auf 76% vermehrt hatten. Inzwischen hat sich im Zuge der Konzentration der Betroffenheit auf Langzeitarbeitslose die Beurteilung der Arbeitsmarktlage durch die Mehrheit wieder etwas verbessert.

Wahl des Arbeitsplatzes: Die Arbeitgeber bevorzugen Arbeitnehmer rechten Geistes mit Normalbiographie. Als Auswahlkriterien für die Rekrutierung zur Stammbelegschaft figurieren nicht nur die bekannten askriptiven Merkmale Alter und Geschlecht, sondern auch der Grad der Übereinstimmung zwischen den Werten und der Weltanschauung der Bewerber und den Denkweisen derjenigen, die über die Einstellung entscheiden, aber auch die zugeschriebene Berufsorientierung, d.h. die Erwartung der Arbeitgeber, daß die Arbeitnehmer im Konfliktfalle die beruflichen Belange über die privaten und Freizeitinteressen stellen.[4] Schlechtere Karten haben die, denen es schwerfällt, sich mit den Zielen der beschäftigenden Organisation, wie sie sie wahrnehmen, zu identifizieren, die etwa den Vorrang von Gewinnzielen vor den Zielen der Beschäftigungssi-

3 Burkhart Strümpel/Florian Schramm: Arbeitslosigkeit und Arbeitsumverteilung in der Bundesrepublik Deutschland - Betroffenheit, Konflikt, Reformpotential. unveröffentl. Gutachten für das Bundeskanzleramt 1989.

4 Lutz v. Rosenstiel/Friedemann W. Nerdinger/Erika Spiess/Martin Stengel: Führungsnachwuchs in Unternehmen. Wertekonflikte zwischen Individuum und Oraganisation. München 1983; P. Windolf/H.-W. Hohn: Arbeitsmarktchance in der Krise. Betriebliche Rekrutierung und soziale Schließung. Frankfurt/M., New York 1984.

cherheit und des Umweltschutzes in Frage stellen. Die Chancen stehen schlecht aber auch für solche Bewerber, die sich nach der Möglichkeit unbezahlten Urlaubs erkundigen, vielleicht Lücken in ihrem Lebenslauf aufzuweisen haben, etwa ein Jahr um die Welt getrampt sind.

Aber in keinem Punkte wird die Beschränkung von Optionen als so schmerzhaft und gravierend empfunden wie hinsichtlich der Arbeitszeit. Eng damit verbunden ist der Rückstau einer fälligen Umverteilung der Erwerbsarbeit von Überbeschäftigten zu Unterbeschäftigten und von Männern zu Frauen. Dieser Rückstau läuft auf eine Verwerfung des weiblichen Arbeitsvermögens hinaus.

Immer mehr jüngere Männer und Frauen bestehen auf Ausgewogenheit des Verhältnisses zwischen Beruf und Privatsphäre. Der Primat der Berufsarbeit, der vordem im Konfliktfalle auf hohe Belastungstoleranz, ja auf eine Opferhaltung rechnen konnte, wird in Frage gestellt. Besonders die Jüngeren betonen hierzulande ihre Ansprüche auf eine autonome, nicht von den Anforderungen der Berufsarbeit konditionierte Privatsphäre. Die Distanzierung von den traditionellen Vorgaben der Erwerbsarbeit, die Ersetzung der "Opferethik" des Arbeitnehmers, der die Disziplin der Erwerbsarbeit fraglos akzeptiert, durch eine Art "Gleichgewichtsethik" ist offenbar bei den Deutschen stärker ausgeprägt als bei anderen Nationen, von denen entsprechende Aussagen bekannt sind.[5]

Die Hinwendung zur Gleichgewichtsethik wirkt sich für Männer und Frauen verschieden aus. Frauen waren die Hauptnutznießerinnen der Bildungsexpansion. Sie besuchen nun weiterführende Schulen und Universitäten fast so häufig wie Jungen und Männer und sind dort mindestens ebenso erfolgreich. Viele lassen sich unter keinen Umständen auf Kinder und Küche verweisen; sie streben in die Erwerbsarbeit und begrenzen die Familienarbeit, von der sie nach wie vor den Löwenanteil leisten müssen. Junge Männer ziehen nach, wenn auch vorsichtig. Partnerschaften sind der Ort intensiven Rearrangements von Lebensstilen, bei deren Planung immer häufiger schmerzlich empfunden wird, daß Frauen auf dem Arbeitsmarkt, Männer aber in der Familie benachteiligt sind. Derartige Lebenspläne sind manchmal nur Spielwiesen der Phantasie, häufig aber auch konkret ausgearbeitete Lebensentwürfe, wie sie sich beispielsweise an der Fixierung von Arbeitszeitpräferenzen ablesen lassen. Große Minderheiten von Vollzeitarbeitnehmern und -arbeitnehmerinnen wünschen Teilzeitarbeit in der Größenordnung von 30 Stunden. Diese Präferenzen werden besonders deutlich bei der Ermittlung der Wünsche von Ehepartnern, wenn man sie hypothetisch die "Familienerwerbszeit" planen läßt. Wenn man die unerfüllten Erwerbswünsche der Arbeitslosen und die stille Reserve der nicht als arbeitslos gemeldeten Hausfrauen der ungewünscht geleisteten Arbeitszeit gegenüberstellt, so ergibt sich zweierlei:

5 Peter Pawlowsky/Burkhart Strümpel: Arbeit und Wertewande: Replik, in: KZfSS 1986, 28. Jg., S. 19-38; kritisch: Karl-Heinz Reuband: Arbeit und Wertewandel - mehr Mythos als Realität, in: KZfSS 1985, 37. Jg., S. 723-746.

- Die Überbeschäftigung entspricht quantitativ etwa der Unterbeschäftigung, das heißt: Man könnte mit ihr Arbeitslosigkeit und stille Reserve abdecken. Wenn die Beschäftigten weniger tun wollen, gibt dies denen, die eine Beschäftigung suchen, die Chance, überhaupt etwas zu tun.
- Männer sind per Saldo überbeschäftigt, Frauen unterbeschäftigt, unbeschadet des hohen Anteils überbeschäftigter Vollzeitarbeiterinnen.

Die Erfüllung von Erwerbs- und Arbeitszeitwünschen in beiden Richtungen würde also einen Beitrag zur Gleichstellung von Männern und Frauen leisten. Immer wieder wird gefordert, daß verheiratete Frauen mit Kindern auf die Berufstätigkeit verzichten. Teilzeitarbeit wäre die bessere Lösung. Sie entspräche nicht nur den Interessen dieser Frauen, sondern auch denen vieler Vollzeitarbeiter, die verkürzte Arbeitszeiten vorziehen.[6]

Aus alledem wird klar: Die Pluralisierung der individuellen Lebensstile und Ansprüche und die Angleichung der Geschlechterrollen wird von der organisierten Arbeitswelt behindert oder vereitelt. Noch immer besetzen Arbeitgeber attraktive, chancenreiche Arbeitsplätze ausschließlich mit ständig beanspruchten, zeitlich voll verfügbaren, meist männlichen Arbeitnehmern, ohne zu bedenken, daß dies den Zugang zu dem reichen weiblichen Qualifikationspotential verstellt, zumindest die Mitarbeit vieler Frauen ausschließt, die ihr Familienleben dem Beruf nicht opfern wollen. Die fortgesetzte Verwerfung des weiblichen Leistungsvermögens, wie sie durch die Unterbeschäftigung erleichtert wird, setzt nicht nur eine wichtige Produktivkraft aufs Spiel. Sie beeinträchtigt auch das individuelle Wohlergehen der Frauen und ihrer Familien. Lebenspläne werden durchkreuzt, Fähigkeiten und Fertigkeiten verkümmern, partnerschaftlich-egalitäre Lebensstile scheitern an der von der Arbeitswelt erzwungenen, sehr häufig als unzumutbar empfundenen Aufrechterhaltung der traditionellen Rollenteilung zwischen Männern und Frauen. Dahinter steht noch immer, fast ungebrochen, das "Normalarbeitsverhältnis", das kontinuierliche Vollzeitarbeit verordnet. Dieses ist vermutlich ein Fossil aus der hohen Zeit der Industrialisierung und Bürokratisierung. Der 40-Stunden/Elf-Monats-Kontrakt, auf den noch immer 90% des Arbeitsvolumens entfallen, ist durch die mannigfaltigen Möglichkeiten, ja Notwendigkeiten der Flexibilisierung von Produktionsverhältnissen in Frage gestellt. Das Quasi-Monopol der standardverpackten Arbeit hat sich überlebt, aber es ist quicklebendig.

Wachstum und physische Umwelt

Wir konstatieren, daß die Deutschen der ersten Phase vom Wirtschaftswunder überrascht, fast desorientiert wurden, und es will scheinen, als seien sie erleichtert gewesen, als zu Beginn der zweiten Phase die Krise nun wirklich kam, zusammen mit apokalyptischen Visionen und asketisierenden Aufrufen á la Erhard Eppler. Aber was bleibt eigentlich aus der Sicht von 1989 von den Gren-

6 Harald Bielenski/Burkhard Strümpel: Eingeschränkte Erwerbsarbeit bei Frauen und Männern. Berlin 1988.

zen des Wachstums, einem Leitbild, das gerade das Bewußtsein der deutschen Öffentlichkeit der zweiten Phase recht kontinuierlich geprägt hat? Was folgte aus der Grundsatzdebatte über den Sinn der Produktion, von Groß- und Informationstechnologien, von vermeintlichen oder tatsächlichen Sachzwängen des wirtschaftlichen Wachstums und seinen möglichen schädlichen Folgen für Natur und soziale Zusammenhänge?

Wir wissen, daß soziale Bewegungen in der Bundesrepublik besonders aktiv und konsequent gegen die Kernenergie, gegen manche Praktiken und Folgeprobleme der Chemieproduktion, gegen Autobahn- und Flugplatzausbau und gegen die Volkszählung als Symbol der gläsernen Informationsgesellschaft Stellung bezogen haben; daß sie zeitweise die Produzenten, Betreiber, die öffentliche Verwaltung beunruhigt, ja alarmiert haben, und daß sie vielleicht sogar auf der internationalen Arena konfliktträchtig sind. Man denke an die Attacken der deutschen und nordeuropäischen Umweltschützer gegen die französische und britische Industrie, denen die Hauptverantwortung für die Verschmutzung von Rhein und Nordsee zugemessen wird, oder das Kopfschütteln, mit denen sich mancher Franzose über die vermeintliche deutsche Fixierung auf Umweltschutz mokiert. "Le waldsterben" ist zum geflügelten Wort geworden.

Wie ist die Tragweite dieser Bewegungen und Denkweisen einzuschätzen? Auf jeden Fall fügt die von manchen als postmaterialistisch bezeichnete Grundsatzkritik an der Wirtschaft der Anschauung der pluralistischen Gesellschaft eine wichtige Dimension hinzu, die der Beschreibung und Differenzierung bedarf - Pluralisierung eben nicht nur der Lebensstile, sondern auch der staatsbürgerlichen Orientierungen und Ideologien. Es gibt keine wachstums- und technikkritische "herrschende Meinung", die sich im Publikum durchgesetzt hätte.[7]

Wir müssen daher sorgfältig drei Denkweisen unterscheiden. Wir finden einmal die zwei bekannten Extreme des Einstellungsspektrums. An diesen Extremen ist man mit sich und der Welt im reinen. Man glaubt oder weiß, wenn man einem "strukturkonservativen" industriellen Paradigma anhängt, daß etwa Kernkraft gut ist, ungefährlich, beherrschbar, rentabel. Ebenso glauben die Gegner des Industriesystems, daß Wachstum, industrielle Expansion und Kernkraft nicht nur unrecht oder unnütz sind, sondern auch noch schlechte Konsequenz in einer ganzen Palette von kritischen Dimensionen nach sich ziehen.

Viel interessanter ist aber der dritte Typ, man möchte sagen, die schweigende Mehrheit, wenn dieser Begriff nicht schon in anderem, wenig vorteilhaften Zusammenhang vergeben wäre. Von ihren gesellschaftlichen Gefühlen her, den spontanen Assoziationen, die wirtschaftlichem Wachstum entgegengebracht werden, kann diese Mehrheit als dissonant eingestuft werden: Wachstum ist nötig, hat aber negative Auswirkungen.

Die Wirtschaft erscheint als komplizierter, geradezu naturgesetzlich ablaufender Prozeß. In den Worten eines Befragten: "Die Wirtschaft ist wie ein Uhrwerk,

---

7 Michael v. Klipstein/Burkhard Strümpel: Wertewandel und Wirtschaftsbild der Deutschen. Aus Politik und Zeitgeschichte, B. 42/85 (Beilage zur Wochenzeitung das Parlament), S.19-38

da greift eins ins andere". Jeder Versuch, von außen im Interesse der Menschlichkeit einzugreifen, riskiert also den Stillstand dieses komplizierten Räderwerks. Mehr Konsum scheint häufig als eine Art Öl betrachtet zu werden, als Schmiermittel, das die Wirtschaft am Leben hält. Eine Hausfrau sagt: "Wachstum brauchen wir nicht; aber ich glaube, das ginge nicht. Gesamtwirtschaftlich gesehen wäre das wahrscheinlich nicht machbar. Wenn alle Leute auf ihrem Geld sitzen bleiben und nicht mehr kaufen, dann wird es doch noch schlimmer." Und noch prägnanter bringt ein Facharbeiter die Achillesferse unserer Wirtschaftsverfassung auf einen Nenner: "Wir brauchen Wachstum, um unseren Lebensstandard zu halten."

Wenn es um Arbeitsplätze geht, wird Wachstum dem Umweltschutz vorgezogen; wird dagegen Wachstum mit Konsumsteigerungen in Verbindung gebracht, hat Umweltschutz den Vorrang. Viele Bürger, so interpretieren wir diesen Befund, befinden sich bei den genannten Entscheidungen in einer Dissonanz zwischen ihrer Rolle als Produzent mit bedrohtem Arbeitsplatz und als Konsument mit gesättigten Bedürfnissen.

Die Mehrheit der Bevölkerung pendelt in Sachen Wachstum und Umwelt zwischen grünen Gefühlen und technokratischen Argumenten ratlos hin und her: Ohne technischen Fortschritt sinkt die Wettbewerbsfähigkeit, ohne Wachstum steigt schon heute die Arbeitslosigkeit und bricht morgen vielleicht die Wirtschaft zusammen, aber mit Wachstum und technischem Fortschritt steuern wir übermorgen in die Umweltkatastrophe, und schon heute wird das Leben immer anstrengender und hektischer.[8]

In diesem Wirtschaftsbild vieler Menschen fügen sich die vielen einzelnen wirtschaftlichen Handlungen eben nicht mehr, wie bei der "unsichtbaren Hand" von Adam Smith und seinen modernen Nachfahren, zum gesamtwirtschaftlichen Guten, sie addieren sich eher zu Drohungen, Angst, Unsicherheit.

Eine Quelle des Unbehagens vieler Menschen liegt in der rational und emotional kaum zu bewältigenden Handlungslogik der expandierenden kapitalistischen Wirtschaft. Das Versprechen einer ökologischen Wende, einer Versöhnung von Wirtschaft und Natur, ist in dieser zweiten Phase nicht eingelöst worden. Qualitatives Wachstum ist eine leere Worthülse geblieben. Bei allen Teilerfolgen der Umweltpolitik sind es die alten materialintensiven und ökologisch bedrohlichen Industrien, die zur Zeit Produktionsrekorde erzielen: Fahrzeugbau, Stahl, Chemie. Selbst die großen Anstrengungen der letzten Jahrzehnte in Sachen Umwelt- und Ressourcenschutz, - Katalysator, Entschwefelung von Kraftwerken, Erhöhung des Wirkungsgrades von Kraftstoffen, Wärmedämmung - erweisen sich in der Rückschau, gemessen an den Problemlagen Klimaveränderung, Lärm, Naturschutz, Verkehrssicherheit, als Pyrrhussiege; sie werden von der schieren Expansion überrollt oder verpuffen als Tropfen auf dem heißen Stein einer stärker sensibilisierten Öffentlichkeit.

---

8 Ebenda.

Lernen und Verlernen

Die Dimension des Themas erzwingen subjektive Akzentuierungen und heroische Vereinfachungen. An so unterschiedlichen Erlebnisbereichen wie Erwerbsarbeit und wirtschaftliches Wachstum versuchte ich zu belegen, daß in der Phase II der Wirtschaftsgeschichte der Bundesrepublik Deutschland gewandelte Ansprüche der Menschen auf starre Strukturen der Institutionen treffen, die Wirtschaft und Beschäftigung prägen.

Man könnte es nun einmal, etwa im Sinne der Sozialindikatorentradition, bei der Identifizierung von Wohlfahrtsdefiziten bewenden lassen. Man kann aber auch weiter nachdenken über die verpaßten Chancen der Phase II oder die noch nicht verpaßten Chancen der nächsten 20 Jahre. Die Erfolge der Phase I waren ja nicht naturwüchsig, sind den Akteuren nicht in den Schoß gefallen. Aufmerksame Beobachter wie Joseph Schumpeter hätten keinen Pfifferling darauf gewettet, daß in der Nachkriegszeit der historische Kompromiß zwischen Kapitalismus, Sozialismus und Demokratie, eine sozialorientierte Marktwirtschaft, angereichert mit wirtschaftsdemokratischen Zügen, zustandegekommen und reüssieren würde.

Wir haben also allen Grund, die Chancen von sozialen Innovationen, von Rückkoppelungs- und Steuerungsmechanismen zu erkunden: Etwa die Handlungslogiken der Akteure, der Menschen, die eine andere Wirtschaft wollen. Tun sie etwas dafür? Dies ist eine Frage der Interpretation und Politisierung von Wohlfahrtsansprüchen. Ich habe zu zeigen versucht, daß die hohe Arbeitslosigkeit in der Bundesrepublik ein Negativsummenspiel ist: Viele Verlierer und kaum Gewinner; wird sie auch als Negativsummenspiel empfunden und politisiert, z.B. in der Programmatik der Frauenbewegung? Und inwieweit stoßen diese Ansprüche an schwer verrückbare Grenzen der Akzeptanz und Lernfähigkeit einer Wirtschaft, die vielleicht im Sinne von Bert Brecht ein anderes Volk ersehnt, sich etwa das alte von Phase I zurückwünscht?

40 Jahre sind reich an Lektionen, aber kollektives Lernen ist, wie das Beispiel unseres Landes zeigt, leider keine Einbahnstraße. Es ist vielmehr das Verlernen bewährter institutioneller Problemlösungen der jüngeren Vergangenheit, wie etwa der Arbeitsumverteilung der Nachkriegszeit, das heute das Verhältnis zwischen Mensch und Wirtschaft empfindlich belastet. Vielleicht haben wir Sozialwissenschaftler nicht zuletzt die Aufgabe, zusammen mit unseren Kollegen, den Historikern, die kollektive Erinnerung an erfolgreiche Problemlösungen zu beleben.

Literatur

Bielenski, Harald/Strümpel, Burkhard: Eingeschränkte Erwerbsarbeit bei Frauen und Männern. Berlin 1988.

Katona, George: Psychological Analysis of Economic Behavior. New York 1951.

Ders./Strümpel, Burkhard/Zahn, Ernest: Zwei Wege zur Prosperität - Konsumverhalten, Leistungsmentalität und Bildungsbereitschaft in Amerika und Europa. Düsseldorf 1971 (deutsche Übersetzung der amerikanischen Originalausgabe: Aspirations and Affluence. New York 1970).

Klipstein, Michael v./Strümpel, Burkhard: Wertewandel und Wirtschaftsbild der Deutschen. Aus Politik und Zeitgeschichte, B.42/85 (Beilage zur Wochenzeitung das Parlament), S.19-38.

Merton, Robert G.: Social Theory and Social Action. New York 1968.

Pawlowsky, Peter/Strümpel, Burkhart: Arbeit und Wertewande: Replik, in: KZfSS 1986, 28. Jg., S. 19-38.

Reuband, Karl-Heinz: Arbeit und Wertewandel - mehr Mythos als Realität, in: KZfSS 1985, 37. Jg., S. 723-746.

Rosenstiel, Lutz v./Nerdinger, Friedemann W./Spiess, Erika/Stengel, Martin: Führungsnachwuchs in Unternehmen. Wertekonflikte zwischen Individuum und Oraganisation. München 1983.

Strümpel, Burkhart/ Schramm, Florian: Arbeitslosigkeit und Arbeitsumverteilung in der Bundesrepublik Deutschland - Betroffenheit, Konflikt, Reformpotential. unveröffentl. Gutachten für das Bundeskanzleramt 1989.

Windolf, P./Hohn, H.-W.: Arbeitsmarktchance in der Krise - Betriebliche Rekrutierung und soziale Schließung. Frankfurt/M., New York 1984.

Berichte aus den Arbeitsgruppen

Arbeitsgruppe 1: Veränderungen von Arbeitsorientierungen

Moderator: Walter Heinz
Berichterstatter: Heinz Brauer

Die Diskussion in der Arbeitsgruppe bezog sich auf Themen wie: Wer sind die Träger des alten kulturellen Modells und wer eines neuen? Welche Unterschiede gibt es zwischen den Geschlechtern? Gibt es Zusammenhänge zwischen der Lebenslage und der Kohorte? Welchen Stellenwert hat die Arbeit im Lebenskonzept der Jugendlichen? Gibt es vielleicht eine Avantgarde, die Träger eines neuen kulturellen Modells ist? Es wurde auch die Frage aufgeworfen, ob nicht bereits frühere Jugendgenerationen Momente dessen hatten, was heute als neues kulturelles Modell charakterisiert wird? Auch wurden forschungsmethodische Fragen angeschnitten.
Bei einem Vergleich zwischen dem Projekt "Arbeiterbewußtsein in der Wirtschaftskrise"[1] und dem Projekt "Arbeitsorientierungen von Jugendlichen"[2] fielen vor allem die Veränderungen im Verhältnis zur Lohnarbeit auf. So war bei den befragten Arbeitern in der älteren Studie besonders deutlich, daß die Lohnarbeit ein sinnstiftendes Moment von zentraler Bedeutung für die Identitätsbildung war und ist. Um dies zu illustrieren, sei ein Zitat von einem Arbeiter aus dem Interviewmaterial des Projekts "Arbeiterbewußtsein in der Wirtschaftskrise" angeführt:

> "Meine Generation kann noch arbeiten. Die nächste, wenn ich so meinen Sohn sehe, so diese Wohlstandskinder ab 1960 aufwärts, können Sie sagen, die können Sie vergessen. Wenn ich heute 19 Jahre bin und gehe da drei Tage arbeiten, auch - Bandarbeit, paßt mir nicht. Ich hab keine Lust, dann hau ich in 'n Sack. Dann hau'n die wieder ab. Das ist nicht gut mit 19 Jahren! Mit welchen Recht? Mensch, der ist 19 Jahre, hat keine linken Hände, ist kerngesund, der hatte keine Lust, weil er am Band arbeiten muß. Das ist doch nicht normal!" [3]

Hier wird von einem älterem Arbeiter ein Bild von Normalität beschrieben, das er selbst zutiefst verinnerlicht hat; ein Bild von Lohnarbeit, das ihn und seine Generation prägt.

---

1 Rainer Zoll (Hg.): "Die Arbeitslosen, die könnt' ich alle erschießen." Arbeiterbewußtsein in der Wirtschaftskrise II. Köln 1984; ders.: "Hauptsache, ich habe meine Arbeit." Krisenangst und Identität von Arbeitern. Frankfurt 1984.

2 Rainer Zoll u.a.: Nicht so wie unsere Eltern! Ein neues kulturelles Modell? Opladen 1989.

3 S. Enno Neumann: Von der Selbstverleugnung zur Selbstverwirklichung, in: Rainer Zoll u.a.: Nicht so wie unsere Eltern, S. 232

Dagegen ein kurzes Zitat, das stellvertretend für viele andere steht, eines jungen, zweiundzwanzigjährigen arbeitslosen Werftarbeiters:

> "Mein Leben soll nicht bloß arbeiten sein. Mein Leben soll auch Leben sein."

Die kulturellen Veränderungen, die hier im Vergleich der Generationen zum Ausdruck kommen, lassen sich durch die beiden Zitate nur andeuten.

Im Zusammenhang mit der Diskussion forschungsmethodischer Fragen wurden auch die Erhebungs- und Auswertungsmethoden des Projekts "Arbeitsorientierungen von Jugendlichen" vorgestellt: Für die Erhebung des empirischen Materials wurden themenzentrierte Interviews eingesetzt, die sich an der von Fritz Schütze beschriebenen Technik des narrativen Interviews orientierten. Diese Interviews wurden transkribiert und mit dem Verfahren der objektiven Hermeneutik (Ulrich Oevermann) interpretiert. Sowohl die Technik der Interviewführung als auch das Verfahren der kollektiv hermeneutischen Textinterpretation wurden in dem vorangegangenen fünfjährigen Forschungsprojekt "Arbeiterbewußtsein in der Wirtschaftskrise" angeeignet und für den Bezugsrahmen der jeweiligen Forschungsprojekte weiterentwickelt. Die Methodik wurde in den Forschungsprojekten "Arbeitsorientierungen von Jugendlichen" und auch in dem Projekt "Arbeitslose und Gewerkschaft" erneut angewandt.

In der kontroversen Diskussion über die These eines neuen kulturellen Modells wurde übereinstimmend auf die Verlängerung von Adoleszenz- und Postadoleszenz hingewiesen. Offen blieb, ob die Merkmale eines neuen kulturellen Modells typisch für eine Entwicklungsphase von Jugendlichen sind, die später durch die Mächtigkeit sozialer Zwänge eingeebnet werden oder sie künftig die Alltagskultur überhaupt prägen werden. Die Bemühungen um eine partizipative Unternehmenskultur wurden in diesem Zusammenhang als Reaktion auf die stärkeren kommunikativen Bedürfnisse der Beschäftigten gedeutet

Alessandro Cavalli wies auf die Gefahr hin, daß die These eines neuen kulturellen Modells zu verdinglichen drohe. Er betonte, daß bei der Rezeption der Forschungen über das neue kulturelle Modell auffalle, daß diese in einer Weise interpretiert werden, als wenn es schon ein breites Phänomen sei, das bereits den Charakter von Selbstverständlichkeit habe. Das alte kulturelle Modell dagegen, das von der protestantischen Ethik geprägt ist, sei bereits abgelöst. Die These eines neuen kulturellen Modells sei vielmehr der Versuch, strukturelle Veränderungen bei den Jugendlichen begrifflich zu fassen und eine Übergangssituation zu beschreiben. Es handele sich also um ein Arbeitsinstrument, das auch weiterhin zu überprüfen ist.

Beispiele aus den Forschergruppen von Walter Heinz sowie von Martin Friedrich-Freska aus Berlin zeigten, daß auch sie eine Tendenz zur Selbstbezüglichkeit bei Jugendlichen gefunden haben.

Konsens bestand weiterhin darin, daß die Beobachtungen über soziokulturelle Veränderungen, zum Beispiel durch Langzeitstudien, aber auch internationale Vergleiche, weiter verifiziert werden müßten.

Literatur

Enno Neumann: Von der Selbstverleugnung zur Selbstverwirklichung, in: Rainer Zoll u.a.: Nicht so wie unsere Eltern! Ein neues kulturelles Modell? Opladen 1989.

Zoll, Rainer (Hg.): "Die Arbeitslosen, die könnt' ich alle erschießen." Arbeiterbewußtsein in der Wirtschaftskrise II. Köln 1984.

Ders.: "Hauptsache, ich habe meine Arbeit." Krisenangst und Identität von Arbeitern. Frankfurt 1984.

Ders. u.a.: Nicht so wie unsere Eltern! Ein neues kulturelles Modell? Opladen 1989.

Arbeitsgruppe 2: Selbstentwürfe und Identitätsprobleme junger Frauen

Moderatorin: Carmen Leccardi
Berichterstatterin: Mechtild Oechsle

Zentral für die Diskussion der Arbeitsgruppe war die Frage, ob das neue kulturelle Modell, dessen verschiedene Facetten auf diesem Symposium beleuchtet wurden, für beide Geschlechter gleichermaßen gültig ist oder ob hier nicht doch stärker geschlechtsspezifische Differenzen zu berücksichtigen sind. Diese Frage drängte sich geradezu auf angesichts der Beobachtung, daß fast alle Analysen des neuen kulturellen Modells, die hier vorgetragen wurden, geschlechtsunspezifisch waren. Von wenigen Ausnahmen abgesehen, wurde unterstellt, daß das neue kulturelle Modell geschlechtsunabhängig sei, also gleichermaßen Gültigkeit für Männer wie für Frauen besitze. Die Arbeitsgruppe stellte sich deshalb die Frage, was das neue kulturelle Modell für Frauen im besonderen bedeutet. Diese Frage ist deshalb außerordentlich wichtig, weil das alte kulturelle Modell durch eine scharfe Differenzierung männlicher und weiblicher Rollen charakterisiert ist, während sich im Rahmen des neuen kulturellen Modells doch eher eine Entdifferenzierung geschlechtsspezifischer Rollen abzeichnet. Bedeutet dieser Prozeß der Entdifferenzierung, daß sich männliche und weibliche Rollen zunehmend angleichen oder gibt es weiterhin Differenzen und welche wären diese?
Die Diskussion in der Arbeitsgruppe kam zu dem Ergebnis, daß wir im neuen kulturellen Modell zwei durchaus gegenläufige Tendenzen beobachten können. Zum einen läßt es sich durchaus als Annäherung an weibliche Muster von Lebensführung begreifen (ein Stichwort hierzu ist die zunehmende Bedeutung von Expressivität und Kommunikation). Man könnte also die These vertreten, daß das neue kulturelle Modell so etwas wie Fragmente des weiblichen Lebenszusammenhangs enthält. Dies verweist zugleich auf eine Krise der Männlichkeit im alten kulturellen Modell - d.h. zentrale Momente männlicher Identität und männlicher Normalbiographie werden durch das neue kulturelle Modell in Frage gestellt, zumindest aber relativiert. Dies gilt sowohl für das in der protestantischen Ethik implizierte Verständnis von Beruflichkeit und Pflichterfüllung, wie überhaupt für die Vorstellung von der Planbarkeit und Beherrschung des eigenen Lebenslaufs. In gewisser Weise läßt sich also das neue kulturelle Modell als Absage an den dominierenden Aspekt von Askese, Kontrolle und Selbstbeherrschung in der Lebensführung interpretieren. Auf der anderen Seite kann man aber auch die gegenläufige Tendenz feststellen, daß sich in den Lebensentwürfen und den Orientierungen, vor allem von jungen Frauen, eine Annäherung an das männliche Modell abzeichnet; prominentestes Beispiel dafür ist die zunehmende Erwerbsorientierung von Frauen, aber auch ihr generelles Interesse an mehr Autonomie in der Lebensführung. Dies bedeutet

für die Analyse des neuen kulturellen Modells, daß der Blick sich sehr viel präziser sowohl auf Prozesse der Angleichung wie der Differenzierung zwischen männlichen und weiblichen Orientierungen und Lebensentwürfen richten müßte. Dies impliziert nicht zuletzt die Frage nach fortbestehender (oder auch neuer) Ungleichheit zwischen den Geschlechtern und lenkt den Blick auf Ungleichzeitigkeiten im Prozeß der Annäherung männlicher und weiblicher Lebensformen.

Auch dem Begriff der Ungleichzeitigkeit kommt hier eine zentrale Schlüsselstellung zu. Wir gehen davon aus, daß Frauen, wenn man so will, in drei Zeiten gleichzeitig leben: Einerseits sind sie Nachzüglerinnen im Prozeß der Arbeitsmarktindividualisierung. Sie müssen sich die protestantische Ethik und die mit ihnen verbundenen Muster von Lebensführung (vor allem im Sinne eines eigenverantwortlichen, planenden und rationalisierten Umgangs mit der eigenen Lebenszeit) erst aneignen - und im gleichen Atemzug auch schon wieder relativieren und darüber hinausgehen. Zugleich sind Frauen - etwas plakativ ausgedrückt - Vorreiterinnen des neuen kulturellen Modells, vor allem Hinblick auf die in diesem Modell implizierte biographische Flexibilität. Nicht zuletzt durch ihre Sozialisation erfahren Frauen eine Einübung in die Fähigkeit zu biographischer Flexibilität im Sinne einer Anpassung biographischer Entscheidungen an die Bedürfnisse anderer und einer prinzipiellen Revidierbarkeit der eigenen Biographie in Abhängigkeit von den Anforderungen anderer Biographien.

Ein wesentliches Moment des neuen kulturellen Modells sind die in ihm enthaltenen Wahlmöglichkeiten, die größeren Handlungsspielräume, die ja zugleich an Individuen auch größere Anforderungen hinsichtlich ihrer Selbststeuerungsfähigkeit stellt und sie mit neuen Risiken konfrontiert. Zugleich entstehen neue normative Anforderungen; für Frauen bedeutet dies unter anderem, daß der doppelte Lebensentwurf nicht nur eine Wahlmöglichkeit unter anderen darstellt, sondern zunehmend zu einer neuen Norm für Frauen wird. Die doppelte und kompetente Teilhabe sowohl an gesellschaftlich organisierter Erwerbsarbeit wie an privater Reproduktionsarbeit wird zu einem neuen normativen Modell für den Lebenslauf von Frauen. Wird dies von vielen Frauen auch als Erweiterung ihrer Lebenschancen betrachtet, so gibt es doch auch Frauen, die dies als Überforderung erleben und in Interviews auch so thematisieren: als Zwang, Mann und Frau zugleich zu sein, zwei sich letztlich widersprechende Anforderungen zugleich zu erfüllen.

Zusammenfassend läßt sich die Diskussion in der Arbeitsgruppe über "Lebensentwürfe und Identitätsprobleme junger Frauen" dahingehend resümieren, daß der Begriff der Differenz von zentraler Bedeutung für die Analyse des neuen kulturellen Modells ist. Wenn man von einem neuen kulturellen Modell spricht, dann sollte man dies nicht in geschlechtsunspezifischer Weise tun, sondern den Blick auf die Differenzen in den Orientierungen von Männern und Frauen richten. Paradigmatisch ist hier der Ansatz der italienischen Forschergruppe um Alessandro Cavalli, die in ihrer Untersuchung über die Zeitwahrnehmung von Jugendlichen männliche und weibliche Formen der Zeitwahrnehmung getrennt untersucht hat und zu dem Ergebnis kam, daß die in der Analyse männlicher Zeitwahrnehmung gefundenen Kategorien sich nur sehr bedingt auf die Zeitstrukturen von jungen Frauen übertragen lassen, da der weibliche Lebenszusammenhang bei allen Angleichungstendenzen dennoch fundamental anders strukturiert ist. Die Perspektive für weitere Diskussion und empirische Forschungsarbeit müßte also sein, diese Geschlechterdifferenz in der Analyse des neuen kulturellen Modells systematisch mitzuberücksichtigen.

Arbeitsgruppe 3: Beinhaltet die kommunikative Kultur eine neue Ethik?

Moderator: Klaus Körber
Berichterstatter: Rainer Volz

Die intensive dreistündige Diskussion wird anhand von vier Stichworten zusammengefaßt:
(1) Von der moralischen Entscheidung zur Abwägung von Lebensstilen
(2) Politische und pädagogische Implikationen des kommunikativen Modells
(3) Anfragen an das Modell kommunikativer Verständigung
(4) Universalismus - Eurozentrismus - Differenzethik

Zu (1): Von der moralischen Entscheidung zur Abwägung von Lebensstilen

Empirisches Bezugsfeld der Diskussion war die italienische Untersuchung von Marita Rampazzi et al. (die Mitdiskutantin war) über Entscheidungsprobleme junger Männer und Frauen in Süditalien. Ausgangspunkt war hier dasselbe Problem, von dem Frau Oechsle gerade berichtet hat: die "double career" von Frauen als Berufstätige und als Hausfrauen/Mütter und die Frage einer je angemessenen Lebensperspektive. Thema unseres Gesprächs war die Frage: Was heißt die Situation der "double career" für die *ethische Entscheidungsfindung*?
Die Analyse der italienischen Untersuchungsergebnisse ergab: Entscheidungen über Lebensperspektiven sind immer weniger eine Sache moralischer Entscheidungen, sondern Ergebnis einer quasi kalkulierenden Abwägung von Lebensstilen und Lebensformen. Die jungen Frauen in der Untersuchung wogen gewissermaßen die Vor- und Nachteile der beiden gegensinnigen Lebensformen - Hausfrau/Mutter versus berufstätige Frau - gegeneinander ab und kamen so zu einer Entscheidung.
In der Sprache des Entwicklungsschemas von Kohlberg kann man sagen: die Entscheidungsfindung geht vom "konventionellen" Stadium in das "postkonventionelle" über, in jenes Stadium also, in dem auf einer Metaebene der Geltungsanspruch von Normen selbst zum Gegenstand der Abwägung, Reflexion und Entscheidung gemacht wird.

Zu (2): Politische und pädagogische Implikationen der neuen kommunikativen Kultur

Die Diskussion dieses Punktes ging empirisch von den Ergebnissen des Projekts "Arbeitsorientierungen von Jugendlichen" und theoretisch-konzeptionell von der Theorie der kommunikativen Kompetenz von Habermas und Apel aus. Mit Blick auf pädagogische und politische Praxis wurde gefragt: was sind die Voraussetzungen für das Funktionieren dieses Modells? Kolleginnen aus der Arbeitsgruppe brachten Beispiele aus der erwachsenenpädagogischen und der Berufsbildungspraxis. Beim Durchgehen durch diese Praxisbeispiele schien Folgendes deutlich zu werden:

- Es kommt darauf an, eine Gruppensituation zu schaffen, in der eine zwanglose und halbwegs differenzierte Kommunikation möglich ist. Damit sind außerkognitive, emotionale und situative Bedingungen angesprochen.
- In pädagogischen Settings mit jungen Leuten ist es wichtig, daß die Pädagoginnen und Pädagogen, Gruppenleiterinnen und Gruppenleiter usw. den Jugendlichen Identifikationsmöglichkeiten bieten, so daß sich bei ihnen tatsächlich so etwas wie ein Ich-Ideal bilden kann. Mit "Ich-Ideal" ist nicht eine rigide Über- Ich-Instanz gemeint, sondern die Dinge, die für mich - als Leiter/in - wichtig sind, um derentwillen ich mich liebe und achte und die ich dann in der pädagogischen Situation vermittle; nicht einmal in erster Linie in verbaler Kommunikation, sondern in der Art, wie sich die Gesamtpersönlichkeit gibt, in der Schaffung von Situationen, in der solche Identifikation möglich ist. Erst solche Situationen ermöglichen den Schritt von der Einsicht in eine Norm zur Befolgung einer Norm.
- Zu den Voraussetzungen für eine im emphatischen Sinne von Habermas/Apel auch in der Realität "funktionierenden" Kommunikation gehören auf der Seite der Kommunizierenden die Fähigkeit zur Reflexivität, d.h. die Bereitschaft zu einem zumindest gewissem Maß an Introspektion und die Fähigkeit und Bereitschaft zur Verbalisierung der inneren Zustände und Gefühle.

Zu (3): Anfragen an das Modell kommunikativer Verständigung

Die Motivation dazu, die folgenden Anfragen an das Modell kommunikativer Verständigung von Habermas/Apel zu stellen, war ein Problem, das Thomas Ziehe in seinem Vortrag am Vormittag angedeutet hat: Was passiert eigentlich im Übergang von der Einsicht in eine Norm (daß sie eben "sinnvoll", "gut", "vernünftig" usw. sei) zu ihrer Befolgung bzw. zu der Situation, in der sie nicht befolgt wird? Ich kann mir beispielsweise klar machen, daß es sinnvoll ist, am frühen Abend ins Bett zu gehen, weil ich am kommenden Morgen früh aufstehen muß und ich einen schweren Tag vor mir habe usw. - und dennoch "habe ich keinen Bock dazu" und bleibe lange auf.
Anhand dieses und einiger anderer Beispiele schien der Arbeitsgruppe, daß es hier Leerstellen im kommunikativen Modell gibt. Diese wurden im folgenden etwas genauer identifiziert:
(1) Welchen systematischen und gewissermaßen transzendentalen Ort haben Körperzustände, körperliche und psychische Befindlichkeiten im Modell kommunikativer Verständigung? Wie ist im Modell und damit für die "gelingende Praxis" ihr Verhältnis zu den kognitiven Elementen der Kommunikation konzipiert? Als Beispiel: Alle in einer Gruppe sind sich einig, daß "man" "eigentlich" noch weiterarbeiten müßte, aber alle sind hundemüde...
(2) Die Arbeitsgruppe hat sich vor Augen geführt, daß Kommunikation meist die - wie auch immer geartete - Artikulation von Interessen und deren In-Bezie-

hung-Setzen einschließt. Wie sieht es mit der deutlichen oder verdeckten Artikulation von Interessen aus, und wie werden sie durchgesetzt: per "Durchdrücken" oder "Kompromiß" usw.? Genauer: Welche wiederum systematische Rolle spielen diese Sachverhalte im Modell?
(3) Diese Überlegungen führten zur dritten Anfrage an das Modell kommunikativer Verständigung. Thomas Ziehe brachte hier das Beispiel , daß es ja unter dem Deckmantel verständnisvoller Kommunikation - womöglich unter Berufung auf Habermas und Apel - eine antikommunikative Bewegung in der Verständigung gibt. Als Stichworte seien hier genannt: Psychotechniken als Machtstrategien, also gruppendynamische oder andere durchaus sinnvolle Elemente von Selbsterfahrung, die zur reibungsloseren und geräuschloseren Durchsetzung von Interessen eingesetzt werden.

Zu (4): Universalismus - Eurozentrismus - Differenzethik

Die drei Stichworte des vierten Punktes sind: Universalismus, Eurozentrismus, Differenzethik. Sie haben sich in der Diskussion folgendermaßen entwickelt: Ausgangspunkt war der Universalismus des kommunikativen Modells, also sein universeller Geltungsanspruch, der am Beispiel der Menschenrechte "durchdekliniert" wurde. Menschenrechte sind ja Normen mit universeller Geltung, d.h. sie gelten für jeden Menschen, egal wo und wie und als wer er lebt.
Nun wurde massiv in die Diskussion eingebracht, daß universalistisches, das heißt auf universelle Gültigkeit zielendes Denken geschichtlich diskreditiert ist. Das (alt)europäische und abendländische Denken ist ja mit Feuer und Schwert in die Länder der sogenannten Dritten Welt exportiert worden. Unter dem Deckmantel universell geltender Normen sind Eurozentrismus und Imperialismus verbreitet und propagiert worden. Bereits der Begriff "Entwicklungsländer" ist ein Beispiel dieser universalistischen Tarnung.
Gewissermaßen als Alternative wurde dann der Partikularismus diskutiert: der Rückbezug auf die eigene Kultur und das So-Sein-Lassen-Können anderer Kulturen. Die imperialistische und universalistische sich tarnende Vereinnahmung anderer Kulturen und Gesellschaften wird in diesem Denken vermieden. Nur stellen sich zwei Probleme:
(1) Wenn ich mich stricto sensu auf meine eigene Kultur zurückziehe, stellt sich die Frage, wie ich mich mit anderen Kulturen verständige, und noch verstärkt die Frage, wie bei einem eventuellen Interessenkonflikt ein "rationaler" Interessenausgleich zwischen zwei Kulturen möglich ist.
(2) Empirisch können wir ja heute gar nicht mehr von einem Nebeneinander oder Partikularismus von Kulturen ausgehen. Denn der derzeitige Kapitalismus schafft vor unseren Augen so etwas wie eine Weltkultur im Sinne der Verallgemeinerung eines kulturellen Modells. Stichworte sind hier Coca-Cola, McDonalds in Moskau, das Weltpublikum der kommerziell erfolgreichen Hollywood-Filme; auch die Veränderungen in den Ländern des ehemaligen Ostblocks sind ein beredtes Beispiel solch einer Weltkultur.

Angesichts dieses empirischen Befundes hielt ein Teil der Arbeitsgruppe umso geharnischter am Modell des Partikularismus fest und nahm ihn als Zeugen dafür, daß Universalismus *per se* Unterdrückung sei. Ein anderer Teil der Arbeitsgruppe nahm im Gegenteil die Weltkultur-Situation (2) wie den systematischen Einwand (1) zum Anlaß, die Wichtigkeit einer universalistischen Ethik zu unterstreichen - und deutete damit auch abschließend die mögliche Linie eines Konsenses an: Die universelle Formulierung von Normen hat genau den Sinn, Unterschiedlichkeiten zu ermöglichen, das Recht auf Unterschiedlichkeit (kulturell, politisch usw.) zu verankern. Das Stichwort hier ist Differenzethik. Sinn der universalethischen Abstraktion etwa bei den Menschenrechten ist es nicht, Unterschiede wegzubügeln, sondern Unterschiedlichkeiten von Geschlecht, Rassen und sozialen Situationen überhaupt Raum zu geben.

Arbeitsgruppe 4: Neuer Individualismus und Solidarität

Moderatorin und Berichterstatterin: Birgit Geissler

Am Anfang der Diskussion in der Arbeitsgruppe "Neuer Individualismus und Solidarität" stand der Eindruck, daß die Solidaritätsthematik während der gesamten Tagung zu kurz gekommen sei. Es hat sich daraus mehr oder weniger von selber ergeben, daß fast nur über den Solidaritätsbegriff, natürlich im Zusammenhang mit dem Theorem des neuen kulturellen Modells diskutiert wurde. Die Annäherung an den Begriff der Solidarität war schwierig; es wurde versucht, ihn nicht nur im engen Sinne als Solidaritätsbegriff der Arbeiterbewegung aufzufassen. Kurz wurden auch Christentum, Arbeiterkooperation und Arbeitermilieus angesprochen, als Hintergrund für die soziale Verbreitung des Solidaritätskonzepts. Die Ideologiehaltigkeit des Solidaritätsbegriffs in allen diesen Kontexten wurde angesprochen. Schließlich bestimmten drei Argumentationsstränge die Diskussion - dazu später.
In der Arbeitsgruppe waren eine Reihe Teilnehmer/innen aus Betrieben und Gewerkschaften, die die Frage nach der Einbeziehung von Jugendlichen in ihre Arbeit stellten. Der zweite (kritische) Ausgangspunkt war daher ein allgemeiner Eindruck, daß die ganze Begrifflichkeit "Kommunikation im neuen kulturellen Modell" in einer recht verkürzten Weise als eine uneingeschränkt positive Entwicklung verhandelt worden sei. Es wurde gefragt: wo bleiben eigentlich die Phänomene von Flexibilisierung und Fragmentierung von Erfahrungen, von Handlungsmöglichkeiten? Wo bleibt gerade in der mittleren und älteren Generation die sehr lebhafte Erfahrung von Entpolitisierung der Jugend, die auch als Bedrohung der eigenen politischen und gesellschaftlichen Identität erfahren werden kann, und wo bleibt der Utopieverlust der jungen Generation? Nehmen wir den einfach so hin, oder an welchen Stellen können wir das thematisieren? Sowohl gegenüber dem alten, traditionellen Solidaritätsbegriff als auch dem zu entwickelnden Solidaritätsbegriff der Jugendlichen im neuen kulturellen Modell ist also immer die Ambivalenz zwischen Chancen und Handlungsmöglichkeiten auf der einen Seite und Handlungsdefiziten auf der anderen angesprochen worden.
Nun zu den drei Diskussionsschwerpunkten: Zu Beginn stand der Versuch, den alten Solidaritätsbegriff und die Abgrenzung und die Gemeinsamkeiten für den neuen Solidaritätsbegriff zu bestimmen, also: was heißt Solidarität für Jugendliche im Kontext von neuen Werten, neuen Handlungsweisen im neuen kulturellen Modell. Die Merkmale des alten Solidaritätsbegriffs wurden in einer Eingrenzung auf jeweils recht genau definierte Milieus, die eben in ihrer Eingrenzung Ausgrenzungen produzieren, benannt. Ein Aspekt davon ist Männlichkeit (irgend jemand sagte, Kumpelhaftigkeit ist auch Solidarität). Als anderer (positiver) Aspekt wurde Solidarität als Kern des Arbeiterwiderstandes the-

matisiert, allerdings nicht in dem Sinne emphatischen Widerstands als politische Bewegung, sondern als schlichte Notwendigkeit, den Reproduktionsnotwendigkeiten zu begegnen. Das ist auch der Kern der Gemeinsamkeit zwischen dem alten Solidaritätsbegriff und dem zu entwickelnden neuen, daß es für Solidarität immer einen Kern von Gleichheit geben muß.

Der zweite Diskussionsstrang war der Versuch einer positiven Bestimmung eines Solidaritätsbegriffs im Rahmen des neuen kulturellen Modells. Zu Beginn stand ein Vorwurf: dieser Solidaritätsbegriff muß partikular bleiben, er kann nicht universalistisch sein. Der traditionelle Solidaritätsbegriff bedeutete Gemeinsamkeit auf der Grundlage der Unterdrückung individueller Besonderheiten. Während der neue Solidaritätsbegriff der Jugendlichen nur heißen kann: Gemeinsamkeiten ohne Unterdrückung ihrer Besonderheiten. In der Solidaritätspraxis kann also immer wieder die jeweilige Besonderheit in den Vordergrund treten. An einem Beispiel von Alltagssolidarität wurde dann ausführlich das Partikularitätsproblem diskutiert, nämlich am Widerstand einer Nachbarschaftsinitiative gegen ein sozialtherapeutisches Projekt, das in ihrer Straße angesiedelt werden sollte. Diese Initiative versuchte, ihre (als solidarisch verstandene) Lebenswelt zu schützen mit dem Argument: die Anwesenheit von sozialen Außenseitern sprengt die Kommunikations- und Nachbarschaftsform; entweder das eine oder das andere geht in unserer Straße. An dem Beispiel wurde diskutiert, inwiefern sich eine auf Alltagszusammenhänge ausgerichtete Solidaritätspraxis zwangsläufig abgrenzen muß gegen andere, Solidarität heischende Ansprüche und Bedürfnisse. Allgemeiner formuliert: Inwieweit können wir nur eine partikularistische Solidarität entwickeln? Entsteht ein Solidaritätsbegriff, der den alten Universalitätsanspruch, der die Befreiung von jeglicher Herrschaft intendiert, von vornherein aufgegeben haben muß, weil er auf den jeweiligen Problemzusammenhang und auf einen jeweiligen sozialen Konflikt begrenzt sein muß?

Der dritte Diskussionsstrang soll nur kurz erwähnt werden, weil er ein ganz neues Problem anspricht: Kann der alte Solidaritätsbegriff, der ja seine männlichen Begrenzungen hat, nun einfach durch eine Öffnung gegenüber den Formen der Frauenbewegung erweitert werden? Dazu gab es eine Reihe von theoretischen Hinweisen aus der italienischen und der amerikanischen Diskussion: Muß es nicht die Entwicklung eines spezifisch weiblichen Solidaritätsbegriffs geben, der generell in der Autonomie gegenüber den Kategorien und sozialen Bestimmungen des traditionellen wie auch des neuen jugendlichen Solidaritätsbegriffs zu entwickeln ist? Das ist offenbar im Moment eine offene Frage. Zum Schluß stand die These, daß der Utopieverlust der Jugendlichen vielleicht kein Zufall ist, weil angesichts der Neudiskussion und der Veränderung des Geschlechterverhältnisses die am männlichen Solidaritätsbegriff ausgerichtete Utopie zusammenbrechen mußte. Vielleicht wird es zwei autonome Solidaritätsbegriffe in einer relativen Unabhängigkeit voneinander geben, um die Utopie der Befreiung im neuen Geschlechterverhältnis neu thematisieren zu können.

Krise der Arbeit und neue Sozialität

Jean-Marie Vincent

Anscheinend ist man heute im Gegensatz zu früher nicht so sehr davon überzeugt, daß die Arbeit in ihrer heutigen Form als lohnabhängige Arbeit das Zentrum des Lebens bleiben wird. Das klingt wie ein Paradoxon, denn Tatsache ist, daß das gesellschaftliche Leben von der Arbeit als abstrakter Arbeit immer noch beherrscht wird und daß die wichtigsten sozialen Mechanismen also u.a.der Arbeitsmarkt, die staatlich-administrative Tätigkeit, die Aufteilung der arbeitenden Menschen in Klassen und Schichten, von der gesellschaftlichen Produktion und Konsumtion abstrakter Arbeit abhängig bleiben. Diese objektive Zentralität von abstrakter Arbeit - und damit auch des Betriebs - beruht aber nicht, wie zu oft leicht angenommen wird, auf einer natürlichen Basis, sondern auf einer naturalisierten sozialen Willkür. In der gesellschaftlichen Produktion werden die menschlichen Tätigkeiten so verformt und verwendet, daß sie für die ständig erweiterte Reproduktion von technischen Systemen und finanziellen Unternehmen genutzt werden können. Die Verausgabung von lebendiger (physischer oder psychischer) Arbeitskraft wird Mittel zum Zweck, das heißt, sie wird von der toten Arbeit für ihre eigenen Ziele beherrscht und geleitet. Deswegen gibt es keinen natürlichen Wert der Arbeit, obwohl die Produkte der Arbeit genauso wie die Arbeitskräfte einen Wert haben müssen. Wertbildung, Wertschöpfung und Wertmessung entsprechen in der Tat keinen leicht zu bestimmenden Größen, sondern sind Ergebnisse von sozialen Operationen, die sich fortwährend reproduzieren und erneuern. Wenn man diese Operationen zu analysieren versucht, entdeckt man, daß sie durch zwei Hauptmomente charakteristiert werden können, erstens durch die Konstituierung einer Gesamtarbeitskraft, bestehend aus austauschbaren freien Lohnempfängern und zweitens durch abstrakte Messungen und Gleichsetzungen von konkret heterogenen Tätigkeiten.

Unproblematisch bleiben diese Operationen, solange das Willkürliche, das in ihnen steckt, nicht zutage tritt. Nun ist aber festzustellen, daß es immer schwieriger wird, die individuellen Arbeitsleistungen zu messen. Anders gesagt, die Produktivität wird immer mehr zur Produktivität von integrierten Produktionssystemen und komplexen Arbeitskollektiven[1] und ist immer weniger die Produktivität von einzelnen Menschen. Seit einigen Jahrzehnten hat sich die Arbeit so verändert, sie ist so vergesellschaftet, sie hat sich in solchem Maße von ihren scheinbar natürlichen Voraussetzungen gelöst, daß es heute sehr schwer wird, die verschiedenen Leistungen der Arbeitskräfte mit den traditio-

---

1 c.f. Michel Gibert: L'intégration des systémes de production. Lyon 1989; Rolf Kreibich: Die Wissenschaftsgesellschaft. Von Galilei zur High-Tech-Revolution. Frankfurt/M. 1986; Philippe Breton: Alain-Marc Rieu/Franck Tinland: La techno-science en question. Eléments pour une archéologie du XX. siécle. Seyssel 1990.

nellen Meßinstrumenten, insbesondere mit der Arbeitszeit und mit Angebot und Nachfrage zu messen. Zwar gibt es immer noch große Unterschiede zwischen den verschiedenen Kategorien von Lohnempfängern, jedoch sind diese Unterschiede schon vor dem Erscheinen der Lohnabhängigen auf den Arbeitsmärkten weitgehend bestimmt, das heißt den Arbeitnehmern werden Plätze in segmentierten Arbeitsmärkten zugewiesen, noch bevor sie in den eigentlichen Konkurrenzkampf um den Arbeitsplatz eingetreten sind. Die heutigen hierarchisch gegliederten Arbeitsmärkte sind der Ausdruck einer wahrhaft sozialen Schichtung, die über die Qualifizierungsunterschiede hinausgeht. Freilich ist es möglich, diese Ungleichheiten oder Ungleichmäßigkeiten auf das Bildungsgefälle zurückzuführen. Die Bildungsunterschiede aber können selber nur sehr bedingt durch Differenzen in den natürlichen Begabungen erklärt werden. Heute weiß man etwas besser, daß die Anfangsbedingungen, vorwiegend das kulturelle Erbe der Familien und die Qualität der ersten Ausbildungsprozesse, für die zukünftige berufliche Laufbahn, für die Arbeitskarriere eine ausschlaggebende Rolle spielen. Am Ende ist alles tautologisch: Unterschiede gibt es, weil es Unterschiede gibt.

Es bleibt hinzuzufügen, daß das Bildungsgefälle in den meisten europäischen Ländern in Fluß geraten ist. Um die ungleichen Bildungsschichten zu reproduzieren, werden die Ansprüche an das Bildungs- und Ausbildungssystem immer höher. Mit dem traditionellen Bildungssystem sind sie kaum zu bewältigen.

Die Vermittlung der notwendigen Kenntnisse wird immer komplizierter und hängt von einer neuartigen, noch nicht ganz festgelegten Teilung der intellektuellen Arbeit ab, die mit der üblichen Unterscheidung zwischen Herrschaftswissen (für die Eliten) und Erfahrungswissen nicht mehr viel zu tun hat. Das sich seit einigen Jahrzehnten durchsetzende Wissenschaft-Technik-Industrialisierungs-Paradigma erfordert von vielen Arbeitnehmern größere Fachkenntnisse und einen hohen Bildungsstand. In mehreren Zweigen der Wirtschaft finden sich zunehmend richtige intellektuelle Arbeiter mit Hochschulbildung (zum Beispiel in F.u.E.-Abteilungen). Das gegenwärtige Herrschaftswissen oder Leitungswissen ist meistens außerstande, die Komplexität der Wissenserzeugung und -verwendung zu kontrollieren, weil es die neue intellektuelle Arbeitsteilung nicht wirklich beherrschen kann. Sicher ist, daß die Dynamik der sich erweiternden technischen Systeme stark genug ist, um die Individuen wenigstens teilweise zu integrieren. In vielen Fällen bedeutet aber diese Entwicklung, daß die Überwachung der Arbeitsprozesse durch das Management nur eine indirekte sein kann. Da das allgemeine Bildungsniveau steigt, muß das Management in Kauf nehmen, daß das Praktizieren der alten Leitungsmethoden, besonders der Befehlsmethoden, erschwert wird und die Tendenzen zu einer relativen Autonomie in der Arbeit sich verstärken. Die Veränderungen, die in die Richtung einer indirekten Aufsicht der Arbeit gehen, machen wiederum aus der Messung der individuellen Leistungen ein oft heikles, wenn nicht unmögliches Unterfangen.

Objektiv gesehen, das heißt, wenn man die Gesamtgesellschaft in ihrem Funktionieren betrachtet, gibt es eine schleichende Krise der Arbeit, wenigstens der abstrakten Arbeit als gemessener und normierter Arbeit. Darüberhinaus muß auch berücksichtigt werden, daß das arbeitsteilige Leben in den Betrieben von den beschleunigten technologischen Umwälzungen seit einiger Zeit stark betroffen ist. Seit einigen Jahrzehnten, d.h. im Zeitalter des Fordismus, um die Terminologie der französischen "Regulationsschule" zu gebrauchen, hatte sich in den Maschen der betrieblichen Arbeitsorganisation eine inoffizielle Soziabilität (oder Geselligkeit) entwickelt (die informellen Gruppen von Elton Mayo). In den Zwischenräumen des Arbeitsprozesses entfalteten sich Kommunikationsnetze, gab es autonome Momente in der Zeitgestaltung, kam es zur Kommunikation über persönliche Anliegen (Sexualität zum Beispiel), so daß es keine völlige Trennung zwischen dem Alltag in der Produktion und dem Alltag außerhalb der Produktion gab. Das ist jetzt im Verschwinden, wie die Untersuchungen von Pierre Bouvier überzeugend nachweisen[2]. Im allgemeinen bewirken die neuen technologischen Einrichtungen der Betriebe eine Verminderung der Kontaktmöglichkeiten der dort Arbeitenden. Deshalb wird es zunehmend schwieriger, daß sich informelle Gruppen bilden, die Bestand haben und eine richtige Gruppenidentität entwickeln können. Die bedingte Kontinuität, die es zur Zeit des Fordismus zwischen dem Leben im Betrieb und dem Leben in der Privatsphäre gab und die zumindest für die Männer meist unter der Vorherrschaft der betrieblichen Soziabilität stand, kann kaum noch aufrechterhalten werden. In den automatisierten Fabriken wird diese Soziabilität brüchig und ist nicht imstande, den Alltag und das gesamte Leben der arbeitenden Menschen zu prägen. Durch diese Verschiebungen werden die Individuen oft veranlaßt, die Soziabilität der Freizeit, der verwandtschaftlichen und freundschaftlichen Beziehungen zu bevorzugen. Ganz offensichtlich wird die Zentralität der Lohnarbeit in ihrer sinnstiftenden Funktion in Frage gestellt.

Diese Umwandlung in den Produktionsprozessen läuft parallel zu den Folgen der Arbeitszeitverkürzung. Immer mehr Zeit gilt es außerhalb der Arbeitszeit zu gestalten. Zwar ist richtig, daß diese Zeitgestaltung sehr oft einer Zeitvergeudung ähnelt und meistens sehr passiv verläuft. Aber es ist auch zu beobachten, daß es immer neue Versuche gibt, aus dieser Passivität auszubrechen. Viele gehen neue Beziehungen ein, erproben neue Tätigkeiten, und es ist wohl anzunehmen, daß sie damit ihrem Leben Sinn geben wollen. Anders ausgedrückt, für mehr Menschen ist Lohnarbeit nicht mehr der Ort der Selbstbestimmung, der Identitätsfindung. Sie bleibt wichtig als Einkommensquelle, als Eintrittskarte in eine Gesellschaft, die Leistungsgesellschaft bleibt, aber als Erwerbsarbeit ist sie für viele keine privilegierte Tätigkeit. Natürlich ist es notwendig, diese Tendenzen nüchtern zu beurteilen: diese Art Befreiung von der Arbeit ist noch keine Emanzipation von den Verwertungszwängen und von der Suggestivkraft der Warenwelt. Man darf auch nicht vergessen, daß die Abschwächung

2 Pierre Bouvier: Le travail au quotidien. Paris 1989.

der formierend-organisierenden Kraft der Arbeit fragwürdige Konsequenzen zeitigen kann. Der Rückgang der alten Arbeitssolidarität öffnet die Tür für völlig ungerichtetes Sozialverhalten und für Desinteresse an kollektivem Handeln. Auf der Basis von zu voreiligen Schlüssen sind einige Essayisten in Frankreich so weit gegangen, daß sie sogar von einer Gesellschaft des monologischen Individualismus und der Leere sprechen[3]. Die heutige Gesellschaft wäre eine Art bevölkerter Wüste, in der die Beziehungen zu anderen Menschen und Begegnungen folgenlos blieben und in der die Individuen, auf sich selbst angewiesen, dies mit Genugtuung akzeptieren würden. Diese Sicht der heutigen Situation, das ist leicht zu durchschauen, ist ziemlich einseitig. Einer gewissen Berechtigung entbehrt sie aber nicht. Die alten Theodizeen oder Mythen der Lohnarbeit, in denen die ausgebeutete (aber abstrakte) Arbeit zur gestaltenden Kraft der zukünftigen Gesellschaft wird, liegen im Sterben oder brechen zusammen. Der missionarische Eifer und die heilige Sendung eines erträumten Proletariats entpuppen sich als Illusionen, als Mythologie, die die Arbeiterbewegung als Emanzipationsbewegung zu Irrwegen und Fehlleistungen geführt haben.

Allerdings muß berücksichtigt werden, daß die Sozialität, obwohl voll von Neuerungen, sich fragwürdig und segmentiert entfaltet hat. Vor uns steht sie nun bloß und hilflos und zeigt sich rekonstruktionsbedürftig, weil die Menschen, indem sie sich vereinigen, sich auch trennen. Selbstbestimmung wird von ihren sozialen Voraussetzungen losgerissen und als Selbstbehauptung gegen andere praktiziert. Jedoch ist diese fragwürdige Sozialität gleichzeitig reich an Grenzüberschreitungen, Horizontverlagerungen, mannigfaltigen Kommunikations- und Interaktionsbeziehungen mit der Umwelt und mit anderen Menschen. Die Einkapselung ist nicht immun gegen den Einbruch von neuen Problemen und von vielfältigen Ereignissen. Öde und Leere können von vielseitigen Erfahrungen durchkreuzt werden. Bedingung ist aber, daß die Menschen ihre Beziehungen mit sozialen Objekten und mit Personen wirklich erleben, das heißt nicht als Beruhigungskonsum verschlucken, sondern als Ansporn zum Dialog mit sich selber und der Welt, als Herausforderung, als Ansporn zur Erweiterung der eigenen Erfahrungen und als Infragestellen der Routine ihres Handelns. Dafür wäre es notwendig, daß die Individuen die Hindernisse der sozial bedingten Automatismen und Mechanismen überwinden (Außenlenkung durch Kapitalverwertung, Konkurrenzkampf usw.).

Scheinbar nimmt die Entwicklung nicht diese Richtung. Der Zusammenbruch des östlichen sogenannt real existierenden Sozialismus führt sehr oft zu einer unkritischen Annahme der westlichen Verhältnisse. Meiner Meinung nach gibt es aber Ansätze, die in eine andere Perspektive weisen, obwohl sie da stattfinden, wo man sie nicht erwartet, nämlich in der Familie. Nach neueren Untersuchungen erlebt in Frankreich die nukleare Familie (die bürgerliche Kleinfamilie) eine tiefgreifende Transformation[4]. Die gewöhnliche festgefügte Rollenzu-

---

3 u.a. Gilles Lipovetsky: L'ére du vide. Paris 1983.

4 Die Sondernummer von "L'année sociologique", vol. 37/1987.

teilung innerhalb der Familie gerät ins Wanken, und es ist nicht ausgeschlossen, daß die Vorhaben der Mitglieder einer Familie mit den affektiven Beziehungen kollidieren, die sie unterhalten wollen. Die Rollen werden nicht mehr aufgezwungen, sie stehen nicht von vornherein fest, sondern werden tastend bestimmt, ausgehandelt und ausgeglichen, um sie einigermaßen in Einklang zu bringen. Die Familie ist heute eine Familie auf Abruf, und es ist bezeichnend, daß immer mehr junge Menschen in ihrem Leben mehrere Familien kennenlernen. In der Familie wird so eine Soziabilität, die weitgehend auf Konsens aufgebaut ist, zur sozialen Verkehrsform. Freilich ist die Mikrosoziabilität der Familie noch kein Modell der Sozialität in der Gesellschaft; man darf aber doch annehmen, daß die Individuen, die in der Familie nicht mehr autoritär sozialisiert werden, außerhalb der Familie auch nicht so autoritätshörig oder obrigkeitsfrommm sein können. Wie wir alle wissen, funktioniert das autoritäre Kommandomodell schon nicht mehr so gut in Wirtschaft und Verwaltung; es geht nicht mehr ohne vertragliche Beziehungen, ohne Verhandlungen, ohne Konfliktaustragungen (sogar die sogenannten Sachzwänge werden für viele hinterfragbar). Die Interaktionsprozesse, die intersubjektiven Verhältnisse werden von Individuen getragen, die ihre eigene Individualität nicht als natürlich gegeben betrachten können, sie also als wandelbar auffassen. Soziabilität und Sozialität erscheinen deshalb als Realitäten, die durch Kommunikationen und Entwürfe von Gruppen und Individuen vermittelt sind und die nicht von irgendeiner meta-sozialen Größe aufoktroyiert werden. Das Aufeinander-angewiesen-Sein ist zugleich Bedingung der Individualität *und* der Sozialität, die als permanente Baustellen betrachtet werden können.

In der Sozialität der Moderne entfernen wir uns sehr schnell von den alten gemeinschaftlichen Bindungen und von der oft illusorischen Geborgenheit, die sie den Individuen spendeten. Aber, wie der Engel der Geschichte bei Walter Benjamin, schreiten wir voran, indem wir nach rückwärts schauen. Einen Halt suchen wir in diesem oft traumatischen Aufmarsch der Sozialität, und viele suchen ihn noch in der Lohnarbeit mit ihren gut organisierten Gliederungen und Prozessen. Jetzt ist es aber so weit gekommen, daß die Arbeit immer mehr als Maschinerie der Trennung, der Isolierung der Individuen voneinander auftritt. Der Rückgang der Mikrosoziabilitäten in den automatisierten Betrieben enthüllt, in welchem Ausmaß die Welt der Arbeit eine Welt ohne Entfaltungsmöglichkeiten für die Sozialität geworden ist. Zwar ist es offensichtlich, daß das instrumentelle Handeln weniger kommunikationsfähig ist als andere Arten des Handelns; aber es ist nicht einzusehen, warum sein Einsatz, seine Zweckbestimmung und sein Ort in der Gesellschaft nicht durch einen Prozeß der Konsensfindung bestimmt werden könnten, warum es nicht möglich wäre, die Erwerbsarbeit, ausgehend von den Bedingungen und Umständen des außerberuflichen Alltags, zu reorganisieren. Diese Transformation der Lohnarbeit könnte die große Herausforderung der kommenden Jahrzehnte sein. Sie ist auch die Vorbedingung für eine menschlicherer Gesellschaft. Vielleicht werden wir es so schaffen, die organische Solidarität zu erreichen, die es trotz der Behauptungen

Emile Durkheims noch nie gab. Dafür müssen wir aber die Sehnsucht nach der verlorenen Gemeinschaft überwinden und die wirklichen Hindernisse, die auf dem Wege zu einer versöhnten Sozialität stehen, erkennen.
Das allmähliche Absterben der Arbeitsmärkte, wenigstens in ihren traditionellen Formen, ihre progressive Ersetzung durch sozialpolitische Strategien der großen Firmen und durch staatlich gelenkte Maßnahmen zur Regulierung des Verbrauchs und der Entlohnung der Arbeitskräfte, werden unvermeidlich andere Formen der Arbeitsorganisation und der Integration durch Lohnarbeit auf die Tagesordnung stellen. Diese Formen zu verwirklichen wird aber erst gelingen, wenn zugleich der Warenkonsum nicht mehr als Trennungsdispositiv fungiert, das heißt wenn er nicht die "die feinen Unterschiede" (Bourdieu) widerspiegelnde Konsumtion von sozialen Objekten bleibt. Diese Art zu konsumieren, löst Befriedigungsträume aus und schafft wahrhaftig eine Traumwelt mit einer angeblich immer neuen, aber immer wiederkehrenden Symbolik der Macht. In diesem Zusammenhang kann wohl die Ausbreitung des Warenverkehrs als eine wirkliche Verarmung des symbolischen Austauschs zwischen den Menschen bestimmt werden. Die Waren sprechen ihre Kunden so an, daß diese dann die größten Schwierigkeiten haben, miteinander zu sprechen und gemeinsam Sinn für das Leben zu suchen. Für viele wird ihre Sozialität eine Scheinsozialität, aus Dingsubjekten zusammengesetzt und meistens von den Menschen desertiert. Selbstbehauptung wird zur Selbstverdinglichung. Diese Tendenz zur Restriktion der Erfahrung - in den Worten Adornos - wird noch von den Massenmedien verstärkt. Es entsteht neben der Scheinsozialität der Warenobjekte eine mit ihr eng verbundene Scheinsozialität der elektronischen Menschen und Weltbilder, die sich als reale und bessere Sozialität gibt. Die Gefahr, in dieser aktivistischen Erstarrung der Beziehungen zur Welt und zur Gesellschaft zu verbleiben, ist nicht zu leugnen. Da die Menschen aber ihre Lebenswelt intersubjektiv und dialogisch produzieren und reproduzieren müssen und sich dafür nicht mit Sinnersatz, Symbolikersatz begnügen können, ist es nicht ausgeschlossen, daß das eherne Gehäuse, von dem Max Weber sprach, nicht dicht bleiben wird.

Literatur

"L'année sociologique", vol. 37/1987.

Bouvier, Pierre: Le travail au quotidien. Paris 1989.

Breton, Philippe: Alain-Marc Rieu/Franck Tinland: La techno-science en question. Eléments pour une archéologie du XX. siécle. Seyssel 1990.

Gibert, Michel: L'intégration des systémes de production. Lyon 1989.

Kreibich, Rolf: Die Wissenschaftsgesellschaft. Von Galilei zur High-Tech-Revolution. Frankfurt/M. 1986.

Vom Ethos der Arbeit zum Ethos der Selbstverwirklichung. Der soziokulturelle Wandel in der Schweiz im zwangzigsten Jahrhundert

Christian Lalive d'Epinay

1. Einleitung

Was ich hier vorlege, sind einige Resultate eines fünfjahrelangen Studiums über Bedeutungen und Werte der Arbeit und ihre Wandlungen in der Schweiz.[1]
Meine Darlegungen lassen sich in zwei Grundthesen und einer Hypothese zusammenfassen:
These 1: Betrachtet man die Entwicklung der Schweiz im Verlauf des 20. Jahrhunderts aus dem Gesichtspunkt jener kulturellen Formen, die man mit dem Begriff *Ethos* bezeichnet (und die für das Verhalten der Mitglieder einer Gesellschaft und ihr soziales Handeln wegweisend sind), so macht man zunächst einmal die Beobachtung, daß sich das Jahrhundert in zwei fast gleich große Teile aufteilen läßt. In der ersten Hälfte des Jahrhunderts herrschte *das Ethos der Pflicht und der Arbeit*, in der zweiten Hälfte entwickelt sich dann *das Ethos der Selbstverwirklichung*.
Beide Ethosformen bestimmen die Richtung des individuellen Verhaltens und des kollektiven Handelns. Sie selbst aber entstehen, entwickeln, verändern und verwandeln sich unter dem Einfluß von Handlungen, Interaktionen und Konflikten, die sich täglich im Herzen unseres Gesellschaftsgefüges ereignen. So die zweite Grundthese:
These 2: Da jede der beiden Jahrhunderthälften Träger einer vorherrschenden Kulturform ist, so lässt sich in dieser Perspektive auch das Wirken der Kräfte beobachten, die zum Wandel dieser Kulturform führen. Es sind Kräfte, die zunächst stumm am Werke sind, die sich dann aber im Lauf des zweiten Teils der jeweiligen Jahrhunderthälfte äussern und ihre Wirkung entfalten.
Jetzt die *Hypothese*:
Dieses dem soziokulturellen Wandel zugrundeliegende Schema kann - als Form - allgemein auf die meisten westlichen Industrieländer mit Marktwirtschaft - sicher mit entsprechenden Anpassungen - übertragen werden. Und das nicht

1 Zwei Bücher sind zu diesem Thema von mir veröffentlicht worden: Chr. Lalive d'Epinay/C. Garcia: Le mythe du travail en Suisse. Splendeur et déclin au cours du XXe siècle. Genève 1988; Chr. Lalive d'Epinay: Die Schweizer und die Arbeit. Von der Gewißheit der Vergangenheit zu Fragen der Zukunft, Zürich 1990 (franz. Auflage: Lausanne 1989).
Ein Literaturverzeichniss über das Thema findet man im letzten Buch. Für die Orientierung meiner Forschung und internationale Vergleiche sind mir die Werke folgender Autoren besonders nützlich gewesen: Beck, Bellah, Bell, Dumazedier, Elias, Gorz, Groethuysen, Mendras, Morazé, Touraine, Ross, Yankelovich, Weber, Zoll.

deswegen, weil die Schweiz etwa als beispielhaft anzusehen wäre, sondern einfach deswegen, weil sie einen Teil des historischen Ganzen "westliche Industrieländer" bildet.

In dem Vortrag werde ich die zwei Grundthesen entwickeln, die Hypothese soll der Diskussion vorbehalten werden.

2. Erste Periode: Die Industriegesellschaft und das Ethos der Arbeit und der Pflicht (-1950)

1. Zu Beginn des Jahrhunderts ist man in der Schweiz genau in der Lage, die damals Max Weber beschrieben hat: "Der Puritaner *wollte* Berufsmensch sein, wir *müssen* es sein."

Die Moral der Arbeit und der individuellen Verantwortlichkeit herrschte konkurrenzlos. Dieses kulturelle Modell kann so skizziert werden:

a) Der Mensch wird folgendermaßen definiert:

- Er ist ein Pflichtwesen; die Pflicht besteht gegenüber sich selbst und den Seinen einerseits und andererseits gegenüber der Gesellschaft, gegenüber dem anderen.
- Er ist ein Arbeitswesen; die Arbeit ist die oberste der Pflichten, das eigentliche Mittel zur Erfüllung der anderen Pflichten. Arbeit und Pflicht sind so die Attribute einer ontologischen Definition des Menschen.

b) Aus dem Begriff der Pflicht gegenüber sich selbst und den Seinen leitet sich ab:

- daß das Individuum für sich selbst und für die Seinen verantwortlich ist, und zwar in der Gegenwart wie in der Zukunft;
- daß es auch für seine Selbstverwirklichung (*selfachievement*) verantwortlich ist.

Das sind die beiden Seiten des Prinzips der individuellen Verantwortlichkeit.

c) Die individuelle Rationalität bewirkt eine starke Bewertung der Vernunftgemäßheit. Vernunftgemäßes Verhalten besteht in Arbeit, in Vorsorge und im Sparen.

d) Was wird unter der Selbstverwirklichung des Individuums im Leben verstanden? Vor allem, daß sie darin besteht, seinen Platz in der Gesellschaft zu finden, eine soziale Funktion zu übernehmen und, kurz gesagt, seinen Anteil kollektiver Pflichten zu erfüllen.

e) Zusammengefaßt läßt sich sagen, daß das Individuum und die Gesellschaft nicht denselben Rang einnehmen, weil sie zwei differenzierte Realitäten darstellen.

Die Kollektivität ist hier das höhere Prinzip und der Endzweck des Individuums. Dieses definiert sich vor allem durch seine Pflichten, das einzige Grundrecht ist logischerweise dann sein Recht auf Arbeit. Dagegen ist die Gesellschaft mit Rechten gegenüber den einzelnen ausgestattet. Und daß dem so ist, liegt daran, daß die Gesellschaft hier als die Bedingung der Glücksmöglichkeit der einzelnen gesehen wird.

Die ideologischen Grundlagen dieses Ethos sind in den großen biblischen Mythen zu finden, die im prometheischen Kontext der Industriegesellschaft reininterpretiert werden.[2] Die praktische Legitimierung dieses Ethos, als Ethos des Opfers, und der mit ihm verbundenen Praxis - nämlich: arbeiten, arbeiten! -, ist, daß durch die harte Arbeit ihrer Mitglieder die Industriegesellschaft den allgemeinen Wohlstand produzieren wird, wobei der Wohlstand als die materielle Seite des Glücks zu verstehen ist. (Die Moral der Arbeit präsentiert sich so als zweckrational.)

2. In Form der bezahlten Beschäftigung gibt die Arbeit dem Sozialvertrag, der das Individuum an die Gesellschaft bindet, seinen Inhalt, da die Arbeit dem Menschen nicht nur seinen Lohn oder sein Gehalt verschafft, sondern ihm auch seinen sozialen Status und eine psycho-soziale Identität verleiht.

3. Trotz der sozialen Konflikte und Spannungen ist diese Moral allen gemeinsam. Sie definiert den Menschen in seiner Beziehung zur Gesellschaft, läßt aber die Frage der richtigen Anwendung der angepriesenen Wertvorstellungen offen. Der Mensch ist ontologisch als Arbeits-Mensch definiert, der Müßiggänger aber stellt den verkommenen Menschen dar. Wer aber arbeitet und wer gibt sich dem Müßiggang hin? Die Antwort ändert sich mit der Stellung, die man in der sozialen Ordnung einnimmt. Auch ist es so, daß dieses *Ethos* kein präzises Gesellschaftsmodell vorschreibt. Freier Markt oder Planwirtschaft, Rolle des Staates, das sind die Themen, derentwegen es zum Zusammenstoß der sozialen Gruppen kommt.

Huit heures de travail... les portes de l'usine se ferment, le bruit des machines s'éteint. Seuls, les chercheurs, les savants, les écrivains, les journalistes connaissent encore le travail qui n'a pas de limites.

Abbildung 1

2 Cf. Chr. Lalive d'Epinay: Les fondements mythiques de l'ethos du travail, in: Archives de Sciences sociales des Religions, (demnächst erscheinend).

Abbildung 2

Abbildung 3

Du bien d'autrui large courroie!

« Ah! qu'il est doux de ne rien faire,
Quand tout s'agite autour de nous! »
Partons pour St-Moritz, ma chère,
Ces ouvriers nous rendent fous!

Abbildung 4

Die reproduzierten Bilder sind aus den Jahren 1923-24. Nach einem grossen nationalen Streik ist 1919 die 48- Stunden-Woche gesetzlich durchgesetzt worden. Drei Jahre später wollte die Bundesregierung unter dem Druck der grossen Arbeitgeber wieder zur 54-Stunden-Woche zurückkehren. Die Gewerkschaften setzten eine Volksbefragung durch und im Februar 1924 lehnte das Volk die Änderung des Gesetzes ab.
Bild 1 und 2 drücken den Gesichtspunkt der Arbeitsgeber aus. Die Unterschrift von Bild 1 lautet: "Acht Stunden Arbeit ... Die Türen der Fabrik werden geschlossen. Das Geräusch der Maschinen hört auf. Nur die Forscher, die Gelehrten, die Schriftsteller und die Journalisten kennen noch die Arbeit ohne zeitliche Grenzen." Ein Dankeschön von den Forschern! Bild 2 suggeriert eine Verbindung zwischen fleissiger Arbeit und Wohlstand der Familie und eine zweite zwischen Gewerkschaft und Faulheit.
Die zwei letzten Bilder stammen von dem Schweizerischen Gewerkschaftsbund. Die Botschaft ist genau symmetrisch und umgekehrt zur ersten: der Arbeitgeber ist fett und macht nichts. Wie die Unterschrift von Bild 4 sagt: "Auf Kosten anderer lässt sich gut leben! Ah, wie angenehm ist es, nichts zu tun, wenn um uns herum sich alles rührt! Lass uns nach St Moritz fahren, Liebling, diese Arbeiter machen uns verrückt!".
Vergleicht man die Bilder 1 und 3, dann fallen die symbolischen Hände in den Hosentaschen auf: "Müßiggang ist aller Laster Anfang".

3. Die Veränderungen während der ersten Periode: Solidarität vs. individuelle Verantwortlichkeit

1. Seit den dreißiger Jahren entwickeln sich um die Figuren des Arbeitslosen, des Soldaten und dann des alternden Menschen herum eine große Diskussion und viele soziale Konflikte über die unzureichenden Eigenschaften des Prinzips der individuellen Freiheit und Selbstverantwortlichkeit. Die Abstimmung über die Alters- und Hinterlassenenversicherung (AHV) (Juni 1947) setzt nach dem Ende des Krieges endgültig eine neue Auffassung der Solidarität durch. Diese Solidaritätsauffassung impliziert, daß der Staat eine Reihe von Pflichten gegenüber dem einzelnen und dessen materieller Sicherheit übernimmt.
2. Der Staat bekommt die Rolle desjenigen zuerkannt, der die Solidarität garantiert und für die Neuverteilung des Reichtums zu sorgen hat. Diese Entwicklung ist teilweise das Spiegelbild einer Veränderung des sozio-politischen Feldes, des Aufstiegs der Sozialdemokratischen Partei und der Gewerkschaften sowie von deren Beteiligung an den nationalen Institutionen und der Ausarbeitung einer Politik, die darauf gerichtet ist, einen gesellschaftlichen Konsens herzustellen.

So ist der Sozialstaat gegründet worden, und das geschieht vor den "Goldenen Jahren".

3. Obwohl diese veränderte Verteilung von Rechten und Pflichten zwischen der Gesellschaft und dem Eizelnen mit einer Umgestaltung einiger Aspekte der Mentalität verbunden ist, bleibt das Ethos der Arbeit in seinem Kern unberührt; die neuen Rechte des Einzelnen haben weiterhin die Arbeitmoral zur Grundlage. Zum Beispiel, die AHV ("Altern und Hinterlassenen-Versicherung") wird als Recht auf den Ruhestand und auf ein Alter in Würde dargestellt, ein Recht, das seine Legitimierung in einem Leben der Arbeit findet.

4. Die Periode des Wandels (1950-1975): Die goldenen Jahre und der Aufstieg des Ethos der Selbstverwirklichung

1. Mit der Nachkriegszeit beginnen zwei bis drei Jahrzehnte unerhofften Wachstums. Das Bruttosozialprodukt verdreifacht sich, der Reallohn des Arbeitnehmers nimmt um das Zweieinhalbfache zu und die Struktur der Haushaltsausgaben (Haushaltskorb) verändert sich grundsätzlich. 1945 ist diese Struktur noch in der Nähe derjenigen des Jahres 1921: zwei Drittel des Einkommens werden für Grundbedürfnisse (Nahrung, Wohnung, Kleidung und Heizung usw.) ausgegeben und nur ein kleiner Teil (ungefähr ein Fünftel) für Steuern, Versicherungen, Bildung, Freizeit und Verkehr. Dreißig Jahre später haben sich die Ausgaben für die Grundbedürfnisse auf ein Drittel vermindert; die Sicherheit (Versicherung und Steuern) beansprucht ein Viertel, Freizeit, Bildung und Verkehr zusammengerechnet verlangen genausoviel. Mit dieser Änderung geht eine Revolution des täglichen Lebens durch die Ausbreitung von Plastikmaterialien und elektrischen Hasushaltsgeräten, aber auch durch die vier Symbole des modernen Lebens einher: Automobil, Fernsehgerät, chemische Schwangerschaftsverhütung (die "Pille") und die Ferien.
Klar ist, daß der Sozialstaat in dieser Zeit eine wichtige Entwicklung durchläuft. Kurz gesagt, obwohl niemand es antizipiert hat: endlich bringt die Industriegesellschaft den Wohlstand, den sie seit anderthalb Jahrhunderten verspricht.
2. Im diesem Kontext taucht *der Wille zum Glück* auf. Eine neue Lebensanschauung bildet und verbreitet sich. Zum Ethos der Arbeit gehört eine sozusagen soziologische Anthropologie: Der Mensch verwirklicht sich, in dem er seinen richtigen Platz in der Gesellschaft findet und dem sozialen Ganzen dient. Jetzt manifestiert sich eine Art psycho-biologischer Anthropologie: jeder Mensch ist mit einem gewissen Potential, mit gewissen Fähigkeiten versehen, und die Gesellschaft hat den Auftrag, deren Entfaltung zu fördern.
Das bedeutet eine wirklich kopernikanische Wende. Für das alte Ethos war der Einzelne Mittel, das soziale Ganze Zweck. Jetzt ist das Individuum Zweck und Norm, die Gesellschaft Mittel der Verwirklichung des Einzelnen.
3. Das neue Ethos kann symmetrisch und antithetisch zum Ethos der Arbeit skizziert werden.

a) In diesem Modell besteht der einzelne auf den von ihm in Anspruch genommenen Rechten; es ist nicht mehr nur das Recht auf persönliches Wohl und Glück. Das letztere wird als das Ergebnis der Selbstverwirklichung verstanden.
b) Der Begriff der Verantwortlichkeit wird jetzt mit der Gesellschaft verbunden, die über die Einrichtung des Staates die Voraussetzungen für die persönliche Entwicklung zu garantieren hat, indem sie dem einzelnen nicht nur seine physische Integrität, sondern auch seine materielle und psychische Sicherheit garantiert.
c) Der Begriff der Entwicklung der Persönlichkeit wird mit einer starken Neubewertung der nicht rationalen Existenzbedingungen verbunden. "Das Herz hat seine eigenen Gründe, die die Vernunft nicht kennt." (Pascal) Aber nicht nur das Herz, auch die Gefühle, die Sexualität usw.
d) Der alte Begriff der Selbstverwirklichung (self-achievement), der der Moral der Arbeit zu eigen ist, definiert den Menschen als Sozialwesen, d.h. als Träger eines von der Gesellschaft definierten Projekts, das er zu verwirklichen hat. Der neue Begriff der Selbstverwirklichung (self-fulfilment), der für die heutige Moral charakteristisch ist, hat eine biologische und psychologische Grundlage: Jeder einzelne ist Träger von Anlagen und Begabungen, die er zur Entfaltung zu bringen hat. Die Gesellschaft ist dafür verantwortlich, daß keiner jener kleinen Mozarts, die wir potentiell alle sind, an der Entfaltung gehindert wird.
e) Die bisherige hierarchische Ordnung ist jetzt umgekehrt; das Individuum steht über der Gesellschaft: Die Pflicht zur Selbstverwirklichung versieht es mit einer ganzen Schar von Rechten. Der einzelne wird zu seinem Selbstzweck und zur eigenen Norm.
In der Form, die sie während der Goldenen Jahren annimmt, besteht diese Moral aus drei wesentlichen Elementen. Sie weist auf ein Ziel hin: Selbstverwirklichung des Individuums; sie stellt eine Bedingung: die Fürsorge für das Individuum nicht nur durch Sicherung seiner physischen Integrität, sondern auch durch materielle und psychische Sicherheit. Diese Moral kennt einen privilegierten Weg zur Erreichung dieses Zieles: Die Sphäre des Privatlebens und der Freizeit. Man achte auf den geschichtlich zwar zeitlich festgelegten Charakter dieser Konfiguration, der jedoch logisch willkürlich ist.
4. Die Moral der Pflicht und der Arbeit war im Laufe von mehreren Jahrhunderten geprägt worden; sie hatte ihr Fundament in der großen Tradition unserer Zivilisation und wurde von allen großen Institutionen in der Gesellschaft verbreitet. Das neue Ethos weist einen Reaktionscharakter auf, den man versteht, wenn man sich darauf besinnt, daß die Nachkriegszeit den Ausgang von zwei Jahrhunderten kennzeichnet, während denen die Menschen wie nie zuvor in der Menschheitsgeschichte zur Arbeit gezwungen waren.
Bis jetzt hat dieses Ethos keine Untermauerung in klassischen und sakralen Mythen gefunden. Aber es hat institutionnelle Unterstützung in der Werbung, in der "Psycho-Kultur" und auch im Schulsystem gefunden. Zum Epizentrum der neuen Moral sind die mittleren städtischen Angestelltenschichten geworden. Sie verbreitet sich rasch, obwohl sie bislang keine universelle Geltung erlangt hat.

Abbildung 5

Vive la vie...
C'est l'endroit à baintifoler qui résonne de nos rires: bien triste, celui qui ne chante jamais sous la douche! Quel privilège d'organiser cet endroit bien à soi. Carrelages, meubles, robinetterie, baignoire, lavabos, accessoires, nous voulions tout à notre goût. Et nous avons tout trouvé à l'expo
GETAZ ROMANG
LEADER DE L'ÉQUIPEMENT POUR L'HABITAT.

Abbildung 6

Roussel Uclaf et l'hormonothérapie.
La vie est un fil sensible. Une simple hormone fait son équilibre.
Fort de sa maîtrise dans le domaine antibiotique. Roussel Uclaf va plus loin et développe un autre concept pharmaceutique : la prévention de la maladie par l'hormonothérapie. De cette anticipation dépend une meilleure qualité de vie !
ROUSSEL UCLAF
La vie n'a jamais été aussi proche.

Abbildung 7

Hier sind drei Anzeigen aus den letzten Jahren. Das erste Plakat kennen sie wahrscheinlich auch in Deutschland. "Das Leben ist zu kurz, um sich traurig anzuziehen!". Klar meint man nicht mit dem Leben etwas Generelles und Abstraktes. Die Anzeige spricht zu mir: "Dein Leben ist kurz..." Das zweite Bild - Werbung einer schweizer Firma für sanitäre Einrichtungen - sagt genau dasselbe: "Es lebe das Leben!" (Klar ist, daß das schöner klingt als das berühmte und grausame "Arriba la muerte!"); "Traurig muss das Leben von dem sein, der nie in seinem Bad gesungen hat." Es hätte auch heißen können: "Das Leben ist zu kurz, um das Badezimmer nur als Ort für körperliche Pflege zu benutzen!".
Die letzte Anzeige habe ich im "l'Officiel des Spectacles", Paris, gefunden. Man liest:
große Schrift, oben: "Das Leben ist ein dünner Faden"
mittelgroße Schrift, unten:"Das Leben war noch nie so nah!"
kleine Schrift, unten:"...von dieser Erkenntnis hängt eine bessere Lebensqualität ab..."
Also: das Leben ist zu kurz, um nicht das Menschenmögliche zu tun, um es zu schützen und zu verlängern.

5. Die Gegenwart: Die Bildung der postindustriellen Gesellschaft und die Reformulierung des Ethos der Selbstverwirklung

1. Den Jahren des linearen Wirtschaftswachstums folgen heute ungewisse Zeiten: verlangsamtes, manchmal negatives Wachstum, verstärkte internationale Konkurrenz, Beschleunigung des Rhythmus der technologischen Revolution, brutale Arbeitsmarkteinengung und Stagnation der Einkommen. Die Unsicherheiten der gegenwärtigen Zeit tragen dazu bei, dem Arbeitsplatz wieder neuen Wert zu verleihen, da er, selbst in der Schweiz, nicht mehr als ein sicheres Privileg erscheint. Davon abgesehen ist es eine Illusion, an eine Rückkehr zum *status quo ante* (zum Ethos der Arbeit) zu glauben.
2. Die seit 1974 gemachten Umfragen über die gegenüber der Arbeit und dem Leben eingenommenen Haltungen stimmen in ihren wesentlichen Ergebnissen überein. Die freie Zeit und die Freizeitbeschäftigung sind zu Hauptwerten geworden. Die freie Zeit gilt vor allem als ein zu seltenes und daher sehr gesuchtes Gut. Bei der großen Mehrheit ist eine Auffassung der Multizentriertheit des Lebens anzutreffen, nach der die Arbeit wohl ihren Platz hat, aber den anderen Dingen des Lebens, wie Familie, frei gewählten Tätigkeiten, Reisen usw. ebenfalls Raum zu lassen hat.
Auf der gleichen Linie liegt, daß bei der großen Mehrheit die Arbeit nicht mehr den Charakter einer heiligen Mission hat. Sie ist nicht mehr "die edelste soziale Funktion", wie man damals sagte. Die Arbeit ist nicht mehr der Kern einer *Zivilreligion.*

3. Das bedeutet nicht, daß Arbeit keinen Sinn und keinen Wert mehr hätte. Lohnarbeit wird praktisch an dem neuen kardinalen Wert gemessen: der Selbstverwirklichung.
Interessant sind in diesem Zusammenhang die Ergebnisse einer Längsschnittuntersuchung unter Jugendlichen, deren erste Erhebung kurz vor ihrem Eintritt in das sogenannte aktive Leben, die zweite einige Jahren später und dann eine dritte nochmals einige Jahre später stattfand: Am Anfang sind die Erwartungen an die Arbeit idealistisch und suchen das expressive Potential eines idealen Arbeitplatzes. Die Arbeit muß einen Sinn haben, muß dem Betreffenden die Entfaltung seiner Fähigkeiten erlauben, ihn sich nützlich fühlen lassen und ihm auch die Gelegenheit zu harmonischen Kontakten mit Kollegen bieten.
Mit der Zeit und der Erfahrung eines oder verschiedener Arbeitsplätze wird die Bewertung realistisch und das Kriterium immer instrumentelller. Man erwartet nicht mehr von der Lohnarbeit, daß sie Chancen zur Selbstverwirklichung bietet, sondern daß sie so wenig wie möglich fordert und soviel wie möglich instrumentelle Kompensation bietet, so daß man ausserhalb der Lohnarbeit die Mittel hat, um nach Selbstverwirklichung zu streben. (Diese Tendenz ist klar positiv mit der Dequalifizierung des Arbeitsplatzes korreliert).

6. Horizont 21. Jahrhundert: Hypothesen

1. Heutzutage ist eine baldige Rückkehr zu Zeiten regelmäßigen und dauerhaften Wachstums kaum wahrscheinlich. Der Arbeitsmarkt bleibt Spannungen unterworfen und neigt weiter dazu, enger zu werden. Das Verlangen nach Flexibilität und "Anpassungsfähigkeit" in Bezug auf Arbeitsstelle und berufliche Qualifikation wird weiter zunehmen.
Es ist aber darauf hinzuweisen, daß der Wirtschaftszustand und das vom Bruttosozialprodukt erreichte Niveau es nicht zulassen, vom Ende der Zeit des Überflusses zu sprechen. Unsere Gesellschaften sind weiterhin von einem bisher nie erreichten Reichtum gekennzeichnet.
2. In diesem Kontext kommt es zur Suche nach einem neuen Vertrag zwischen dem Individuum und der Gesellschaft, einer Neudefinierung des Platzes, den der Staat und die kommunalen Gemeinschaften einnehmen, und der Herstellung eines neuen Gleichgewichts hinsichtlich der Verteilung des vom einzelnen und des vom Staat zu übernehmenden Anteils an Verantwortlichkeit: Die Neuverteilung soll nicht dazu führen, daß das Individuum vom Gewicht der Pflichten erdrückt wird, wie es die Moral der Arbeit zur Folge hatte, sie soll aber auch nicht die Infantilisierung des Individuums bewirken, was manche Tendenzen in den sechziger Jahren zur Folge hatten.
3. Zugleich mit dem Auftauchen einer "Kultur der Arbeitslosigkeit" läßt sich eine Wiederaufwertung der wirtschaftlichen Tätigkeit und des Unternehmensgeistes feststellen. Das Feld der Wirtschaft bietet dem Abenteuer des Lebens aufs neue eine legitime und glorifizierte Form, in der es sich vollziehen kann.

4. Von Moralisten wird gerne der hedonistische Individualismus unserer Zeit angeprangert. Sie vergessen aber dabei, daß der Individualismus eine sehr alte treibende Idee unserer Zivilisation ist, ohne die der Ausstieg des Bürgers seit dem Mittelalter genausowenig vorstellbar wäre, wie das mit der Renaissance einsetzende wissenschaftliche Denken, wie die Aufklärung und die industrielle Revolution. Die Hervorhebung der Selbstverwirklichungs- und Glücksthematik ist das logische Ergebnis des seit Jahrhunderten laufenden Prozesses der Verkündigung des Individualismus, ein Ergebnis, das sich in einem bestimmten Stadium unserer Gesellschaften einstellen konnte. Die darin liegenden Werte sind dazu berufen, auch weiterhin zu gelten.

> "Die ganze Oekonomie der Gesellschaft stützt auf folgendes allgemeines und einfaches Prinzip: Ich will glücklich sein; ich lebe aber mit Menschen, die alle wie ich auch ihrerseits glücklich sein wollen." (Diderot, um 1760, La grande Encyclopédie, art. Société)

5. Kennzeichen des heutigen Ethos sind der hedonistische Individualismus und die Infragestellung der überkommenen Normen und Werte sowie der klassischen Autoritätsformen. In diesem Kontext ist die Verunsicherung ein weiteres Merkmal unserer Zeit, dem die Suche nach Kommunikation entspricht. Verunsicherung und Kommunikation sind die Worte, die kaskadenartig von einem Niveau der sozialen und menschlichen Realität auf das andere fallen: Von der allumfassenden Gesellschaft, der Wirtschaft und den Medien zum Unternehmen, den neuen Technologien, der Schule und dem Forschungszentrum; und von diesen hinab zum Alltag des einzelnen, zur Beziehung des einzelnen mit den anderen und zu seinen Zukunftsvorstellungen.

Bemerkenswert scheint mir der Umstand, daß jedes dieser zwei Grundthemen im Zentrum eines modernen soziologischen Werkes steht: Verunsicherung bei Gofman, Kommunikation bei Habermas.

6. Der Bürgersinn verliert sich, sagt man. Aber der Bürgersinn ist nur eine Form von vielen anderen, in denen sich das Band ausdrücken kann, das den Einzelnen mit dem sozialen Ganzen verbindet. Die Werte der Toleranz und des Respekts vor dem Anderssein sind im Aufstieg. Aber man sollte nicht übersehen, auch ihre Gegenstücke: Xenophobie und ethnozentristischer Fanatismus.

Dem Niederung des Bürgersinnes stehen neue Formen der politischen Beteiligung gegenüber und, scheint es mir, das Auftauchen einer neuen Moral, die ich als *Moral der Oikoumene* (der bewohnten Erde) bezeichne (man könnte auch von einer oekologische Moral sprechen).

7. Was mir hier sehr wichtig scheint, sind zwei Aspekte:

a) Diese Moral ist nicht idealistich, aber ganz realistisch;

b) Sie ist, meiner Einschätzung nach, eine (nicht die einzige, aber eine) logische Konsequenz des aktuellen hedonistische Individualismus. Diese scheinbare Paradoxie möchte ich erklären. Die heutige generelle, gemeinsame und unwiderlegbare Gewißheit liegt in dieser Feststellung: "*ich lebe!*". Diese egozentrierte konkrete Wahrheit wird als Fundament aller Freuden und Wünsche begriffen.

"Ich lebe und ich werde sterben!", alles andere ist reine Ungewißheit. "Ich lebe und möchte glücklich sein!"
"Ich lebe", aber "mein Leben ist Bedrohungen ausgesetzt, die aus der Natur und mehr noch aus den Gebräuchen unserer Gesellschaft herkommen. Sie betreffen jeden, und keine individualistische Strategie ermöglicht es, ihnen zu entkommen. Da gibt es zwei mögliche logische Einstellungen: entweder "Nach mir die Sintflut!" oder man entschließt sich zu einem Verhalten, das von einem egoistischen Standpunkt aus ganz irrelevant ist. Daß ich meine Abfälle sortiere u.s.w., wird in keinem Fall "mein Leben" und das Leben meiner Kindern schützen. Diese Art von Handlungen hat nur dann Sinn und Wirksamkeit, wenn sie mit dem Gedanken verbunden wird, daß eine immer größere Zahl von Menschen das gleiche Ritual verfolgen wird. Eine solche Einstellung postuliert Solidarität. In der "Risikogesellschaft" (Beck) führt die "ich-bezogene" individualistische Suche nach Selbstverwirklichung den einzelnen Menschen zum Bewußtsein, daß es für seine nicht reduzierbare Individualität - das ICH - einen universellen Tragegrund gibt: das LEBEN.[3]
In Genf gibt es seit ein paar Jahren regelmässige Massenkundgebungen gegen das Atomkraftwerk Crey-Malville (Frankreich, 70km von Genf). Auf den Mauern der Stadt kann man Schlagworte lesen, die mit der Musik und dem Wortsinn "Malville" (Bösestadt) spielen:

> "Touche pas à ma ville, Malville!" (Greif nicht meine Stadt an...)
>
> "Touche pas à ma vie, Malville!" (Greif nicht mein Leben an...)

Sie sind auch von dem berühmten antirassisten Schlagwort inspiriert:"Touche pas à mon pote!" (Greif nicht, mach' nicht meinen Kumpel an!) Interessant ist, daß das Argument die gleiche Grundlage hat wie die Anzeigen, die wir gesehen haben: Das Leben, mein Leben als kardinaler Wert.
8. Die Industriengesellschaft hatte aus der bezahlten Arbeit den Ort gemacht, wo dem Menschen seine Verwirklichung gelingt: durch Arbeit erlangt er die Mittel für seinen Lebensunterhalt, bei der Arbeit gebrauchte er seine Fähigkeiten und kam mit anderen in Beziehung. Die Desakralisierung der Arbeit ermöglichte das Bewußtsein der Unterscheidung zwischen Arbeitsplatz (Arbeit als feste, bezahlte Beschäftigung), Arbeit in weitem Sinne (jede Güter oder Dienste produzierende Tätigkeit) und Freizeit im engen Sinn (unproduktive Tätigkeit). So wird es klar, daß die generische Kategorie nicht die Arbeit ist, sondern die Tätigkeit - "Am Anfang war die Tat", schrieb Goethe -, und Tätigkeit wird definiert als eine Kombination von Information und Energie.
Es ist zu vermuten, daß die Individuen die Selbstverwirklichung zunehmend in einer Vielzahl von Tätigkeiten verfolgen werden. Die Art und Kombination

3 Siehe Chr. Lalive d'Epinay: Individualisme et solidarité aujourd'hui (douze thèses), in: Cahiers Internationaux de Sociologie, LXXXVI, 1989, S. 15-31.
Ich revidiere diesen Text am Tag nach der Volksabstimmung, in der sich das Schweizer Volk, obwohl es sich knapp zum Verzicht auf Atomenergie entschlossen hatte, für ein 10-Jahre-Moratorium ausgesprochen hat (22. September 1990).

dieser Tätigkeiten wird je nach der sozialen Schicht, der Stelle im Lebenszyklus u.s.w. unterschiedlich sein.

Abbildung 8

Diese Anzeige gehört zu einer ganzen Anzeigenserie eines der wichtigsten Bankkonsortien der Schweiz. Man sieht sie in den Zeitungen und auf den Straßen. Die Bank preist die Qualität ihrer Mitarbeiter, indem sie auf ihre Freizeitaktivitäten hinweist. In der ersten Serie (1986) hat man meistens "edle" Aktivitäten wie Alpinismus oder Segelfliegen gezeigt. Heute zeigt man auch viele populäre Freizeitaktivitäten. Stichwörter: "Mitarbeiter wie sie verdienen Ihr Vertrauen" oder "Mitarbeiter wir er haben uns zur ersten Bank gemacht".
9. Als Schlußwort möchte ich vorschlagen, daß die Grundstruktur des Ethos der Selbstwerwirklichung sich so entwickeln wird:

(I) Reaktionäre Form während der Goldenen Jahren

Ziel

Selbstverwirklichung

Bedingung	Weg
physische, materielle & psychische Sicherheit	Freizeit, Privatsphäre

(II) Entwickelte Form des Ethos des postindustriellen Gesellschaft

Ziel

Selbstverwirklichung (idem)

Bedingung	Weg
Neues Gleichgewicht zwischen Verantwortung & Sicherheit	Kombination von Tätigkeiten

Literatur

Lalive d'Epinay, Chr./Garcia, C.: Le mythe du travail en Suisse. Splendeur et déclin au cours du XXe siècle. Genève 1988.

Lalive d'Epinay, Chr.: Individualisme et solidarité aujourd'hui (douze thèses), in: Cahiers Internationaux de Sociologie, LXXXVI, 1989, S. 15-31.

Ders.: Die Schweizer und die Arbeit. Von der Gewißheit der Vergangenheit zu Fragen der Zukunft, Zürich 1990 (franz. Auflage: Lausanne 1989).

Ders.: Les fondements mythiques de l'ethos du travail, in: Archives de Sciences sociales des Religions, (demnächst erscheinend).

Perspektiven des soziokulturellen Wandels

Rainer Zoll

Zum Ende dieses Symposiums über den soziokulturellen Wandel will ich zunächst zwei Aspekte des Themas aufgreifen, die mir für seine Präzisierung besonders wichtig erscheinen, und danach einige mögliche Perspektiven der gesellschaftlichen Entwicklung wie auch der Forschung behandeln, die sich für mich aus den hier vorgestellten Forschungsergebnissen und Diskussionen ergeben.

Wir erleben in der Tat in den Ländern Nordamerikas und Westeuropas einen bedeutsamen soziokulturellen Wandel. Ein neues kulturelles Modell löst das alte kulturelle Modell ab, aber es handelt sich keineswegs um einen mechanischen Bruch, sondern um einen komplexen Prozeß, in dem das alte kulturelle Modell nicht einfach aufhört zu existieren, sondern in einem dialektischen Prozeß ein neues hervorbringt. Diese dialektische Aufhebung des Alten läßt sich nicht nur an den Beispielen des Ideals der Beruflichkeit und des Verhältnisses von Ehe und Partnerschaft, die ich in meiner Einführung angesprochen habe, zeigen, sondern an vielen weiteren Einzelthemen wie etwa der Verantwortung und gilt für das kulturelle Modell insgesamt. Der soziokulturelle Wandel ist nicht nur von einer nationalen Gesellschaft zur anderen verschieden, weil die unterschiedlichen Kulturen selbstverständlich diesen Prozeß prägen; wahrscheinlich erfährt er sogar eine weitere Differenzierung durch die unterschiedlich starken regionalen Kulturen, verläuft also in Norditalien anders als in Kalabrien, in der Bretagne anders als in Paris, in Ostfriesland anders als in Hamburg. Und auch innerhalb der nationalen und regionalen Kulturen unterscheidet er sich von einem sozialem Milieu zum anderen. Darüber hinaus ist die kulturelle Differenzierung eng verwoben mit einem unterschiedlichen Entwicklungsstand des Übergangsprozesses von einem kulturellen Modell zum anderen, ja wahrscheinlich spielen sogar - vor allem in bestimmten Regionen - Elemente des dem alten kulturellen Modell vorgelagerten 'vormodernen' Modells in diesen Prozeß mit hinein, werden in einigen Fällen sogar durch das neue kulturelle Modell zwar verändert, aber auch aufgewertet. Ich denke hierbei etwa an Elemente kommunikativer und konvivialer Kultur.

Trotz aller dieser Differenzierungen lassen sich gemeinsame Strukturmerkmale des Wandels feststellen; unter Strukturmerkmalen verstehe ich zum Beispiel soziale Deutungsmuster, die sich trotz aller sozialen und individuellen Differenzierung quer durch die gesamte Gesellschaft verfolgen lassen. Dabei ist sogleich zu bemerken, daß die Totalisierung, die das Gemeinsame der kulturellen Strukturen herstellte und noch herstellt, ein Charakteristikum der Moderne, also des alten kulturellen Modells ist und daß dieser Prozeß weder in den industriekapitalistischen Ländern, von denen wir handeln, noch viel weniger aber in den Ländern der Dritten Welt abgeschlossen ist.

Die Frage nach den gemeinsamen Struktrurmerkmalen führt mich zu dem zweiten Aspekt, den ich präzisieren will. Der hier von den meisten Referenten vertretene Interpretationsansatz unterscheidet sich deutlich von dem Begriff des Wertewandels, der als eher konservativ beeinflußter Diskurs die gleichen Phänomene behandelt, die wir beobachten. In der Tat lösen wir, wenn wir die Absicht erläutern, soziokulturelle Veränderungen zu studieren, sehr häufig die Reaktion aus: "Ah, es geht um den Wertewandel". Was aber meint die Rede vom Wertewandel? Es ist ein schillernder Begriff, der in Westeuropa in der Mehrzahl der Fälle verbunden ist mit dem Bezug auf die Jugendlichen und der Unterstellung, daß sich bei ihnen bestimmte Werte, genauer gesagt Werthaltungen, radikal verändert hätten. Diese Unterstellung impliziert selbstverständlich einen Vergleich mit eigenen Werten, von denen gemeint wird, sie hätten sich nicht verändert und die zugleich dem Urteilenden die Basis für sein Urteil abgeben. Der Diskurs über den soziokulturellen Wandel geht im Gegenteil davon aus, daß die Beobachtenden Teil des beobachteten Prozesses sind.

Am bekanntesten ist das Wertewandel-Urteil über die Arbeitslust vieler Jugendlicher: In dieser Sicht wird ihnen vorgeworfen, sie hätten keine Lust zu arbeiten, sie seien faul. Ein anderer Vorwurf bezieht sich auf das Verantwortungsgefühl: manche Jugendliche würden für nichts mehr Verantwortung übernehmen, sie seien verantwortungslos in ihrem Denken und Handeln. Weitere Kritikpunkte sind Disziplinlosigkeit, Unbescheidenheit, Verantwortungslosigkeit, Unstetigkeit. Auch wird gesagt, die Jugendlichen seien nicht in der Lage, eine Sache zu Ende zu führen, einer Idee oder einer Entscheidung treu zu bleiben beziehungsweise zu ihr zu stehen, sie würden vieles anfangen, aber wenig vollenden, sie wären nicht fähig, auch einmal etwas hinzunehmen, sich unterzuordnen, zu gehorchen; sie wären nicht bereit, Entsagung zu üben, Verzicht zu leisten.

Eines von vielen Beispielen liefert uns Bernd, ein 18jähriger Arbeitsloser, der zur Zeit des Interviews im Rahmen einer Arbeitsbeschaffungsmaßnahme in einer Jugendwerkstätte tätig ist. Er erzählt uns, daß er überhaupt keine Lust habe, in der Freien Jugendwerkstätte zu arbeiten. Also, so könnte man annehmen, Bernd ist faul, er hat keine Lust zu arbeiten. Erst genaueres Hinsehen erlaubt, seine Aussage wirklich zu verstehen: Zunächst könnte man bei flüchtiger Lektüre meinen, seine Aussage zielte auf die Arbeit, die er zur Zeit verrichtet und die keineswegs seinen Enthusiasmus hervorruft, die zwar einige handwerkliche Merkmale besitzt, aber weit von seinen Wunschvorstellungen entfernt ist. Doch meint er sie gar nicht, denn er ist in einer kirchlichen, nicht der Freien Jugendwerkstätte tätig. Vielmehr stellt er sich vor, was mit ihm geschehen könnte, wenn er - wie er es bei Bekannten beobachtet hat - nach der Arbeitsbeschaffungsmaßnahme keinen Arbeits- oder Ausbildungsplatz bekäme; dann stände er nämlich als Arbeitsloser vor der Frage, ob er für ein geringes Taschengeld in der sogenannten Freien Jugendwerkstatt arbeiten soll. Die Arbeit dort besteht aus einfachsten Hilfsarbeiten, zum Beispiel Erdarbeiten, während in der kirchlichen Jugendwerkstatt trotz aller Kritik Bernds - an unnötiger Disziplinierung, an ihn kaum interessierenden Arbeitsinhalten - doch wenigstens einige handwerkliche Arbeitsinhalte vermittelt werden. In beiden Fällen sind die Vorwürfe also nur im Ernst haltbar, wenn sie isoliert betrachtet, aus ihrem Kontext gelöst werden. Im Wertewandeldiskurs wird der Wert Fleiß auch auf der begrifflichen Ebene isoliert, aus dem größeren kulturellen Kontext gelöst und nur so handhabbar als Kritikpunkt im Rahmen eines Lamentos über den Verfall der Werte. Dabei soll hier nicht bestritten werden, daß dieses Lamento auf der Beobachtung wirklicher Veränderungen beruht; es geht vielmehr um die Deutung, die Erklärung dieser Veränderungen.

Die Werte werden nicht nur isoliert, sie werden auch hypostasiert, was jedoch nur - und hier wird der Zusammenhang einzelner Aspekte dieses Wertewandel-Diskurses deutlich - möglich ist, weil sie als einzelne betrachtet werden. Bernd hat zum Beispiel den Anspruch, daß die Arbeit, die er verrichtet, ihm sinnvoll erscheint, für ihn einen Bezug zu seinen durchaus vielfältigen Interessen besitzt: so ist etwa die kostenlose Pflege eines bestimmten Rasens für ihn sinnvoll, weil er dort mit anderen Modellflugzeuge starten und landen läßt, was sein Hobby ist; aber es macht für ihn keinen Sinn, im Rahmen der Freien Jugendwerkstatt praktisch unbezahlt einen Rasen für einen Sportplatz eines großen Konzerns herzurichten, was Bekannte von ihm machen mußten. Dabei sieht er durchaus die Nützlichkeit des Rasens ein, ist sogar empfänglich für die ästhetische Seite eines "schönen Rasens"; nur: warum sollte er unbezahlte Arbeit für einen großen Konzern leisten? Für die Kritiker der Veränderung von Wertvorstellungen bei den Jugendlichen und auch - wie wir in der Untersuchung über die Krisenreaktion von Arbeitern beobachtet haben - für die meisten älteren Arbeiter ist Arbeit, das heißt also Lohnarbeit, ein Wert an sich, weil sie ihrem Leben einen Sinn gibt. Vielleicht sollten wir hier schon festhalten, daß die kritisierten Jugendlichen zwar vielfach "keinen Bock" auf bestimmte Arten von Lohnarbeit haben, jedoch keineswegs faul sind; vielmehr hat die Lohnarbeit an sich in ihrem Leben keine sinnstiftende Funktion. Sie wird hinterfragt und muß sich vor bestimmten Prinzipien und den aus ihnen abgeleiteten inhaltlichen und formalen Ansprüchen legitimieren.

Wie sehr die sogenannten Werte im Wertewandel-Diskurs isoliert und hypostasiert werden, ist auch daran zu sehen, daß weder die Widersprüchlichkeit der Werte noch ihr Zusammenhang analysiert wird. Dabei ist es eines der beliebtesten Themen der Literatur dieses und zum Teil schon des vergangenen Jahrhunderts, die Konflikte zwischen Werten wie zum Beispiel Treue und Pflichterfüllung, Fleiß und Enthaltsamkeit zu behandeln. Diese Konflikte werden durch die Entwicklung des Industriekapitalismus immer weiter hervorgetrieben und zugespitzt. So ist es kaum noch einzusehen, "Enthaltsamkeit" zu üben, wenn der "Fleiß" zugleich Warenberge im Überfluß produziert, die dann wieder zerstört werden.

Was die Analyse des soziokulturellen Wandels vom Wertewandel-Diskurs unterscheidet, ist die Beschreibung und Deutung von sozio-kulturellen Strukturen und der diesen Strukturen zugrundeliegenden generativen Prinzipien. Der innere Zusammenhang der sogenannten Werte, der sich gerade auch in den Konflikten manifestiert, wird untersucht; aus der Bestimmung der Strukturmerkmale wird versucht, die Veränderungslogik der soziokulturellen Strukturen zu bestimmen.

Als generatives Prinzip des alten kulturellen Modells wurde schon von Max Weber die Zweckrationalität bestimmt. Für die Entwicklungsphase des Industriekapitalismus war die innerweltliche Askese, war die Selbstverleugnung der Individuen dem Zweck angemessen, war die methodische Lebensführung als Lebenspraxis rational. Die neuen Strukturprinzipien entwickeln sich aus den alten, auch die Selbstverleugnung ist eine Form der Selbstbezüglichkeit, aber eine negative; die Selbstverwirklichung dagegen ist ein positiver Bezug des Individuums auf sich selbst. Das generative Prinzip des neuen kulturellen Modells ist also eine direkte, positive und intensive Form der Selbstbezüglichkeit. Was das für die Lebenspraxis der Individuen heißt, wurde mit den Stichworten Individualisierung, soziokulturelle Differenzierung und Pluralisierung angesprochen, ist aber noch längst nicht so genau bestimmbar und beschreibbar wie die methodische Lebensführung. Noch mehr offene Fragen wirft das Nachdenken über die gesellschaftlichen Auswirkungen der neuen Form der Selbstbezüglichkeit der Individuen auf.

Zu Beginn des Versuchs, einige perspektivische Linien unserer Diskussionen zusammenzufassen und dadurch dabei stärker zu konturieren, will ich die tiefe Ambivalenz der Strukturmerkmale des neuen kulturellen Modells unterstreichen.

Beispiel: Die verbale Kommunikation zielt auf Verständigung, aber sie kann auch ein endloses, sich im Kreise drehendes, verständigungsfeindliches Gelaber sein; die Verbalität der Kommunikation schließt oft die für die Verständigung der Individuen so wichtige metakommunikative, d.h. analoge Seite der Kommunikation aus, schneidet sie ab.

Da aber die möglichen negativen Seiten des neuen kulturen Modells bereits relativ häufig und intensiv publizistisch behandelt werden - ich denke an die Vorwürfe des Egoismus, des Hedonismus, des Solipsismus, des extremen Individualismus, der kommunikativen Verführbarkeit, des politischen Desinteresses - habe ich die Tendenz, in meinen Betrachtungen des neuen kulturellen Modells eine optimistischere Sicht zu bevorzugen, schon um Entwicklungsmöglichkeiten aufzuzeigen, um sie zu begünstigen.

In den Diskussionen über das neue kulturelle Modell ist immer wieder die Selbstbezüglichkeit als strukturierendes Prinzip sichtbar geworden. Durch sie werden in den Arbeitsorientierungen der Individuen verständlicherweise die inhaltlichen Bezüge enorm aufgewertet. Für jedes kollektive Bemühen um Veränderung von Lohnarbeit erhält die Frage der Arbeitsgestaltung, also möglicher reicherer Formen und Inhalte der Lohnarbeit, für die es ja durchaus kleine interessante Ansätze gibt, eine enorme Bedeutung. Doch ist eine andere Arbeitsgestaltung zumindest in einigen Ländern wie in Italien und in der Bundesrepublik eine seit längerem erhobene gewerkschaftliche Forderung, neu ist nur die

Bedeutung, die sie haben könnte, was aber die Gewerkschaften erst noch erkennen müßten.

Viel gewichtiger ist die Veränderung der Arbeit selbst und der Wandel des Verhältnisses der Menschen zur Arbeit, genauer gesprochen, zur Lohnarbeit. Ersterem ist André Gorz in seinem bedeutenden Buch "Kritik der ökonomischen Vernunft" nachgegangen, dessen französischer Originaltitel "Metamorphosen der Arbeit - Suche nach Sinn"[1] heißt, also exakt diese Veränderungen zum Gegenstand hat. Gorz geht auch auf das veränderte Verhältnis der Menschen zur Lohnarbeit ein, das ebenfalls Thema dieses Symposiums war. Ich will diese Veränderungstendenz zusammenfassend als Entmystifizierung der Lohnarbeit charakterisieren; der "Mythos der Arbeit", von dem Christian Lalive d'Epinay in einem seiner wichtigsten Bücher handelt[2], geht verloren.

Wenn die Arbeit kein Mythos mehr ist, dann tritt an die Stelle der Arbeitsorientierung, die im alten kulturellen Modell vor allem für die Männer eine zentrale Bedeutung hatte, im neuen kulturellen Modell eine Orientierung, die ich in einem vorsichtigen Zugriff Lebensorientierung nennen will. Die Veränderungen der alten Arbeitsorientierungen können durchaus auch als ein Aspekt der Krise der traditionellen Männlichkeit begriffen werden. Die Bedeutung der Arbeitsorientierung war vor allem für die Männer so zentral, weil Lohnarbeit dem Leben einen Sinn gegeben hat. Ihre durchaus praxiswirksamen Ideale wie Fleiß, Leistungsbereitschaft, Verantwortung für den Arbeitsprozeß wurden dadurch zu Werten an sich. Hier wird auch deutlich, daß der Wertewandeldiskurs mit seiner Hypostasierung der Werthaltungen zu Werten an sich selbst Teil des alten kulturellen Modells ist, wie sehr die vorgeblich wertfreie Wissenschaft eingebunden ist in den kulturellen Zusammenhang der Gesellschaft. Im neuen kulturellen Modell dagegen gibt es keine Werte an sich mehr, das Leben hat nicht den Sinn, den ihm die Lohnarbeit im Rahmen einer bestimmten Ethik gibt, es hat nur den Sinn, den ihm das Individuum gibt. Die Pluralisierung der Lebensstile hängt unmittelbar damit zusammen, daß viele verschiedene Formen und Inhalte des Lebens für die Individuen einen Sinn machen können. Das Gemeinsame dieser Vielfalt besteht in der selbstbezüglichen Sinngebung.

Die Verbindung des Prinzips Selbstbezüglichkeit mit den anthropologischen Voraussetzungen macht aus der Selbstverwirklichung idealiter einen lebenslangen Prozeß. Hier erscheint mir der Einfluß von C.G. Jung, seines Individuationsbegriffs, nicht zu leugnen. Die wahrscheinliche Filiation des Begriffes Selbstverwirklichung geht vom Entwicklungsroman der deutschen Klassik (zum Beispiel Goethes 'Wilhelm Meister') über C.G. Jung zur nordamerikanischen humanistischen Psychologie und von ihr aus in die Alltagskultur der Menschen.

Die neue Lebensorientierung bedeutet also nicht einfach die Privilegierung der Freizeit, sondern die veränderte Bewertung von Lohnarbeitszeit und Freizeit im

---

1 André Gorz: Kritik der ökonomischen Vernunft. Berlin 1989; das französische Original: Métamorphoses du travail - quête du sens. Critique de la raison économique. Paris 1988.

2 Christian Lalive d'Epinay/Carlos Garcia: Le mythe du travail en Suisse. Genève 1988.

Rahmen der Lebenszeit: wenn die Lohnarbeit Möglichkeiten zur Selbstverwirklichung bietet, dann wird die alte Arbeitsorientierung sogar hypostasiert, nur daß nicht die Lohnarbeit dem Leben einen Sinn gibt, sondern das Individuum in einer bestimmten Lohnarbeit einen Sinn für seine Selbstverwirklichung findet. Freizeitaktivitäten können eigentlich nicht mehr so genannt werden, denn die eigentliche Lebenszeit vieler Menschen ist heute die sogenannte Freizeit, nicht mehr die Lohnarbeitszeit.

Was mich auch in der Annahme bestärkt, das neue kulturelle Modell habe große Chancen, sich durchzusetzen, ist der Umstand, daß einer der wichtigsten Faktoren, die seine Entstehung beförderten, meiner Meinung nach die Frauenbewegung ist. Und es läßt sich doch wahrlich nicht behaupten, die Frauenbewegung sei am Ende, habe ihre Ziele erreicht. Die Infragestellung der männlichen Ordnung ist auch die Kritik männlich geprägter Normalität. Für die Weiterentwicklung des neuen kulturellen Modells werden die künftigen Impulse der Frauenbewegung im weiten Sinne von großer Bedeutung sein. Es wäre vermessen, die neue kommunikative Kultur als eindeutig männlich oder weiblich zu qualifizieren. Schon im alten kulturellen Modell haben gerade die Frauen versucht, der kooperativen Form der Lohnarbeit die in ihr enthaltenen kommunikativen Möglichkeiten abzugewinnen. Sicher läßt sich heute noch nicht absehen, welche Veränderungen Lohnarbeit durch ihre Feminisierung erfahren wird. Unverändert wird sie auf keinen Fall bleiben. Wahrscheinlich werden Frauenbewegung und Ökologiebewegung die Schaffung neuer Normen für Lohnarbeit überhaupt bewirken.

Besonders spannend erscheint mir die Frage nach einer neuen Ethik, die wir im Forschungsprojekt "Arbeitsorientierungen von Jugendlichen" kaum behandelt hatten, kaum behandeln konnten. Vielleicht schon deshalb erscheinen mir der Beitrag von Thomas Ziehe zu diesem Symposium und die Ergebnisse der Arbeitsgruppe 3 besonders bedeutsam. Selbstreferenz generiert zunächst als Prinzip einer möglichen neuen Ethik, daß die Verantwortung des Individuums für sich selbst Vorrang hat. Da aber zugleich das neue kulturelle Modell - nicht unbeeinflußt von der New-Age-Bewegung - den Begriff der Ganzheitlichkeit wiederentdeckt und damit eng zusammenhängend eine Ahnung vom Gesamtzusammenhang des organischen Lebens auf der Erde gewonnen hat, gibt es - und hier machen sich natürlich Einflüsse der Ökologiebewegung geltend - paradoxerweise neben der selbstbezüglichen Verantwortung für sich selbst universalistische Tendenzen der neuen Ethik. Diese Linie weiterverfolgend denke ich, daß erst ein anderer, tendentiell versöhnender Umgang des Menschen mit seiner inneren Natur den Weg öffnet zu einem neuen, nicht mehr ausbeuterischen Umgang mit der äußeren Natur. Auch hierfür stellt die Selbstbezüglichkeit des neuen Individuums eine gute Voraussetzung dar. Gewiß nur eine Voraussetzung, eine Möglichkeit, aber immerhin.

Die neue Ethik wird eine Diskurs-Ethik sein. Wie anders kann denn angesichts der enormen materiellen wie geistigen Differenzierung, angesichts von Individualisierung und Pluralisierung eine neue Ethik gedacht werden denn als nicht

mehr substantielle, sondern als formale, aus den Regeln des Diskurses gewonnene. Hier erscheint es mir äußerst bedeutsam, daß junge Frauen und Männer im Alter von 20 bis 25 Jahren, die sicher nie etwas von Habermas und der herrschaftsfreien Kommunikation gehört haben, implizit genau die Regeln der herrschaftsfreien Kommunikation einfordern und in ihrer Lebenspraxis beachten. Ich verweise auf die Fallberichte über Roswitha und Frank in unserem Buch über das neue kulturelle Modell[3], wo deutlich wird, daß die 'Anerkennung der Differenz' als grundlegendes ethisches Prinzip - Anerkennung zum Beispiel der Geschlechterdifferenz, der ethnischen, sozialen und kulturellen Differenzen, der Differenz als identitätsstiftend und damit Individualität überhaupt erst ermöglichend - nicht nur eine Forderung der Universalpragmatik ist, sondern praktische Relevanz für alltägliches Handeln gewinnt.
Es scheint mir ganz unzweifelhaft zu sein, daß der soziokulturelle Wandel eine Veränderung von Identität, ja Identitätskrisen und -neubestimmungen einschließt. Wenn die impliziten selbstverständlichen Normen der lebensweltlichen Normalität in Frage gestellt sind, dann befindet sich das Individuum in einer äußerst schwierigen labilen Situation. In einer "normalen" Lage schwimmt das Individuum als bewußtes Subjekt gewissermaßen auf einem Meer von "impliziten Deutungen" (Mary Douglas). Diese stellen einen Teil seiner Lebenswelt dar, in die es hineingeboren wird und die es sich beim Aufwachsen mehr oder minder unbewußt aneignet. Die Krise des alten kulturellen Modells raubt vielen Jugendlichen und auch manchen Älteren Teile lebensweltlicher Sicherheit, das heißt sie sind aufs äußerste und zwar in ihren Identitätsstrukturen verunsichert. Im Prozeß der Krise der Normalität werden implizite Deutungen explizit gemacht und in Frage gestellt. Das Fehlen organischer kollektiver Identitäten verstärkt den Individualisierungsschub. Die Suche nach einer individuellen Identität wird eine Notwendigkeit für das Individuum, das sich nicht in künstliche kollektive Identitäten, zum Beispiel religiöse oder politische Sekten, flüchten will. Die Suche nach Selbstverwirklichung wird unter diesen Umständen für viele zu einem Zwang; von anderen aber wird sie als Befreiung erlebt. Die Gründe hierfür liegen in der charakteristischen Identitätsstruktur des alten kulturellen Modells, die die Fiktion der Einheit des individuellen Ichs, der Einheit des bürgerlichen Subjekts enthielt. Es war eine Fiktion und zugleich eine Realität, aber eine gewaltsam hergestellte Realität, weil die Einheit durch die Abspaltung des Nichtintegrierbaren, durch den Ausschluß des Disparaten, des Nichtidentischen hergestellt wurde.[4] Diese Einheit ist das Ergebnis eines langen Prozesses der Verinnerlichung von Zwängen.[5] Sie ist eine Fiktion, weil eine durch Verdrängung und ähnliche Prozesse hergestellte Einheit notwendig Brüche enthält, weil das Nichtintegrierbare nicht nur außen, sondern auch innen ist. In der Pionierphase des Bürgertums richteten sich die Bemühungen der Individuen

3 Rainer Zoll u.a.: Nicht so wie unsere Eltern! Ein neues kulturelles Modell?; Opladen 1989.
4 Theodor W. Adorno/Max Horkheimer: Dialektik der Aufklärung. Amsterdam 1947.
5 Norbert Elias: Über den Prozeß der Zivilisation. Frankfurt/M. 1981.

auf die Konstruktion einer solchen Einheit, die zur Eroberung, zu Pioniertaten fähig war. Erst viel später wurden die Risse in der rigiden Einheit entdeckt. Heute brechen diese Risse auf oder sind schon aufgebrochen.
Von einem philosophischen Gesichtspunkt aus betrachtet, kann Identität niemals definitiv, niemals total sein. Von Identität zu sprechen, hat nur Sinn, wenn die Rede die Dimension Zeit einbezieht. So hängt sicher der oft beklagte Utopieverlust der Jugendlichen auch damit zusammen, daß sie Zeit anders leben, daß sie nicht mehr bereit sind, die Erfüllung für sie wesentlicher Bedürfnisse auf eine ungewisse Zukunft zu verschieben.
Nur das kann wahrhaft identisch mit sich selbst sein, was außerhalb der Zeit steht, also tot ist. Aber es gibt ein relatives Mit-sich-selbst-identisch-Sein, ohne das Differenzierung nicht möglich wäre.[6] Die Bemühungen um eine definitive Identität waren also zum Scheitern verurteilt, gaben aber zugleich der Identität des bürgerlichen Subjekts ihren rigiden, nichtflexiblen Charakter. Aber daraus auf den Tod des Individuums zu schließen, bedeutet, die Rigidität mit der Identität zu identifizieren, bedeutet, an dem Prinzip der definitiven, der totalen Identität und damit an dem Ausschluß des Nichtintegrierbaren, des Anderen festzuhalten.
Die Suche nach Selbstverwirklichung ist der Versuch, das Prinzip der totalen Identität und seiner Starrheit zu überwinden. Das Aufbrechen der alten Strukturen enthält also die Hoffnung auf eine neue Form der Identität des menschlichen Subjekts. Das neue kulturelle Modell könnte an die Stelle der "rigiden Einheit des bürgerlichen Subjekts" eine Patchwork-Identität setzen, wie es Heiner Keupp hier formuliert hat, oder, wie es Albrecht Wellmer 1985 formulierte, die "flexiblere Organisationsform einer kommunikativ verflüssigten Ich-Identität".
Eine solche neue Identität des selbstbezüglichen Individuums könnte auch ein neues Verhältnis von Individuum und Gesellschaft hervorbringen. Die Beziehung des Individuums zur Gesellschaft ist zunächst und vorrangig eine Beziehung zum anderen, zum Nächsten. Der andere kann ein Lebenspartner und/oder ein Kind sein. Deshalb werden sich die Veränderungen des Verhältnisses von Individuum und Gesellschaft zunächst und vorrangig in den Partnerbeziehungen geltend machen und sichtbar werden. Dieses scheint mir unzweifelhaft auch heute schon der Fall zu sein. In diesem Rahmen müssen meiner Ansicht nach auch die Neudefinitionen von idealer Partnerschaft gesehen werden, die ich in der Einführung angesprochen habe. "Liebe als Offenbarung zu zweit, als Steigerungsform des Selbst" ist zwar, wie Ulrich Beck unterstreicht, wahrlich keine Erfindung des 20. Jahrhunderts, sie erhält aber angesichts der Ansprüche des Individuums auf Selbstverwirklichung eine neue Bedeutung. Selbstverwirklichung ist keine Aufgabe, die solipsistisch gelöst werden kann, sondern sie impliziert notwendig Kommunikation, Interaktion mit anderen. Diese Notwendigkeit der Interaktion und die Selbstbezüglichkeit, die in jeweils

6 Manfred Frank: Die Unhintergehbarkeit von Individualität. Frankfurt/M. 1986, S. 127.

individueller Weise in die Interaktion eingeht, sie bestimmt, legen die Versuchung nahe, Liebe und/oder Partnerschaft oder Eltern-Kind-Beziehungen zu idealisieren, zu hypostasieren. Ich denke, daß diese Art von Beziehungen gerade durch die Idealisierung und Überbewertung den anderen instrumentalisiert und damit mißbraucht. Eine immanente und möglicherweise heilende Gegentendenz sehe ich in der Selbstbezüglichkeit selbst angelegt, denn diese enthält immer auch den Anspruch selbst des noch sehr jungen Individuums auf Anerkennung seiner Eigenständigkeit und Eigentümlichkeit. Individuen, die nicht nur die eigene Eigenständigkeit und Eigentümlichkeit, sondern auch die des anderen anerkennen und respektieren, werden auch nicht mehr im anderen suchen, was sie nur in sich selbst finden können. Die Anerkennung der Differenz als Voraussetzung der herrschaftsfreien Kommunikation und als Grundprinzip einer neuen Sozialität wäre in der Tat eine neue und bessere Grundlage für die sozialen Beziehungen der Menschen, aber der Weg zur Verwirklichung wirklich menschlicher Beziehungen ist offenbar lang und mühevoll. Dennoch, die vielen Beziehungsschwierigkeiten, die wir heute beobachten, also Beziehungskonflikte, Ehekrisen, Trennungen und Scheidungen, können in dieser Sicht auch als ein Ringen um die neue Sozialität interpretiert werden; sie wären dann der Versuch - mit wie vielen Rückschlägen und Fluchtbewegungen auch immer durchsetzt - die genannten Prinzipien der Anerkennung der Differenz, der herrschaftsfreien Kommunikation in der Lebenspraxis zu verwirklichen und damit bei den unmittelbaren, nächsten Beziehungen anzufangen.Das Ringen um eine neue Form der Paarbeziehungen ist keineswegs eine nur intellektuelle Mode oder auf die entsprechenden sozialen Milieus beschränkt; es wird vielmehr durch neuere empirische Untersuchungen auch für einfache Lohnabhängige belegt. So hat etwa Franca Bimbi in einer Untersuchung bei etwa 90 jungen Arbeitnehmer-Ehepaaren in der Emilia-Romagna festgestellt, daß die große Mehrheit nicht nur verbal eine neue Definition ihrer Beziehungen gibt, sondern auch in der Praxis neue Formen der Arbeitsteilung zwischen Mann und Frau in der Kinderpflege und der Haushaltsführung versucht.

Was aber Hoffnung gibt für eine Veränderung nicht nur der Paarbeziehungen, sondern der sozialen Beziehungen überhaupt, ist der Umstand, daß wir in unserer Untersuchung der "Arbeitsorientierungen von Jugendlichen" nicht nur ein starkes Bedürfnis nach Alltagssolidarität festgestellt haben, sondern auch den Versuch, sie im Alltag zu leben. Mit dieser Feststellung kann keineswegs bestritten werden - und das ist auch nicht der Sinn der folgenden Bemerkungen -, daß es bei diesem Versuch enorme Schwierigkeiten und Rückschläge, Halbherzigkeit und Wankelmut gibt. Aber die Versuche selbst sind kaum zu leugnen.

Als ich 1981/82 den Begriff Alltagssolidarität prägte, versuchte ich einerseits das Fehlen einer solidarischen psychischen Stütze im Alltag für die von Krise und Arbeitslosigkeit bedrohten Lohnarbeiter zu thematisieren, andererseits aber auch Ansätze von solcher Solidarität zu charakterisieren, wie sie etwa ein Werftarbeiter gegenüber alkoholkranken und deshalb von der Werftkrise besonders bedrohten Kollegen übte. Diese Reflexionen haben damals Gewerkschafter in Frankreich und Italien sehr interessiert, offenbar weil bei ihnen die Krise der traditionellen Arbeitersolidarität schon stärker zu spüren war als in der Bundesrepublik. In unserer Jugendstudie haben dann junge Gewerkschafter diese Krise sehr genau beschrieben.

Selbstverständlich war die Arbeitersolidarität früher auch eine Alltagssolidarität, aber sie war es in einem eingeschränkten Sinn, weil meist nur auf bestimmte Industriearbeitergruppen bezogen, und auch nur solange, als es die von der Arbeiterkultur geprägte Lebenswelt gab, in der sie gelebt werden konnte. Die Krise der Arbeitersolidarität hängt einerseits mit ihren Beschränkungen - durch Gruppenegoismus und mehr oder minder gewaltsame Disziplinierung von Abweichlern - zusammen, andererseits mit der Veränderung der Lebenswelt, in der sie praktiziert wurde. Der tiefere Grund dürfte jedoch in dem generativen Prinzip der Arbeitersolidarität liegen, das durch den eindeutigen und sinnvollen Bezug auf die Durchsetzung der Lohnarbeiterinteressen von vornherein bestimmte Beschränkungen setzte.

Je eindeutiger die Krise der Arbeitersolidarität zu tage tritt, umso notwendiger wird eine Neufundierung von Solidarität, die die Lebenspraxis der Menschen angesichts der wachsenden Konkurrenzhaftigkeit des Alltags erträglich macht. Wie an empirischen Beispielen gezeigt werden kann, gründen die Bemühungen vieler Jugendlicher heute um solidarische Beziehungen im Alltag auf ihrer Kommunikationspraxis. Damit erhält Alltagssolidarität von vornherein eine universalistische Tendenz. Sie kennt im Prinzip keine andere wegen ihrer Abweichungen, ihrer Differenzen ausschließende Grenzen. Ein auch nur flüchtiger Blick auf die Praxis der traditionellen Arbeitersolidarität, vor allem aber auf die der Arbeiterbewegung zeigt, wie wenig von der Anerkennung der Differenz als Grundprinzip in dieser politischen und organisatorischen Praxis die Rede sein konnte.

In der Alltagssolidarität und der mit ihr eng verbundenen diskursiven Ethik, durchaus auch in der neuen Selbstbezüglichkeit und der mit ihr eng verbundenen Selbstreflexivität der Individuen zeichnet sich die Möglichkeit neuer Formen sozialer Beziehungen ab. Gewiß stehen diese Formen im Widerspruch zu der Konkurrenz als Bewegungsform dieser Gesellschaft, gewiß ist gerade deswegen mit ihrer Möglichkeit noch nichts über ihre Durchsetzungschancen gesagt, gewiß denke ich daher auch diese Möglichkeit ülmehr als eine Frage an die Zukunft. Aber immerhin geben solche wie auch immer noch unbestimmten Perspektiven des neuen kulturellen Modells Anlaß zur Hoffnung, daß der durchaus begründete Utopieverlust nicht jeden Weg zu einer 'anderen, befreiten Gesellschaft' abschneidet.

Literatur

Adorno, Theodor W./Horkheimer, Max: Dialektik der Aufklärung. Amsterdam 1947.

Elias, Norbert: Über den Prozeß der Zivilisation. Frankfurt/M. 1981.

Frank, Manfred: Die Unhintergehbarkeit von Individualität. Frankfurt/M. 1986.

Gorz, André: Kritik der ökonomischen Vernunft. Berlin 1989 (frz.: Métamorphoses du travail - quête du sens. Critique de la raison économique. Paris 1988).

Lalive d'Epinay, Christian/Garcia, Carlos: Le mythe du travail en Suisse. Genève 1988.

Zoll, R. u.a.: Nicht so wie unsere Eltern! Ein neues kulturelles Modell?; Opladen 1989.

Über die Autoren:

Manuela du Bois-Reymond: geb. 1940, Hochschullehrerin für Jugendpädagogik und Jugendsoziologie an der Rijksuniversiteit te Leiden/Niederlande; Forschungsschwerpunkte: Biographieforschung, Lebenslaufforschung, interkulturelle Forschung. Führt zur Zeit eine longitudinale Studie über Lebensentwürfe Jugendlicher und Erziehungsvorstellungen von Eltern sowie ein Projekt über Lebensstile und Verselbständigungsprozesse von Kindern durch.

Heinz Brauer: geb. 1955, Diplomsozialwissenschaftler, wiss. Mitarb. an der Akademie für Arbeit und Politik an der Universität Bremen im Projekt "Arbeit und Technik in der politischen Arbeiterbildung"; war Lehrbeauftragter an den Universitäten Bremen, Hannover, Hochschule Bremerhaven und Hochschule für öffentliche Verwaltung, Bremen; war wiss. Mitarbeiter in den Forschungsprojekten "Arbeitsorientierungen von Jugendlichen" und "Arbeitslose und Gewerkschaft".

Phil Brown: geb. 1957, Ph.D., ist Dozent für Soziologie an der University of Kent in Canterbury. Arbeitet im Augenblick über Fragen der Bildungsreformpolitik und über bildungssoziologische Probleme.

Alessandro Cavalli: geb. 1939, Studium der Nationalökonomie und der Wirtschaftsgeschichte in Mailand, dann der Soziologie an der Yale University und University of California; seit 1975 Professor für soziale und politische Studien. Untersuchungen und Veröffentlichungen über Geschichte der deutschen Soziologie (Sombart, Weber und Simmel), Soziologie der Zeiterfahrung und Jugendsoziologie; u.a. 'Il tempo dei giovani', Bologna 1985; (mit de Lillo) 'Giovani anni '80', Bologna 1988.

Lynne Chisholm: geb. 1952, Ph.D., Dozentin am Institute of Education der University of London, Fachbereiche Bildungssoziologie und Curriculumstudien. Forschungsinteressen und Veröffentlichungen bewegen sich in den Grenzbereichen zwischen Berufs- und Bildungssoziologie, Frauenstudien und Jugendforschung.

Birgit Geissler: geb. 1949, Studium der Geschichte, Politikwissenschaft, Pädagogik und Germanistik in Frankfurt und Tübingen; Promotion in Bremen; 1975-1991 an der Universität Bremen in verschiedenen industriesoziologischen Forschungsvorhaben; seit 1991 Professorin für Politikwissenschaft und Sozialpolitik an der staatlichen Fachhochschule Hamburg. Letzte Buchveröffentlichung: (mit Baumeister, Bollinger, Osterland) Berufsbiographie und Arbeitsmarktkrise, Opladen 1991.

Paul Grell: geb. 1941, Studium der Soziologie an der Universität Louvain-la-Neuve; als Sozialforscher an den Universitäten Louvain-la-Neuve und Montreal, Canada tätig; jetzt Professor für Soziologie an der Universität Moncton (New Brunswick, Canada); seit 10 Jahren besonderes Forschungsinteresse: Problematik der jungen Arbeitslosen. Buchveröffentlichungen u.a.: L'organisation de l'assistance publique, Brüssel 1976, Héros de banlieu du travail salarié, Paris 1991.

Heiner Keupp: geb. 1943, Professor für Sozialpsychologie an der Universität München. Arbeitsschwerpunkte: Sozialpsychologische Theorienbildung; Gemeindepsychologie und psychosoziale Versorgung; Sozialpsychologie und "Postmoderne". Letzte Buchveröffentlichungen: Riskante Chancen, Heidelberg 1988; Verunsicherungen, Göttingen 1989; (mit Flick, von Kardorff, von Rosenstiel, Wolff) Handbuch Qualitative Sozialforschung, München 1991.

Christian Lalive d'Epinay: geb. 1938, Studium in Genf, Heidelberg und Paris; Forschungsaufenthalte von 1965 bis 1991 in Chile und Argentinien (soziale und religiöse Bewegungen in Lateinamerika); Professor für Soziologie an der Universität Genf; Gastprofessuren in Südamerika, Paris (Sorbonne), Louvain-la Neuve; von 1985-1988 Präsident der AISLF (Association Internationale des Sociologues de Langue Française). Buchveröffentlichungen u.a.: Temps libre, Lausanne 1982. Vieillesse, Lausanne 1983. Le mythe du travail en Suisse, Genève 1988. Die Schweizer und ihre Arbeit, Zürich 1991. Vieillir ou la vie à inventer, Genève 1991.

Michel Molitor: geb. 1940, Professor der Soziologie im Fachbereich Politik und Soziologie der Université Catholique de Louvain/Belgien. Letzte Veröffentlichungen: (mit A.de Rongé) Jeunes et identité au travail, Université Catholique de Louvain 1987; (mit Jean Remy, Luc Vancampenhondt) Le mouvement et la forme, Bruxelles 1990.

Mechtild Oechsle: geb. 1951, Studium der Soziologie, Politikwissenschaft und Germanistik; seit 1981 wiss. Mitarbeiterin an der Universität Bremen in verschiedenen industriesoziologischen und biographischen Forschungsprojekten; zur Zeit wiss. Mitarbeiterin im Sonderforschungsbereich 186 "Statuspassagen und Risikolagen im Lebensverlauf", Teilprojekt "Lebensplanung junger Frauen". Buchveröffentlichung: Der Ökologische Naturalismus, Frankfurt und New York 1988.

Burkhard Strümpel: 1935-1990, kaufmännische Lehre; Studium der Betriebswirtschaft; 1968-1976 Professor am Institute for Social Research an der University of Michigan; 1977-1990 Professor am Fachbereich Wirtschaftswissenschaft und Direktor der Forschungsstelle Sozialökonomik der Arbeit der Freien Universität Berlin. Autor von zahlreichen Artikeln und Büchern über Wertewandel, Arbeitszeitpolitik, Konsumverhalten, Steuerpsychologie und unternehmerisches Handeln im Umweltschutz.

Jean-Marie Vincent: geb. 1934, Professor für Soziologie und Politikwissenschaft an der Universität Paris VIII. Buchveröffentlichungen u.a.: Fétichisme et Société, Paris 1973; La théorie critique de l'école de Francfort, Paris 1976; Les mensonges de l'État, Paris 1979; Critique du travail, Paris 1987.

Rainer Volz: geb. 1950, 1976-81 wiss. Mitarbeiter an der Universität Bremen; 1981-85 wiss. Referent der Studien- und Planungsgruppe der Ev. Kirche Deutschlands in Hannover; 1985-1989 Referent am Ev. Institut für Sozialarbeit und Fortbildung Gelnhausen; seit 1991 wiss. Referent am Sozialwissenschaftlichen Institut (SWI) der EKD in Bochum. Arbeitsschwerpunkte: Sozialwissenschaftliche Datenbank, Sozialethik, Religions- und Kirchensoziologie, soziologische Aspekte der deutschen Vereinigung und der europäischen Integration. Letzte Buchveröffentlichung: (mit U. Müller-Weißner, F. Borggrefe) Kirche ohne Volk - Kirchenaustritte, Ludwigshafen 1991.

Daniel Yankelovich: geb. in Boston/Mass., Studium der Psychologie und Philosophie in Harvard und an der Sorbonne. 1958 gründete er eine private Sozialforschungsfirma, die Daniel-Yankelovich Inc., die spezialisiert ist auf die Erforschung der öffentlichen Meinung, insbesondere sozialer und politischer Trends. Direktor verschiedener Unternehmen und Non-Profit-Organisationen: The Public Agenda Foundation, Charles F. Kettering Foundation. Buchveröffentlichungen: u.a. New Rules, 1981; Changing Values on Campus, Ego and Instinct sowie Coming to Public Judgement, 1991.

Thomas Ziehe: geb. 1947, Professor für Sozialpädagogik an der Universität Frankfurt. Letzte Buchveröffentlichung: Zeitvergleiche, Jugend in kulturellen Modernisierungen, Weinheim und München 1991.

Rainer Zoll: geb. 1934, Studium der Soziologie, Literaturwissenschaft und Philosophie; freier Journalist; bis 1974 Pressesprecher der IG Metal; seit 1974 Professor für Gewerkschaftssoziologie an der Universität Bremen. Letzte Veröffentlichungen: Zerstörung und Wiederaneignung von Zeit, Frankfurt 1988; Nicht so wie unsere Eltern, Opladen 1989; Arbeitslose und Gewerkschaft, Köln 1991; Un nouveau modèle culturel?, Paris 1992.